한림신서 일본학총서 100

대일본제국의 시대

DAINIPPON TEIKOKU NO JIDAI

by Masaomi Yui

ⓒ 2000 by Masaomi Yui

Copyright renewed ⓒ 2008 by Eiko Yui

First published 2000 by Iwanami Shoten, Publishers, Tokyo.

This Korean language edition published 2016

by Institute of Japanese Studies,

Hallym University, Chuncheon

by arrangement with the proprietor c/o Iwanami Shoten, Publishers, Tokyo.

이 도서는 2014년도 정부(교육과학기술부)의 재원으로 한국연구재단의 지원을 받아
한림대학교 일본학연구소가 수행하는 중점연구소지원사업의 일환으로 이루어진
연구임(2014S1A5B8066696)

대일본제국의 시대

大日本帝國의 時代

유이 마사오미(由井正臣) 지음

서정완 · 김성희 · 문희수 · 이기은 · 이시현 옮김

小花

머리말

대일본제국의 시대란

이 책에서는 1890년부터 1952년까지 60여 년간을 다루게 됩니다. 1890년은 그전 해인 1889년 대일본제국헌법(메이지헌법)[1]의 발포를 받아서 제1회 제국회의가 열린 해이며, 1952년은 아시아·태평양전쟁[2]의 전후 처리로서 샌프란시스코 강화조약[3]이 발효된

---

1 1889년 2월 11일에 공포되어 1890년 11월 29일에 시행된 근대 입헌주의에 기초한 일본제국의 헌법.

2 1931년 만주사변을 시작으로 중일전쟁, 태평양전쟁을 거쳐 1945년 패전까지 일본이 일으킨 일련의 전쟁을 통칭하는 말이다. 이는 일본이 미국뿐만 아니라 중국과 아시아 지역 그리고 남양에서 침략전쟁을 일으켰다는 의미까지 포함한다. 1941년 12월 8일 일본의 진주만공격부터 1945년 8월 15일 일본의 패전 선언까지 일본과 연합국 사이에 일어난 전쟁을 말한다. 이전에는 '태평양전쟁'이라는 용어가 사용되었고 지금도 무비판적으로 이 용어를 사용하고 있으나, 이 용어는 미국과 영국 등 연합국 시점에서 태평양 지역이 주된 전쟁터였기 때문에 'Pacific Theater', 'the War in the Pacific', 'the Pacific Theatre in the Second World War' 등으로 말한 데에서 시작된 것이다. 즉 '태평양전쟁'이라는 용어에는 앞에서 언급한 것처럼 중국을 포함한 아시아 지역이 빠져 있는 불완전한 용어이기에 이 책에서는 '아시아·태평

해입니다.

오늘날 일본의 근대사를 되돌아볼 때, 일본인의 반 이상이 제2차 세계대전 이후에 태어났으며, 메이지유신은 물론이고 아시아·태평양전쟁조차 이미 먼 과거의 일이 되어 사람들의 기억에서 사라지고 있습니다. 그러나 이 시대는 분명히 현대의 전제이기에 이 시대를 어떻게 인식하느냐의 문제는 지금의 일본인이 살아가는 방법과 직접적인 관계에 있습니다. 그렇기 때문에 이 시대의 역사를 어떻게 인식할 것인가의 문제를 놓고 종종 정치적인 논쟁이 벌어지고 있으며, 외국인 특히 아시아 사람들과의 인식의 차이가 국제적인 문제가 되기도 하는 것입니다. 이러한 의미에서 이 책이 다루는 19세기 말부터 20세기 초에 걸친 시기는 아직도 많은 미해결 과제를 품고 있다고 할 수 있습니다.

필자는 이 책에 『대일본제국의 시대』라는 제목을 붙였습니다. 다소 자극적인 데다가 잊고 싶은 아픈 기억을 상기시킬 수도 있는 제목입니다만, 일부러 이 제목으로 정했습니다. 그 첫 번째 이유는 대일본제국헌법 발포로 일본의 국호가 '대일본제국'이 되었기 때문입니다. 물론 패전 후 1946년 일본국헌법의 공포로 국호가 '일본국'으로 변경되어 오늘날에 이르고 있습니다. 그러나 국

양전쟁'이라 칭한다. 참고로 1945년 이전에 일본에서 '태평양전쟁'이라는 용어는 사용된 적이 없으며, 그들은 '대동아전쟁'이라고 했다.

3 제2차 세계대전의 종료를 위해 1951년 미국 샌프란시스코에서 맺어진 일본과 연합국 사이의 평화조약. 1952년 발효되었으며 대일강화조약(對日講和條約)이라고도 불린다.

호의 변경은 형식에 불과하며 중요한 것은 이 시대를 어떻게 인식할 것인가입니다.

19세기 말부터 20세기 초까지의 일본의 행보를 조감할 때 필자는 크게는 다음과 같은 세 가지 특징을 들 수 있다고 생각합니다. 첫째는 일본의 경제와 사회가 급속도로 자본주의화되어 근대화가 이루어졌다는 점입니다. 둘째는 '전쟁의 시대'라고 불릴 만큼 이 시기에는 무수한 전쟁이 되풀이되었으며 일본이 아시아에 세력을 팽창해서 식민지제국을 구축했다는 점입니다. 이 두 가지 특징은 서로 밀접하게 얽혀 있었습니다. 그리고 셋째로 일본을 둘러싼 국제 정세 문제가 있습니다. 과거에는 볼 수 없었던 전 세계적인 규모의 긴밀한 관계가 형성되어 정치, 경제, 사회, 문화를 비롯한 모든 분야가 국제 정세의 큰 영향을 받게 되었습니다.

이하에서 이 세 가지 큰 특징에 대해 구체적인 지표 몇 가지를 들어 설명하겠습니다.

농업국가에서 공업국가로의 전환

메이지유신 직후인 1872년 일본의 총인구는 약 3,480만 명이었습니다. 그랬던 것이 1890년에는 3,990만 명, 1952년에는 8,580만 명으로 늘었습니다. 불과 80년 사이에 약 2.5배에 이르는 놀라운 증가율입니다. 이러한 인구 증가를 산업별 인구비로 보면, 1872년에는 농림업 73퍼센트에 비해 비농림업 27퍼센트이던 것이 1900년에는 각각 65퍼센트대 35퍼센트로 늘었습니다. 1920년에는 제1차 산업(농림 · 수산업) 55퍼센트대 제2차(광공업 · 건설업)와 제3차(상업 · 운수 · 통신 · 금융) 산업의 합이 45퍼센트이던 것이 1930년에는 제1차 산업과 제2차 · 제3차 산업이 역전되어 49.5퍼센트대 50.5퍼센트가 되었습니다. 이후 이러한 경향은 급속도로 진행됩니다. 즉 메이지유신 시기의 일본은 일본 정부의 식산흥업정책에 의한 자본주의경제체제 도입에도 불구하고 기본적으로는 농업국이었습니다. 그랬던 것이 1890년 전후의 기업발흥기부터 청일전쟁과 러일전쟁 기간에 일어난 산업혁명을 거쳐서 일본에 자본주의가 확립되었으며, 이윽고 1920년대 중화학공업의 형성으로 완전한 공업국으로 거듭난 것입니다. 아시아 · 태평양전쟁 중 미군의 거센 공습으로 중화학공업 시설은 심한 타격을 받았지만 3분의 2는 파괴되지 않고 살아남았습니다. 이 유산을 기반으로 전후 경제부흥기를 거쳐서 고도성장기로 가는 발판을 마련하게 되는 것입니다.

자본주의의 발전은 일본사회를 크게 변화시켰습니다. 인구와 물자의 이동, 교류가 잦아지면서 그전에는 폐쇄적이었던 촌락도 점차 개방되어 갔습니다. 한편 에도(江戶) · 오사카(大坂) · 교토(京都)를 비롯해서 산하의 조카마치(城下町)[4] · 몬젠마치(門前町)[5] 등의 봉건도시도 변모하였으며, 그 결과 도쿄(東京) · 오사카 · 나고

---

4 일본에서 센고쿠(戰國)시대 이래 영주의 거점인 성을 중심으로 형성된 도시. 성의 방위 시설이자 행정도시, 상업도시의 역할을 하였다. 현대의 많은 현청 소재지는 근세의 조카마치에서 발달하였다.
5 유력한 사원, 신사 주변에 형성된 시가지. 많은 참배객이 모이는 신사, 절 앞에 신사 관계자 및 참배객을 상대로 하는 상공업자가 모여 형성되었다.

야(名古屋) 등은 도시 공간을 확대하면서 행정과 정치 그리고 문화 등 모든 기능을 집중시켜 대도시로 발전했습니다. 지방도시는 각 현청 소재지를 중심으로 그 수가 늘었으나, 자본주의의 발전과 더불어 산업도시도 탄생했습니다. 이러한 도시화의 배경에는 당연히 농촌에서 도시로의 인구 이동이 있습니다. 1900년까지 시제(市制)를 시행한 도시는 60군데이고 총인구 대비 14퍼센트에 불과했지만, 1920년에는 81개 도시에 18퍼센트, 1935년에는 125개 도시에 33퍼센트로 급증했습니다. 도시 인구가 농촌 인구보다 많아지는 것은 1950년대에 접어들면서입니다.

이러한 자본주의화와 도시화의 원동력이 된 것 중 하나는 철도의 보급이었습니다. 1872년에 신바시(新橋)-요코하마(橫濱) 구간 (27킬로미터)으로 시작된 일본의 철도는 1890년 전후로 전국에 확대되었습니다. 1889년에는 신바시와 고베(神戶)를 잇는 도카이도선(東海道線)[6]이 개통되었고, 1891년에는 우에노(上野)와 아오모리(靑森)를 잇는 니혼철도(日本鐵道. 현재의 도호쿠선(東北線)][7]가 개통되었습니다. 1901년에는 고베에서 바칸(馬關. 현재의 시모노세키)[8]

6 일본 도쿄 근교 구간 노선의 하나로, 도카이도본선의 도쿄역부터 아타미 (熱海)역까지 운행되는 열차의 운행 계통이다.
7 일본 최초의 사철로, 현재 도호쿠본선(東北本線)이나 다카사키선(高崎線), 조반선(常磐線) 등 동일본의 동일본여객철도(JR동일본)의 노선 대부분을 건설·운영하던 회사이다.
8 일본의 야마구치현(山口縣)에 있는 항구 도시. 현재의 시모노세키(下關)의 옛 지명이며, 아카마가세키(赤間關)라고도 불렸다.

을 잇는 산요철도(山陽鐵道)[9]가 개통되어 혼슈(本州) 종단 철도가 완성되었습니다. 이와 병행해서 민영과 국영에 의한 지방 노선도 부설되어 일본 전 국토를 그물처럼 연결하는 철도망이 확립되었습니다.

철도 개통은 농촌의 생활을 크게 변화시켰습니다. 일찍이 번화했던 간선도로가 쇠퇴함에 따라 주변의 숙박 시설이 쇠락한 대신 역전을 중심으로 시가지가 형성되었습니다. 사람들의 생활공간도 이전과는 비교할 수 없을 정도로 확대되었고, 도시문화가 유입되면서 젊은이들이 도시에 대한 동경을 갖게 되었습니다.

교육의 보급 또한 사람들의 생활을 변화시켰습니다. 1872년에 '학제(學制)'[10] 공포로 시작된 소학교 의무교육은 에도시대를 거치면서 널리 보급된 데라코야(寺子屋)[11] 교육을 승계하는 식으로

---

9 메이지시대의 철도 회사로, 현재의 산요본선(山陽本線) 등을 건설했다. 다른 산요 철도계 항로로 시모노세키역 개통까지 몬도쿠(門德) 연락선과 우고(宇高) 연락선의 전신이 되는 오카야마(岡山)—다카마쓰(高松) 간 항로, 오노미치(尾道)—다도쓰(多度津) 사이의 항로를 직영으로 미야지마(宮島) 연락선과 간몬(關門) 연락선을 산요기선회사가 운행하고 있었다.

10 일본의 기본 학제는 우리와 같은 단선형의 6·3·3·4제를 채택하고 있으며 소학교와 중학교는 의무교육. 일본의 학교생활은 보통 4월에 시작되는데 학교의 수업은 세 학기로 나뉘며, 봄과 겨울의 방학은 짧고 여름방학은 길다.

11 에도시대의 초등교육기관. 에도시대에 들어서 공업과 문서문화의 발달 때문에 실무적 목적에서 글을 배워 익힐 필요가 있었기 때문에 데라코야가 본격적으로 발전했다. 우선 대도회지인 에도와 교토를 중심으로 데라코야가 보급되기 시작했고, 간세이(寬政) 때에는 농어촌까지 점차 확대되어 에

급속도로 일본 국민 사이에 퍼져 나갔습니다. 문부성 통계에 따르면 1907년 취학률은 97퍼센트에 달했다고 합니다(실상은 더 복잡해서 중도에 퇴학하는 경우가 상당히 많았으며, 과정을 모두 이수하는 완전취학에 가까운 상태가 된 것은 1920년대에 접어들면서부터라는 의견도 있습니다).

이상에서 몇 가지 지표를 들면서 19세기 말부터 20세기 초 사이에 일어난 일본의 자본주의화와 근대화를 조감해 보았습니다. 일본의 이러한 발전을 세계인이 경이로운 눈으로 바라본 것은 사실입니다. 그러나 되돌아보건대 자본주의화와 근대화가 일본인의 생활을 풍요롭게 하였는가, 또는 그 과정에서 인간으로서의 권리와 존엄성이 지켜졌는가에 대한 문제는 복잡하며 쉽게 답할 수 있는 문제가 아닙니다. 필자는 이 책에서 이런 문제에 대해 답하고 그 이유에 대해서도 생각해 보고자 합니다.

제국주의 열강에 의한 아시아의 분할

그런데 이러한 문제의 해답을 찾으려 할 때 부딪히는 것이 이 시대의 국제 정세와 일본의 대외정책입니다. 19세기 말 국제정치는 서구 열강에 의한 아프리카 분할이 거의 끝나고, 아시아에서 분할과 식민지화가 급속하게 진행되던 시기입니다. 아시아의 상

도시대 후기에는 높은 보급률을 보였다. 데라코야의 학생들은 후데코(筆子)라 불렸다.

황을 살펴보면, 18세기 중반에 영국의 실질적인 식민지가 된 인도와 17세기 이래 영국과 네덜란드의 식민이 진행되다가 19세기 초 네덜란드에 의한 식민지 지배가 확립된 인도네시아의 경우는 별개로 하더라도, 1824년 말레이시아가 영국의 식민지가 되었고, 1886년에는 버마(현재의 미얀마)도 영국 식민지가 됩니다. 1884〜1893년 사이에 베트남·라오스·캄보디아가 프랑스 식민지가 되었고, 1898년 하와이가 미국에 합병됩니다. 같은 해 미국·스페인전쟁의 결과, 필리핀이 미국의 식민지가 됩니다. 동아시아에서 간신히 독립을 유지했던 나라는 일본, 청나라, 조선 그리고 동남아시아의 시암(현재의 태국)뿐이었습니다. 그중 청나라는 아편전쟁 이후 영국을 선두로 한 서구 열강의 침식을 당하고 있었습니다. 게다가 후발 자본주의국인 독일과 러시아가 식민지 개척에 끼어들면서 열강의 대립은 한층 고조됩니다. 영국의 급진적 자유주의자 홉슨[12]과 고토쿠 슈스이[13]에게 큰 영향을 끼친 로버트

---

12 John Atkinson Hobson, 1858〜1940. 영국의 경제학자이며 제국주의 비판자. 제국주의와 관련해서 홉슨의 가장 핵심적인 공적은 제국주의의 경제적 동인(動因)을 과잉생산에 의한 자본의 축적과 투자처를 식민지에서 찾는다는 지적이었으며, 그의 주장은 사회주의자들에 의해 수용되었고, 레닌의 『제국주의—자본주의 최고 단계로서』(1917)로 이어진다.

13 幸德秋水, 1871〜1911. 메이지시대를 대표하는 사회주의자. 본명은 덴지로(傳次郎). 1893년 『자유신문』과 『만조보(萬朝報)』의 신문기자로 재직하였으며 1897년 무렵 사회주의로 전환, 1901년 『20세기의 괴물 제국주의』를 써서 제국주의를 탄핵하였다. 1903년 헤이민샤(平民社)를 결성하고 주간지 『헤이민신문』을 창간하여 러일전쟁 반대를 주장하였다. 1905년 약 반년 동안 미국에 머무르면서 아나르코생디칼리슴(anarcho-syndicalisme)

슨[14] 등은 이러한 세계의 동향을 '제국주의'로 명명하고 강하게 비판했습니다. 이 시기를 오늘날 세계사에서 제국주의시대의 개막으로 보는 견해가 일반적입니다.

한편 이러한 국제 정세 속에서 근대국가를 이룩한 일본은 어떻게 대응했을까요? 이미 에도막부 말기에 구미 열강의 압력으로 개국을 강요당한 일본은 1858년에 맺은 '안세이5개국조약'[15]이라는 불평등조약에서 벗어날 것을 목표로 구미제국을 모델로 한 문명화의 길을 추구합니다. 그러나 이러한 일본의 움직임은 19세기 서구문명을 중심으로 '문명국·반미개국·미개국(야만)'이라는 세계질서를 인정하고, 문명국이 야만스럽고 미개한 지역과 사람들을 자기 세력하에 두고 문명화시키는 것을 사명으로 여기는 사고방식으로 연결됩니다.

메이지유신으로 중앙집권국가를 건설하고 문명개화정책을 추

으로 전신(轉身)하여, 1907년 일간지 『헤이민신문』을 통하여 노동자의 총동맹파업을 주장하였다. 1910년 일부 급진파가 계획하고 있던 천황 암살계획에 연루되었다는 혐의로 체포되었으며, 사회주의자에 대한 탄압의 일환으로 이 사건을 확대 해석한 일본 정부에 의해 1911년 처형되었다.

14 John Mackinnon Robertson, 1856∼1933. 스코틀랜드 출신 기자. 합리주의, 세속주의, 자유주의를 옹호했다. 1906∼1918년 동안 영국 타인사이드의 하원의원이었다. 경제적으로 로버트슨은 과소소비론자로 묘사되며 그의 저서 *The Fallacy of Saving*(1892)에서 절약 패러독스의 초기 형태를 구축했다.

15 1858년 에도막부가 미국, 영국, 프랑스, 러시아, 네덜란드 5개국과 맺은 수호통상조약. 미·일수호통상조약을 시작으로 네덜란드, 러시아, 영국, 프랑스순으로 체결했다.

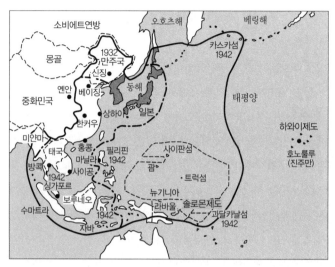

숫자는 일본이 점령한 연도 / ── 일본의 최대 진출선 / ─·─ 패전 시 일본 세력선

태평양전쟁 개요도(이와나미서점 제공)

진한 일본은 중국을 중심으로 한 화이질서(華夷秩序)하에서 강경
한 쇄국정책을 고수하던 조선에게 개국을 강요했습니다. 또한 서
구 열강이 아시아에서 저지른 것과 같은 일을 조선에서 강행하여
자신들의 세력을 조선에 깊게 뿌리내리려 했습니다. 그 결과
1876년에는 무력을 앞세워 강화도조약(한일수호조약(조·일수호조
규)]¹⁶이라는 불평등조약을 조선과 체결하여 강제로 개국을 시켰

16 1876년 2월 강화도에서 조선과 일본 사이에 체결된 조약. 조약의 정식 명
  칭은 한일수호조약이며, 강화도조약 또는 병자수호조약이라고도 한다. 이
  조약은 일본의 식민주의적 침략의 시발점이 되었고 척사위정 세력과 개

습니다. 그후에도 1882년 임오군란, 1884년 갑신정변 등 사사건
건 조선에 군대를 파견해서 내정간섭을 했습니다.

근대국가 일본의 행방

이렇게 하여 1890년대 제국주의 개막에 따라 일본의 대외정책
의 초점은 조선으로 맞추어졌습니다. 1890년 일본 육군 최고 지도
자이자 수상이었던 야마가타 아리토모[17]는 의견서에서(제1회 제국
의회 시정연설에서도 같은 취지로 발언) 조선을 일본의 안전과 긴밀하
게 연결시킨 '이익선[18]'이라는 개념을 도입하고, 이 이익선을 지키
기 위해서는 "우리에게 불이익이 되는 자가 있을 시에는 우리 책
임으로 이를 배제하고, 부득이한 경우에는 강력한 힘으로 우리의
의지를 달성한다"[19]는 조선에 대한 단호한 결의를 보였습니다.

이러한 '외교정략론'은 결국 1894~1895년의 청일전쟁으로 이
어집니다. 그후 일본은 1900년 중국에서 일어난 민중 반란인 의

화 세력 사이의 대립이 일어나는 계기가 되었다.

17 山縣有朋, 1838~1922. 메이지·다이쇼시대의 군인이자 정치가이며 의회
    제도체제 아래 최초의 총리이다. 그는 메이지유신 이후 유럽의 병사제도
    를 시찰하여 근대 일본의 군사와 정치의 토대를 마련했다.

18 본토의 안전을 지키기 위해 확보해야 할 범위를 지정한 선. 당시 수상이었
    던 야마가타 아리토모가 설정했으며, 일본의 안위를 위해서 조선에 전선
    을 형성하고 그 전선을 이익선이라 한다는 점에서 조선(한국)을 바라보는
    시선을 알 수 있다.

19 我に不利なる者あるときは我れ責任を帶びて之を排除し、已むを得ざるときは強
    力を用ゐて我が意志を達する。

화단사건[20] 진압을 위해서 열강과 공동으로 군대를 파병하였으며, 뒤이어 1904~1905년의 러일전쟁, 그리고 전쟁과 대규모 해외파병을 반복하게 됩니다. 그 결과 일본은 청일전쟁의 승리로 대만과 펑후제도(澎湖諸島)[21]를, 러일전쟁의 승리로 랴오둥반도(遼東半島)의 일부(후에 관동주(關東州)라 칭한다)와 사할린(樺太)[22] 남쪽 반을 식민지로 지배합니다. 또한 러일전쟁을 거치면서 조선에 대한 지배력을 강화한 일본은 1910년 조선을 병합하여 식민지로 만듭니다. 이러한 과정은 일본이 서구 열강 대열에 합류하여 아시아에서 유일하게 식민지를 보유하는 제국주의국가가 되었다는 것을 의미합니다.

그후에도 일본은 세력을 계속 확장했습니다. 급기야는 1931년 만주사변[23]이 발생합니다. 이후 일본은 끊임없는 전쟁의 늪으로

20 청나라 말기인 1900년 중국 산동성(山東省)에서 일어난 반기독교 폭동을 계기로 화베이(華北) 일대에 퍼진 반제국주의 농민투쟁.
21 대만해협에 위치하며 대만에서 서쪽으로 약 50킬로미터 떨어져 있는 군도. 청일전쟁에서 패배한 청나라가 일본에게 할양한 후 샌프란시스코 강화조약으로 일본 정부는 다시 중국에 반환한다.
22 러시아 사할린주에 속하는 섬으로, 일본식 옛 명칭은 가라후토(樺太). 러일전쟁 이후 1905년의 포츠머스조약(러·일강화조약)에 의해 북위 50도 이남이 일본에 할양되었으나, 1945년 일본의 패전과 함께 소련군이 남사할린을 점령, 1951년 샌프란시스코조약에 의해 일본은 남사할린의 모든 권리와 청구권을 포기했다.
23 1931년 9월 18일 일본 관동군이 중국의 만주를 침략하기 위해 류탸오후 사건(柳條湖事件. 만철폭파사건)을 조작하고, 만주를 전쟁의 병참기지로 만들어 식민지화하기 위해 벌인 침략 전쟁. 만주사변은 1945년까지 계속된 중국과의 15년 전쟁의 시작이자 제2차 세계대전의 시작이었다.

빠지게 됩니다. 대표적인 것이 1937년 중일전쟁,[24] '대동아공영권[25]의 건설'을 내건 아시아 · 태평양전쟁입니다. 이 아시아 · 태평양전쟁은 1939년에 발발한 제2차 세계대전의 일환이며, 일본 · 독일 · 이탈리아 즉 삼국동맹이 추구한 독일과 이탈리아에 의한 유럽의 지배와 일본에 의한 아시아 지배를 목표로 세계를 제패하려는 야망에 입각한 것이었습니다.

그 결과는 일본의 참담한 패배로 끝났습니다. 1945년 8월 포츠담선언[26]을 수락함으로써 그해 9월부터 1952년 4월 샌프란시스코조약 발효까지 6년 8개월간 일본은 연합군(사실상 미군) 점령하

---

24 1937년 7월 7일 일본의 중국 대륙 침략으로 시작되어 1945년 제2차 세계대전이 끝날 때까지 계속된 중 · 일 간의 전면전. 1931년 일본이 만주사변을 일으키자 그 연장에서 일어난 1937년의 루거우차오(盧溝橋. 베이징 교외)사건이 발단이었다. 중국에서는 '중국항일전쟁', 일본에서는 '일 · 중전쟁' 또는 '지나사변'이라고 한다.

25 '대동아(大東亞)'란 동아시아에 동남아시아를 추가한 지역을 가리키는 말로, 아시아 · 태평양전쟁 당시 일본이 국책 요강으로 내세운 대중 조작 슬로건이다. 1942년 도조 히데키(東條英機) 내각이 표방한 것으로, 아시아에서 공존공영의 신질서를 세운다는 명목 아래 전쟁을 정당화했다. 일본은 이 슬로건을 내세우면서 침략 전쟁과 가혹한 점령정책을 강행했다.

26 1945년 7월 26일 트루먼 미국 대통령, 처칠 영국 수상, 장제스 중화민국 총통, 스탈린 소련 수상이 독일의 포츠담에서 가진 4개국 수뇌회담으로, 일본의 항복 권고와 전후 일본 처리 방침에 대해 발표했다. 주요 내용은 군국주의의 배제, 카이로선언의 실행(한국의 독립 재확인)과 일본 영토 한정, 일본군의 무장해제, 전쟁범죄자 처벌, 군수산업 금지, 일본군의 무조건항복 등을 규정했다. 그러나 일본이 이 선언을 거부하여 히로시마와 나가사키에 원자폭탄이 투하되었고, 8월 8일 소련이 참전했다. 8월 10일 일본은 이 선언을 수락했고, 14일 제2차 세계대전은 종결되었다.

에 놓였습니다. 점령이라는 것은 국제법상 전쟁이 계속되는 기간이었고, 일본은 평화조약 발효로 비로소 전쟁에서 해방되었습니다. 패전으로 일본의 정치 형태는 물론 사회가 크게 변했음에도 불구하고 이 책이 1952년까지만 다루는 이유는 바로 이러한 점을 고려했기 때문입니다.

이렇게 보면 19세기 말부터 20세기 초까지는 '대일본제국'의 팽창의 과정이자, 결국에는 동남아시아부터 인도를 포함한 아시아 전체를 지배할 것을 획책한 기도가 좌절되는 과정입니다. 필자가 책 이름을 굳이 『대일본제국시대』라고 붙인 이유가 여기에 있습니다.

러일전쟁 이후 일본의 정부와 지도자는 '국제적 지위의 향상'과 '세계 일등국'으로서의 일본을 이야기했고, 대다수 일본 국민도 이에 자부심을 느꼈습니다. 그러나 이러한 담론은 과연 모두에서 서술한 경제의 자본주의화와 사회의 근대화 그리고 정치의 입헌주의 등과 균형을 이룬 것이었을까요? '대일본제국'의 팽창을 자신의 운명에 중첩시켜서 희망을 품은 사람도 적지 않았습니다. 그러나 현실에서 이들 대부분은 좌절을 맛보았습니다.

또한 전쟁은 언제나 국민에게 국가에 대한 충성을 요구합니다. 교육칙어[27]는 학교교육뿐만 아니라 국민 생활의 규범으로 매번

---

27 1890년 10월 30일에 공포된 교육의 기본 방침을 명시하는 메이지천황의 칙어. 정부의 공식문서에는 「교육에 관한 칙어(敎育ニ關スル勅語)」로 되어 있다. 충군애국(忠君愛國)을 국민도덕으로 강조하는 내용이다. 학교교

충성을 강조했고, 멸사봉공(滅私奉公)할 것을 외쳐댔습니다. 메이지헌법에서 '신민의 권리 · 의무'로 명기된 여러 권리도 법률과 정부의 명령에 의해서 엄격하게 제한되었습니다. 특히 언론에 대한 통제는 엄격했으며, 아시아 · 태평양전쟁 중에는 '대본영(전시에 천황을 보좌하는 전쟁 지도 최고기관. 1894년 6월 5일 설치) 발표'[28]를 믿을 수밖에 없는 상황이었습니다. 그뿐만 아니라 전쟁과 식민지 지배를 통해서 세력을 확대한 군벌이 정치에 개입하게 되면서 의회정치는 차츰 형식뿐인 것이 되어 갔습니다.

집필 의도

이렇게 보면 모두에서 언급한 일본의 자본주의화와 근대화는 제국의 대외적인 팽창, 확대와 밀접하게 관련되어 있다는 것을 알 수 있습니다.

이 책에서 필자는 전쟁은 왜 일어났는가, 그리고 그 전쟁은 어떠한 성격의 것이었는가를 밝히고자 합니다. 아울러 과연 전쟁을 피할 수 있는 가능성은 존재했는가, 또한 그러기 위해서 사람들

육을 통해 국민에게 강제되어 천황제의 정신적 · 도덕적 지주가 되었다. 1948년 폐지.

28 아시아 · 태평양전쟁 당시 대본영 육군부와 해군부에서 전시 상황 정보를 국민에게 공식적으로 발표한 내용. 대본영은 전황(戰況)이 악화되고 있었음에도 불구하고 우세했다는 내용의 허위성 발표를 반복했다. 현재 일본에서는 정부나 유력자가 본인에게 유리한 방식으로 발표하여 신용할 수 없는 가식적 발표의 대명사가 되었다.

은 어떠한 노력을 했는가에 대해서 밝히고 싶습니다.

그리고 '대일본제국'의 팽창과 그 결과로서의 전쟁이 일본의 경제와 사회에 어떠한 성격을 각인시켰는지를 밝히면서 이 시대의 역사에서 무엇을 배울 것인가, 그리고 도대체 무엇이 현대를 사는 우리에게 미해결의 문제로 남아 있는가에 대해서 생각해 보고자 합니다.

차례

제1장 후발 국가 일본제국

1. 입헌정치의 개막

주권선과 이익선

1890년 11월 25일, 제1회 제국의회가 소집되었다. 1889년 2월에 발포된 대일본제국헌법에 입각한 근대 입헌국가의 막이 열린 것이다.

1890년 11월 29일, 전형적인 천고마비의 가을 날씨 속에 도쿄 히비야(日比谷)에 있는 국회의사당에 등원한 중의원 의원 3백 명은 그해 7월에 실시된 총선거에서 당선된 이들이었다. 당시 유권자 자격은 국세 15엔 이상을 직접 납부한 25세 이상의 남성으로 제한되었고, 그 수는 총인구의 1.1퍼센트에 불과했다. 이처럼 엄격한 재산제한선거였기에 중의원 의원 과반수가 지주이자 지방의 명망가 출신이었다. 이들의 상당수는 자유민권운동의 흐름을 이어받은 정치가로 자유당(自由黨) 의원이 130명, 입헌개진당(立憲改進黨) 의원이 41명이었다. 두 정당은 '정당 내각의 실현'과 '정치 비용 절감, 민력휴양(民力休養)'을 내걸고 반정부 노선을 채택하여 '민당(民黨)'이라 불렸다. 이에 번벌정부(藩閥政府)는 헌법발포 직후 당시의 수상 구로다 기요타카(黑田淸隆)가 연설에서 밝힌 "초연(超然)정당의 입장에서… 불편부당의 공정한 마음으로 인민에게 임한다"[29]는 정당내각제를 부정하는 '초연주의'를 취했다. 그러나 이당(吏黨)이라고 불리는 정부 여당의 당선자는 소수에 그쳤다. 이렇듯 일본의 의회정치는 많은 파란 속에 시작되었다.

제1의회(1890. 11) 모두에서 야마가타 아리토모 수상은 시정방침 연설에서 국가 독립을 위해서는 '주권선(국가 고유의 영토)'과 '이익선(주권선의 안위와 관련된 인접 지역)'의 방위가 필요하며, 이를 위해서는 군비 확장 비용이 예산의 가장 큰 부분을 차지할 수밖에 없다고 강조했다. 그가 말하는 이익선은 한반도를 지칭하는 것이었다.

앞서 머리말에서 언급했듯이 당시의 국제 정세는 서구 열강이 아시아와 아프리카 지역의 식민지화를 진행하고 있었고, 아시아에서 간신히 독립을 유지한 것은 일본 외에는 시암과 청나라 그리고 조선 세 나라뿐이었다. 동아시아에서는 시베리아철도 착공 등 러시아가 이 지역에 적극적으로 진출을 꾀하고 있었으며, 아프가니스탄에서도 러시아의 진출이 영국과의 대립을 야기하고 있었다. 이처럼 동아시아는 영국과 러시아의 대립을 중심으로 국제 정치의 중요한 축이 되고 있었다. 이러한 국제 정세 속에서 일본

---

29 超然政党の外に立ち、…不偏不党の心を以て人民に臨む。

의 번벌정부는 조선을 청나라와의 종속 관계(종주국과 종속국의 관계)에서 분리시켜 일본의 세력하에 두어 대륙 진출을 위한 발판으로 삼을 기회를 노리고 있었다. 야마가타 내각이 '이익선=조선'의 보호를 목적으로 군비 확장 예산을 대폭 늘린 배경에는 이러한 사정이 있었다.

그러나 이른바 '마쓰카타 디플레이션정책'[30]에 의해 피폐해진 농촌의 지조(地租) 경감을 통해 민력휴양을 꾀한 민당은 정부 예산안의 10퍼센트 가까이 삭감해서 정부에 대항했다. 궁지에 몰린 정부는 가타오카 겐키치(片岡健吉), 우에키 에모리(植木枝盛) 등 자유당의 도사파(土佐派)를 물리치고 예산안을 어렵게 성립시켰다. 자유민권운동 최고의 이론가이자 자유당 의원이었던 나카에 조민(中江兆民)은 옛 동지의 배신에 분노해 '알코올의존증의 발병으로 더 이상 의원직 수행이 곤란'하므로 의결에 참석할 수 없다는 통렬한 비판을 담은 의원 사직서를 제출했다.

제1의회 종료 직전에 총사퇴한 야마가타 내각의 뒤를 이어 사쓰마(薩摩) 출신의 번벌관료 마쓰카타 마사요시(松方正義)가 내각을 구성했다. 마쓰카타 내각 또한 제2의회(1891년 11월 개회, 같은 해

---

30 1877년 사이고 다카모리(西郷隆盛)를 맹주로 지금의 구마모토·미야자키·오이타·가고시마 지역을 중심으로 정변이자 내전인 세이난전쟁(西南戰爭)이 발생했는데, 이 내전을 진압하기 위한 전비 조달 과정에서 발생한 인플레이션을 잡기 위해서 대장경(大藏卿)이던 마쓰카타 마사요시(松方正義, 1835~1924)가 디플레이션을 유도하고자 화폐 정리를 중심으로 시행한 일련의 재정정책.

12월 25일 해산)에서 해군 확장 비용이 중심이 된 예산안을 제출했다. 민당이 재차 이 예산안을 대폭 삭감하자 마쓰카타 내각은 중의원을 해산했다.

일본 정부는 시나가와 야지로(品川彌二郎) 내무대신을 중심으로 관리와 경찰을 동원해서 민당 후보자의 선거 활동을 방해하고 폭력으로 탄압했다. 헌정사상 최대의 선거간섭 결과, 민당은 의석이 줄어 과반수를 밑돌게 되었다. 제3의회(1892. 5~6)에서 민당은 정부의 선거간섭의 책임을 묻는 결의안을 가결했으나, 예산안에서는 타협할 수밖에 없었다.

민력휴양에서 민력양성으로

그러나 대립 구도는 변하지 않았다. 1892년 8월 마쓰카타 내각 총사퇴 후, 이토 히로부미(伊藤博文)는 구로다 기요타카, 야마가타 아리토모, 이노우에 가오루(井上馨), 오야마 이와오(大山巖) 등 메이지유신 공로자를 대거 입각시켜 '원훈내각(元勳內閣)'이라 불린 내각을 구성해서 제4의회에 임했다. 민당은 세 번째로 정부 예산안 중 군함 건조 비용, 관리 봉급, 관청 경비에서 871만 엔을 삭감하여 정부와 의회의 대립은 절정에 달했다. 이토 수상은 이 위기를 타개하기 위해 결국 천황에게 조칙을 내리도록 호소했다. 1893년 2월 10일 천황은 의회와 정부에 화충협동(和衷協同)조칙[31]

---

31 서로 마음을 합하고 협력하여 일을 이룬다는 뜻이며, 1893년 2월 10일 메이지천황이 이토 히로부미 내각 및 제국의회에 대해 내린 조칙.

을 내려서, 국방 문제는 하루도 소홀히 할 수 없으므로 천황이 6년 동안 매년 30만 엔을 직접 하사해 군함 건조 비용에 충당하니 정부와 의회 모두 화해와 협력의 길을 가도록 명했다. 그 결과 예산 안은 겨우 중의원을 통과할 수 있었다.

이때부터 자유당은 번벌정부에 접근하기 시작했다. 그 배경에는 면방적·철도·광산 등을 중심으로 한 자본주의경제의 발전이 있었고, 한편으로는 지방 농촌에서도 마쓰카타 디플레이션의 종식에 따른 지역 부흥을 요청하는 목소리가 높아졌다는 사정이 있었다. 자유당은 지금까지의 민력휴양의 슬로건을 '민력양성(民力養成)'으로 바꾸고 정부의 적극적인 재정정책에 동조하기 시작했다.

이후 의회에서의 쟁점은 재정 문제에서 조약 개정 문제로 넘어갔다. 메이지정부는 불평등조약 개정을 위해 노력했지만, 그 기도는 하나같이 실패로 돌아갔다. 1890년대에 들어서자 유럽 정세의 변화도 영향을 미쳐 영국과 프랑스는 일본에 접근해서 조약 개정 문제에 이해를 보이기 시작했다. 이토 내각의 무쓰 무네미쓰(陸奥宗光) 외무대신에 이르러 조약 개정 문제는 드디어 막바지에 들어섰다. 일본이 불평등조약의 하나였던 치외법권 철폐를 요구하자, 조약 당사국은 내지잡거(內地雜居)를 요구해 왔다. 외국인에게 일본 국내에서의 거주, 여행, 영업 등의 자유를 부여하여 내지를 개방한다는 내지잡거는 당시 일본인 다수에게 불안감을 갖게 해 반대가 컸다.

이 점을 예리하게 지적한 것이 일관되게 반정부 입장을 견지한 개진당이었고, 자유당의 정부 접근에 반발하여 반정부로 돌아선 국민협회(대성회(大成會) 계열이며 1892년 결성된 국권파〕였다. 이들은 내지잡거 상조론(尚早論)을 주창했다. 이 두 정당을 중심으로 대외강경6파(국민협회·개진당·중국진보당·동지구락부·동맹구락부·대일본협회)를 결성해서 정부의 조약 개정안을 강하게 비판했다. 궁지에 몰린 정부는 1893년 12월 제5의회를 해산했으나 대외강경파의 세는 쇠퇴하지 않았다. 도리어 신문·잡지기자는 대외강경파를 지지하여 정부는 고립되었다.

선거 후 1894년 5월에 열린 제6의회가 처음부터 혼란에 빠지자 6월 2일 정부는 다시 의회를 해산했다. 이때 이웃 국가 조선에서는 중대한 사건이 일어나고 있었다. 바로 동학농민운동이다.

2. 아시아를 향한 야망 — 청일전쟁

동학농민운동

1876년 강화도조약에 의해 강제로 개항된 조선에 일본 상인들은 불평등조약의 특권을 이용해서 적극적으로 진출했다. 그들은 쌀, 콩, 인삼 등의 농산물과 금을 헐값에 사들이는 한편 일제 면직물 등을 팔았다. 이 때문에 조선에서는 식량 부족과 재래식 면직물업계가 타격을 받아 몰락하는 사람들이 속출했다. 이런 와중에

1860년 최제우가 창설한 동학의 가르침이 민중 사이에서 급속도로 확산되었다.

'동학'이란 서구의 기독교(서학)에 대항하는 것으로서 유교와 도교를 기초로 천주와 사람들 마음속에 있는 천주의 마음이 일체가 되는 천인일여(天人一如)에 따라 사람들이 구원받는다는 내용을 담고 있었다. 동학은 서구 열강의 압박 속에서 보국안민(輔國安民)의 실현, 봉건질서의 부정, 만민평등의 사상을 내세우고 있었다. 이에 위협을 느낀 조선 정부는 교조 최제우를 처형했다.

1890년대에 들어서서 동학의 활동은 점점 활발해져 각지에서 공공연하게 대규모 집회와 시위행진을 벌였다. 이윽고 동학은 기독교 포교 반대와 일본인과 서양인의 국외 퇴거를 요구하며 '척왜양(斥倭洋)'의 정치 구호를 내걸었다. 이런 와중에 1894년 2월 전라도 고부군에서 동학 접주 전봉준의 주도로 농민반란이 일어났다. 그들은 지방 관리의 부정과 가혹한 세금 수탈을 규탄하고 군청을 습격하여 무기를 빼앗아 관리들이 횡령한 쌀을 탈환했다. 이것을 계기로 각지에서 농민 봉기가 잇달았으며 5월 말에는 전라도의 중심인 전주를 점령하기에 이르렀다. 이 봉기들에는 동학당 외의 농민도 다수 참가해서 조선 정부에 의한 봉건적 압제정치와 수탈에 저항하는 농민전쟁의 양상을 보였다.

당시 조선은 국왕 고종의 비인 명성황후 일족이 청나라에 의존하면서 실권을 쥐고 있었으나, 농민반란 진압에 실패하자 결국 청나라에 출병을 요청하였다.

조선 출병에서 활로를 찾으려는 일본

청나라가 조선에 파병하려는 움직임이 있다는 것을 주한 공사 대리 스기무라 후카시(杉村濬)가 일본 정부에 알린 것은 이토 히로부미 내각이 의회를 해산한 6월 2일의 일이었다. 일본 정부는 바로 내각회의를 열어 공사관과 재조 일본인을 보호한다는 명목으로 조선 출병을 결정하고 청나라와 조선 양국 정부에 이 사실을 통고했다. 갑신정변 후인 1885년 청ㆍ일 간에 체결된 톈진조약은 조선에 변란이 일어나 양국이 출병할 경우, 상대국에 사전통고를 하도록 되어 있었다. 일본 정부는 무쓰 외무대신과 가와카미 소로쿠(川上操六) 참모차장을 중심으로 7천 명의 대규모 출병을 결정했다. 조약 개정 문제로 궁지에 몰린 무쓰 무네미쓰 외무대신은 조선의 내란을 분위기 반전을 위한 절호의 기회라 여겼다.

조선에서 일본의 세력 확대를 꾀하기 위해서 그리고 조선을 속국으로 간주하며 강한 영향력을 행사해 온 청나라와의 전쟁에 대비하기 위해서 일본의 육해군 또한 군비를 확장해 왔다. 6월 12일에는 이미 일본군이 인천에 상륙한 상태였고 일부는 한성(현재의 서울)에 진주해 아산에 상륙한 청나라 군대와 대치하고 있었다.

그런데 당시 농민반란군은 조선 정부가 폐정개혁[32]을 약속했

---

32 동학농민운동 당시 농민군이 내놓은 개혁안이다. 1894년 6월 전주화약(全州和約) 때 동학농민군이 초토사 홍계훈에게 화약의 조건으로 내놓은 폐정개혁에 대한 12개 조항으로 이루어져 있으며, 그 내용으로는 신분제 철폐, 과부의 재혼 허용, 부패한 관리 처벌, 세금제도 개선, 토지제도개혁 등이 있었다.

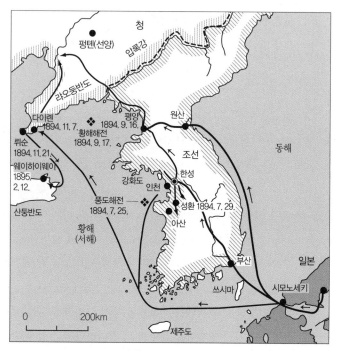

← 일본군 진로 / 숫자는 점령 날짜

청일전쟁 개요도(이와나미서점 제공)

기 때문에 잇따라 전주를 떠나고 있었다. 일본은 파병의 명목을
잃었음에도 계속 병력을 늘려 갔다. 일본의 목적은 이 농민반란
을 기회로 조선에서 철도부설권과 개항장에 대한 특권을 얻어 조
선에서의 세력 확대를 꾀하는 것이었다. 즉 명목이 없는 대규모
파병은 외국의 간섭을 초래할 우려가 있었다. 그래서 일본 정부
는 청나라에 공동으로 농민반란을 진압하고 조선의 내정개혁을

하자고 제안했다. 그러나 내란은 이미 평정된 상태였으며 조선의 개혁은 조선 스스로 해야 한다는 것이 청나라의 대답이었다.

그 무렵 런던에서는 조약 개정 교섭이 막바지에 이르러 영·일 통상항해조약이 7월 16일 체결되었다. 불평등조약의 핵심 조항인 치외법권이 철폐된 것이다(또 하나의 핵심 조항인 편무적 관세율 협정제의 철폐는 러일전쟁이 끝날 때까지 기다려야만 했다). 숙원을 풀고 동시에 영국이 일본에 보인 호의적인 태도는 청나라와의 전쟁을 결의하려는 일본 정부에 큰 힘이 되었다.

일본 정부는 조선 정부에 내정개혁을 강요하면서 동시에 청나라와의 종속 관계를 청산할 것을 요구했다. 그러나 조선 정부의 실권을 쥐고 있던 명성황후는 친청(親淸) 정권이었기에 일본의 요구를 거절했다. 이에 대항하기 위해서 일본 정부는 명성황후와 대립 관계에 있는 대원군을 내세웠으며, 결국 일본군은 경복궁에 침입하여 명성황후를 추방해 친일정권을 수립하였다.

청일전쟁

1894년 7월 25일 일본 해군은 풍도 앞바다에서 청나라 군함을 공격하였고, 29일에는 일본 육군이 성환과 아산에서 청나라군을 격파하면서 지상전이 전면화되었다. 8월 1일 일본은 청나라에 선전포고를 했다. 9월 15일 대본영은 대륙 진출을 위한 전진기지를 히로시마로 옮기고 메이지천황도 히로시마에 도착했다. 이는 천황 스스로 청나라를 치겠다는 뜻을 국민에게 알리고 전의 고양을 꾀하기 위한 것이었다.

전쟁은 일본군의 우세 속에 전개되었으며 9월 15일 일본 제1군이 평양에서 청나라 대군을 격파하고 평양을 점령했다. 17일에는 일본 해군이 황해(서해)에서 청나라 북양함대와 교전을 벌여 군함 5척을 격침시켰다. 게다가 일본 해군은 청나라가 동양 최대를 뽐내던 거함 정원(定遠), 진원(鎭遠)을 대파했다(황해해전). 10월 하순 랴오둥반도에 상륙한 제2군이 다롄(大連)과 뤼순(旅順)을 연이어 공략하였고, 제1군은 북상하여 압록강을 건너 청나라 영토 내로 침입했다. 일본 육군 지도부 내에는 단번에 수도 베이징을 점령해서 청나라를 항복시켜야 한다는 강경론이 등장했다. 그러나 11월 주일 미국공사의 중개로 강화의 움직임이 나타났다. 이토 히로부미 수상과 무쓰 무네미쓰 외무대신은 베이징공격작전이 열강의 간섭을 초래할 우려가 있다며 반대했다. 또한 이 시기에는 일본군이 뤼순 점령 당시 청나라의 병사와 시민을 무차별 학살한 사건이 미국, 영국 등의 신문에 보도되어 국제적으로 일본을 향한 비난의 목소리가 높아지고 있었다. 이러한 이유 때문에 일본 정부도 강화의 길을 모색하지 않을 수 없게 된 것이다.

그렇다면 청일전쟁에 대한 일본 국민의 태도는 어떠했는가? 전쟁이 시작되기 전에는 정부와 팽팽하게 대립하던 국민협회와 개진당도 조선과 청나라에서 일본이 세력을 확대하는 것에 반대하지 않았다. 그렇다 보니 청일전쟁이 시작되자 대외강경파도 바로 개전 지지로 돌아섰고, 1894년 10월 히로시마에서 열린 제7회

임시의회에서 전당 일치로 임시군사비 1억 5천만 엔을 가결했다.

　후쿠자와 유키치(福澤諭吉)의 『시사신보(時事新報)』, 도쿠도미 소호(德富蘇峰)의 『국민신문(國民新聞)』등 대부분의 신문이 전쟁을 지지하고 일본군의 승리를 대대적으로 보도했다. 신문은 일본군의 무용담과 전쟁 미담을 게재하는 한편, 청나라군에 대해서는 '짱짱(チャンチャン)'·'짱짱보즈(チャン坊主)' 또는 '돈미한(豚尾漢)'·'돈병(豚兵)'이라는 모욕적인 말을 퍼부었다.[33] 이러한 보도에 일본 국민은 열광했다. 각지에서는 의용단이 결성되어 종군을 희망하는 사람들이 잇달았다. 일본 국내에서는 군사 헌금을 장려하고 참전 병사를 격려하는 분위기였다.

　이러한 전쟁 지지 여론의 기저에는 후쿠자와 유키치가 말한 것처럼 청일전쟁은 '문야(文野)의 싸움', 즉 문명국과 야만국의 전쟁이라는 생각이 깔려 있었다. 전시 중에 많은 군가가 만들어졌는데, 그중 하나인 도쿄제국대학 총장이자 신체시 제창자인 도야마

---

33 당시 청나라 사람들을 경멸한 차별 용어. 나쓰메 소세키(夏目漱石)의 『만한 이곳저곳(滿韓ところどころ)』에서 "그자는 물론 청나라 사람이고 기름과 먼지가 배어 버린 변발을 흔들어대면서 때때로 만주 소리를 낸다(御者はもちろんチャンチャンで、油に埃ほこりの食い込んだ辮髮を振り立てながら、時々滿洲の聲を出す)"는 대목이 있고, 하기와라 사쿠타로(萩原朔太郎)의 『청일전쟁 이문―하라다 주키치의 꿈(日淸戰爭異聞―原田重吉の夢)』에도 '저주스러운 청나라 대머리들' 정도로 해석되는 '恨み重なるチャンチャン坊主'라든지 '대머리 청나라 군인들' 정도로 해석되는 'チャンチャン坊主の支那兵たち'라는 표현이 있다. 한편 '돈미(豚尾)'는 청나라 사람들의 변발을 돼지꼬리로 비유한 차별 용어.

마사카즈(外山正一)가 창작한 「전진하라 일본 남아(往け往け日本男児)」는 다음과 같은 가사를 담고 있었다.

> 쏴 죽여라 대포로 / 문명의 대적(大敵)을
>
> 무찔러라 검을 들고 / 만족(蠻族)의 소굴을
>
> 동양의 문명을 / 주도하는 것은 우리의 힘
>
> 쏘아라 쏘아라 찔러라 찔러라 / 천황을 위해 조국을 위해

전쟁에 이겨서 문명국 일본이 야만국 청나라를 응징하고 조선과 청나라를 문명화시키겠다는 '제국의식'이 점차 일본 국민에게 침투해 청나라와 조선을 멸시하는 의식이 정착했다.

1895년 1월 일본의 정부와 육해군 수뇌부는 어전회의에서 일본이 요구할 강화 조건을 결정했다. 전승 분위기에 취해 언론계와 육해군을 비롯한 정부 각 기관에서는 영토의 할양과 배상금 등을 과도하게 요구하고 있었다.

시모노세키조약 체결

1895년 3월 20일 시모노세키의 슌판로(春帆樓)에서 제1회 강화회의가 개최되었다. 일본 측에서는 이토 히로부미 수상과 무쓰 무네미쓰 외무대신이 전권을 위임받아 나왔고 청나라는 리훙장(李鴻章)이 전권대표로 나왔다. 리훙장은 일본이 요구한 대만 할양과 고액의 배상금에 거세게 저항했다. 그러나 일본은 우세한

군사력을 배경으로 끝까지 위압적인 태도를 보였고 4월 17일 양국 대표의 서명으로 시모노세키조약(청·일강화조약)이 성립되었다. 조약의 내용은 다음과 같다.

첫째 청나라는 조선의 자주독립을 인정하고 조선은 청나라에 대한 조공 의례를 폐지한다.

둘째 청나라는 랴오둥반도와 대만 및 펑후제도를 일본에 할양한다.

셋째 청나라는 일본에 배상금 2억 냥(당시 엔화로 약 3억 1천만 엔)을 지불한다.

넷째 청나라가 종래 서구 열강에 인정한 개시(開市)와 개항장 외에 사스(沙市)와 충칭(重慶) 등 네 도시를 일본에 새롭게 개방하고 또한 이 지역들에서 통상과 공업상의 특권을 인정한다.

이 조약에 의해 일본은 조선 지배를 확립하기 위한 발판을 마련함과 동시에 대만을 식민지로 영유하는 제국주의 열강으로 도약하게 되었다.

삼국간섭과 와신상담

그러나 서구 열강의 간섭을 피할 수 없었다. 1895년 4월 23일 러시아, 프랑스, 독일 세 나라는 랴오둥반도를 청나라에게 반환할 것을 일본 정부에 권고했다. 삼국간섭을 주도한 러시아에게 랴오둥반도는 극동에 진출하기 위한 중요한 지역이었다. 프랑스는 이미 러시아와 동맹을 맺고 있었기 때문에 러시아의 권유에 응했다. 독일은 유럽에서 러시아·프랑스동맹에 따른 압박을 약화시키기 위해 러시아의 관심을 극동으로 돌리고자 삼국간섭에 가담하였다. 일본이 의지했던 영국은 아르메니아, 인도, 아프리카 등지에서 러시아, 프랑스와 협조할 필요가 있다고 판단하여 일본을 위해 위험을 무릅쓸 필요가 없었다. 청일전쟁은 일본과 청나라만의 문제가 아니라 유럽의 정세와 서구 열강의 이해관계와도 얽혀 있었던 것이다.

결국 1895년 5월 5일 일본 정부는 랴오둥반도 반환을 삼국에 통고하고 8일에 시모노세키조약 비준서를 청나라 정부와 교환했다(그후 일본은 랴오둥반도를 반환하는 대신 청나라로부터 배상금 3천만 냥을 추가로 받았다).

전쟁을 열광적으로 지지해 온 일본 국민은 랴오둥반도 반환에 격분했다. 신문, 잡지 할 것 없이 모두가 정부를 비판했다. 이 분노는 '와신상담'의 슬로건이 되어 일본 국민을 배타주의, 군국주의로 몰아갔다. 일찍이 평민주의를 내걸고 무비사회(武備社會)를 비판하고 평화주의를 설파하던 도쿠토미 소호는 『소호 자서전(蘇峰の自傳)』에서 "이 랴오둥반도 반환이 내 여생의 운명을 바꾸었다. 나는 정신적으로 거의 다른 사람이 되었다"고 말하고 있다. 이후 소호는 제국주의를 찬미하는 언론인으로 변했다. 일본은 청일전쟁 전후경영과 '극동의 위기'에 직면하면서 나라 자체가 급속도로 제국주의국가로 변모하게 된다.

3. 극동의 위기와 청일전쟁 전후경영

명성황후 시해와 서구 열강의 중국 분할

청일전쟁은 조선의 지배를 목적으로 한 전쟁이었다. 그런데 삼국간섭을 계기로 조선 정부 내에서 명성황후를 중심으로 러시아에 접근하려는 세력이 커졌다. 이로 인해 조선공사 미우라 고로(三浦梧郎)는 한성의 공사관, 일본 군인과 공모하여 1894년 10월 8일 대원군을 앞세워 쿠데타를 여러 번 강행했다. 일본 수비대와 공사 관원들은 경복궁에 침입해 명성황후와 신하들을 참살하고 사체를 태워 버리는 만행을 저질렀다.

이 사건을 계기로 조선 민중의 반일 감정이 고조되고 각지에 항일 의병투쟁이 확산되었다. 1896년 2월 국왕 고종은 러시아 공사관으로 거처를 옮겼다. 친일파 대신은 살해되고 친러파 내각이 성립되어 조선에 대한 러시아의 영향력이 급격하게 강화되었다. 일본의 조선정책은 완전히 파탄을 맞이하게 되었다.

그러나 일본에게 보다 큰 문제는 패전국 청나라를 둘러싼 국제정세의 급변이었다. 3억 6천만 엔이라는 거액의 배상금을 물게 된 청나라는 러시아, 영국, 프랑스, 독일로부터 차관을 들여 지불하기로 했다. 그 결과 청나라는 경제적으로뿐만 아니라 정치적으로도 서구 열강에 대한 종속의 정도가 커졌다.

1895~1896년에 걸쳐서 프랑스는 화난(華南)의 윈난(雲南), 광시(廣西), 광둥(廣東) 각주의 광산 개발권과 철도 부설 그리고 광저

우만(廣州灣)의 조차권을 획득했다. 러시아도 차관의 담보로 둥칭(東淸)철도의 부설권을 얻고 1898년에는 삼국간섭으로 일본이 반환한 뤼순과 다롄의 조차권을 획득함으로써 오랜 과제였던 부동항을 수중에 넣었다. 한편 독일은 독일인 선교사 살해를 이유로 산둥(山東)반도의 자오저우만(膠州灣)을 점령하였다. 1898년에는 이 지역을 조차하고 산둥성 내 철도 부설권과 그 연선의 광산 채굴권을 획득했다. 영국은 이미 조차하고 있던 홍콩섬과 건너편에 있는 카오룽(九龍)반도까지 조차했다. 이에 덧붙여 영국은 양쯔강(揚子江) 유역의 각 성(省)의 불할양(不割讓)을 청나라 정부에 재확인시켜 중국에서의 기반을 확고히 했다.

이렇게 해서 제국주의 열강에 의한 중국 분할은 '노대국(老大國)'인 청나라의 패배를 계기로 단숨에 강행되었다. 이에 대해서 청나라 정부 내에서는 캉유웨이(康有爲) 등에 의해 개혁운동이 일어났다. 1898년 그들은 일본의 메이지유신을 모델로 삼고 인재 등용, 의회 개설, 민영기업의 보호와 장려, 과거제도의 개혁 등 '무술변법(戊戌政變)'이라 불리는 개혁안을 들고 운동을 전개했다. 그러나 보수파 관료의 지지를 받은 서태후(西太后) 일파의 반격으로 변법자강운동은 단 103일 만에 좌절되고 말았다.

일본 국내 정치의 전환

그런데 이상에서 언급한 '극동의 위기'라 불리는 격변하는 국제 정세에 일본은 어떻게 대응했는가? 그 방침은 청일전쟁 후에 열린 제9의회(1895. 12~1896. 3)에서 심의된 전후경영책에 명시되어 있다. 기본 틀은 군비 확장을 첫째로 산업 기반의 확대와 실업 교육의 충실이 뒤를 잇는 것이었다. 의회 개회 전에 육해군이 기안한 군비 확장안은 육군을 기존 7개 사단에서 14개 사단으로 늘리고, 해군은 1만 톤급 전함 6척에 순양함·구축함·수뢰정(水雷艇) 등 총 74척을 새롭게 건조한다는 것이었다. 이는 청일전쟁 전과 비교하면 두 배가 넘는 규모이다. 재원은 주로 청나라로부터 받은 배상금으로 충당했으나 철도 부설과 전신·전화, 해외 항로의 확장 등 산업 기반의 정비까지 고려하면 증세는 피할 수 없었다.

1896년도 세출총액은 2억 1,400만 엔으로 전전보다 두 배 이상으로 뛰었으며, 그중 군사비가 전체의 43.5퍼센트를 차지했고, 1897년도는 더 늘어서 49.5퍼센트에 이르렀다. 제9의회에서는 등록세, 영업세가 신설되고 주조세(酒造稅)의 증세, 잎담배 전매제도 실시 등이 결정되었다.

이러한 전후경영을 추진하기 위해서는 번벌정부도 지금까지의 초연주의를 수정하고 정당과 제휴할 필요가 있었다. 제4의회 이후 번벌정부에 친화적이던 자유당은 재빨리 이토 내각과의 제휴를 선언했다. 제2차 이토 내각과 이타가키 다이스케(板垣退助)를 당수로 하는 자유당은 공개적으로 제휴를 맺고 제9의회를 무사히 넘긴 것이다. 그리고 1896년 4월에는 이타가키가 내무대신으로 입각하기에 이른다. 제2차 이토 내각에 이어서 1896년 9월 출범한 제2차 마쓰카타 마사요시 내각은 오쿠마 시게노부(大隈重信)가 이끄는 진보당(같은 해 3월 개진당을 중심으로 성립)과 제휴했으며 오쿠마가 외무대신으로 취임했다. 이 마쓰카타 내각 또한 군비 확장을 위해 거액의 예산을 확보했다.

그러나 마쓰카타 내각이 1898년도 예산을 편성하는 과정에서 지조를 2.5퍼센트에서 3.7퍼센트로 올리는 방법으로 예산을 충당하려 하자, 정당과의 대립은 또다시 격해져서 1897년 말 마쓰카타 내각은 전원 사퇴했다. 뒤이은 제3차 이토 내각도 이 갈등을 해결하지는 못했다. 한편 1898년 3월에 치러진 총선거에서는 지조 증세를 반대하는 자유당과 진보당이 압승하여 6월에는 양당이 합당하여 헌정당(憲政黨)을 결성했다.

의회에서 절대다수를 차지하는 헌정당이 결성되자 이토는 의회 해산을 단념하고 사의를 표명했다. 그러나 원로 중에는 아무도 내각에 참여하려는 자가 없었다. 이토 히로부미는 할 수 없이 후임으로 헌정당 지도자인 오쿠마 시게노부와 이타가키 다이스케를 천황에게 추천했고, 천황은 이를 받아들여 오쿠마와 이타가키에게 조각을 명하면서 특별히 육해군대신 자리는 비워 둘 것을 지시했다. 그리고 천황은 직접 가쓰라 다로(桂太郎) 육군대신과 사이고 쓰구미치(西鄕從道) 해군대신 유임을 명했다. 가쓰라와 사이고는 오쿠마에게 군비 확장을 변경하지 않겠다는 약속을 받고 유임했다. 이는 야마가타 아리토모 등의 요청에 의한 것이긴 했으나 천황이 스스로 내각의 통일성을 무너뜨린 것이다. 오쿠마 수상과 이타가키 내무대신 아래 육해군대신을 제외한 모든 각료가 헌정당원이 된 일본 최초의 정당 내각이 탄생했다(헌정당 내각 또는 와이한(隈板) 내각이라 한다).

오쿠마 내각은 각 성의 차관과 국장, 그리고 현지사(縣知事)에 헌정 당원을 적극 등용했으나, 이 자리들을 둘러싼 구 자유당계와 구 진보당계의 대립이 격화되었다. 이런 와중에 문부대신 오자키 유키오(尾崎行男)의 공화연설사건(共和演說事件)이 일어났다. 1898년 8월 하순 제국교육회에서 연설한 오자키는 금권정치를 비판하면서 만일 일본에 공화정치가 존재했다면 미쓰이, 미쓰비시(三菱)가 대통령 후보가 되었을 것이라고[34] 발언했다. 황실과 추밀원 관료들은 오자키 유키오의 발언을 불경이라고 공격했고 내각을 쓰러뜨릴 획책을 하였다. 천황도 오자키에 대해서 불신임의 뜻을 보여 결국 오자키는 사임했다. 후임을 둘러싼 자유와 진보 두 파의 대립은 심화되어 10월 말부터 11월 초에 걸쳐 헌정당은 헌정당(자유파)과 헌정본당(진보파)으로 분열되었고 오쿠마 내각은 고작 4개월 만에 총사퇴하고 말았다.

---

34 "세인들은 미국을 배금주의의 원조처럼 생각하고 있지만 미국에서 돈이 있다는 이유로 대통령이 된 사람은 한 명도 없다. 역대 대통령은 오히려 가난했던 사람이 많다. 일본에는 공화정치를 하려는 생각이 없으나, 가령 공화정치를 지향하려는 꿈을 꾸더라도 아마 미쓰이, 미쓰비시가 대통령 후보가 될 것이다. 미국에서는 그런 일은 있을 수 없다"는 것이 오자키의 연설 내용이었다. 당시 일본 정계가 배금주의와 금권정치에 젖어 있다는 비판을 일본을 대표하는 기업인 미쓰이, 미쓰비시를 들어서 비판한 것이다.

오쿠마 시게노부 내각 다음에는 다시 번벌 세력인 야마가타 아리토모 내각이 성립되었다. 야마가타 내각은 헌정당의 실력자 호시 도루(星亨)의 노력으로 헌정당과 제휴해 지조 증세를 실현했다.

그후에도 야마가타 내각은 중요한 개혁을 연이어 추진했다. 그 중 하나가 문관임용령(文官任用令)의 개정이었다. 그때까지 차관, 국장과 기타 칙임관(勅任官) 등의 상급 관료 자리는 자유임용이었기 때문에 점차 정당원이 상급 직위를 차지하는 일이 일어나, 정당의 힘이 관료제에 침투하게 되었다. 이에 야마가타 내각은 이 자리들을 시험임용(자격임용)으로 바꾸어 제국대학 출신자 등으로 고등문관시험에 합격한 자만을 임용하도록 개정했다. 이는 바로 관료제의 강화였다. 또한 육해군성 관제를 개정해서 육해군대신의 임용 자격을 현역의 대장과 중장으로 제한했다. 이 군부대신의 현역무관제(現役武官制)는 군의 독립성을 강화시켜 이후 군부 독주의 원인 중 하나가 되었다.

그리고 1900년 3월에는 청일전쟁 후에 예상되는 사회운동 대두에 대비해서 치안경찰법을 제정했다.

한편 같은 번벌 지도자인 이토 히로부미는 청일전쟁 후의 국가 경영을 위해 정당과의 제휴를 꾀해 왔지만, 점차 한계를 느끼고 1898년에는 스스로 정당을 조직할 것을 생각하게 되었다. 이토는 '극동의 위기' 속에서 서구 열강과 경쟁하기 위해서는 실업가도 정치에 참가하는 거국일치(擧國一致)체제가 필요하며, 국가 이익을 첫째로 하는 정당이 필요하다고 생각했다.

이토의 계획에 동조한 것은 헌정당이었다. 자유당시대부터 이토 내각과 제휴해 온 헌정당은 이토를 당수로 추대하여 관료 세력에도 기반을 가진 정권정당으로의 변신을 꾀하였다. 그 결과 헌정당은 1900년 9월 해산하고 이토와 같은 노선의 관료와 함께 입헌정우회(立憲政友會)를 새로이 결성했다.

의화단사건과 신축조약

청나라를 식민지로 만드는 작업은 더욱 빨라졌다. 청나라는 거액의 배상금을 일본에 지불하기 위해서 세금을 늘렸고 그 결과 민중의 세금 부담은 무거워졌으며, 더불어서 외국자본과 상품의 유입에 따라 많은 사람은 일자리를 잃었다. 이로 인해 각지에서 종교적 비밀결사가 생기고 반란이 일어났다. 그중 하나가 산둥성에서 일어난 의화권(義和拳)이다. 의화권은 권법으로 신통력을 터득해 촌락의 생활을 지키려는 종교적 결사였는데, 그들의 화살은 제국주의 침략의 선봉장이자 상징으로 여겨진 기독교 교회와 선교사로 향했다. 그들의 일부는 의화단이라 했고 '부청멸양(扶清滅洋. 청을 도와 서양열강제국을 멸한다)'을 구호로 반제국주의 민중운동의 성격을 분명히 했다. 1900년에 들어서자, 의화단은 외국자본으로 건설한 철도와 역사를 파괴하고 6월에는 베이징의 각국 공사관을 포위해 고립시켰다. 톈진에서 일본, 영국, 독일, 프랑스, 이탈리아, 미국, 러시아, 오스트리아 8개국의 육전대(陸戰隊)가 지원에 나섰으나 저지되고 말았다. 청나라 황제는 의화단을 이용해 서구 열강의 지배를 배척하고자 8개국에 선전포고를 했다.

당시 영국은 남아프리카의 식민지화를 위해 보어전쟁에 대군을 투입한 상태였고, 미국은 필리핀의 반미 독립운동 진압에 힘을 쏟고 있었기 때문에 베이징에 대군을 파견하기는 어려웠다. 독일과 프랑스도 본국에서 병력을 수송하기에는 시간이 걸렸다. 북청(北淸) 지방에 대군을 보낼 수 있는 국가는 일본뿐이었다. 일본 정부는 의화단사건(북청사변)을 계기로 제국주의 열강에 합류하였으며, 이를 두고 가쓰라 다로 육군대신은 '장래 동양의 패권을 쥘 수 있는 단서'라 하였다. 일본은 영국의 계속되는 출병 요청을 받아들여서 7월 6일 각의에서 1개 사단을 추가로 보내기로 결정했다. 일본군을 주력으로 하는 연합군은 7월 14일 톈진을 공략하고, 8월 14일 베이징을 총공격해서 공사들을 구출했다. 당시 연합군 병력은 4만 7천여 명, 그중 일본군이 2만 2천 명이었다.

1901년 9월 서구 열강과 청나라 사이에서 최종 의정서(신축조약 (辛丑條約))가 체결됐다. 이에 따라 청나라는 4억 5천만 냥의 배상금을 서구 열강에 지불하고 공사관 및 산하이관(山海關)에서 톈진을 거쳐 베이징에 이르는 철도선 보호를 위해 각국이 군대를 주둔시킬 권한인 주병권을 인정했다(이 주둔군이 후에 지나주둔군(支那駐屯軍)이 되며, 이들은 중일전쟁 발발의 주역이 된다). 의화단사건은 중국의 반(半)식민지화를 결정지었다. 일본은 이 사건을 계기로 제국주의 열강의 일원이 되었고 그 지리적 이점과 군사력으로 아시아의 반제국주의 민족운동 억압을 위한 '극동의 헌병' 역할을 담당하게 된 것이다.

4. 산업혁명과 사회문제

기계공업의 발달

청일전쟁을 전후해서 일본의 공업화(자본주의화)가 급속히 진전되었다. 1880년대 말에는 면 방적업을 중심으로 오사카, 도쿄 등 각지에 공장이 세워졌다. 일본은 서구에서 수입한 최신식 방적기와 증기기관을 밤낮으로 두 번씩 교대하면서 풀 가동했고 원료는 값싼 인도 목화를 수입해 사용했다. 청일전쟁 후에 이러한 경향은 더욱 두드러져 1890년에는 이미 국내 생산량이 수입량(주로 영국산 및 인도산)을 초과해 청일전쟁 후인 1897년에는 외국(주로 청나라 등)으로의 수출량이 수입량을 웃돌았다.

면 방적업의 발달은 다양한 산업에 영향을 미쳤다. 에도시대부터 이어 온 면화 재배는 값싼 외국산 면제품과 목화 수입으로 인해 쇠퇴했다. 또한 가내수공업에서 손으로 짠 무명실도 외국산, 일본 국내산 면 방적기의 생산량을 따라가지 못해 생산이 점차 줄어들었다. 면화 재배와 손으로 뽑아내는 무명실은 농가의 중요한 상품작물이자 부업이었지만 점차 쇠퇴했고, 농촌에서는 과잉 노동력이 생겨나 이윽고 남는 노동력은 도시의 큰 공장에 흡수

되었다.

에도막부 말에 개항한 후 일본의 최대 수출품인 생사(生絲)의 생산도 1890년대 후반에는 기계화가 진행되었다. 이전부터 양잠, 제사(製絲)가 성행한 군마(群馬), 사이타마(埼玉), 후쿠시마(福島) 등지에서는 전통 방식인 물레를 사용했지만 나가노(長野), 야마나시(山梨), 기후(岐阜) 등을 중심으로 기계화된 제사가 보급되었고 수출량은 1891~1900년 10년 동안 두 배로 늘었다. 기계화된 제사공장은 각지의 유력 상인과 지주의 투자로 세워졌으며, 근린 농촌의 부녀자를 저임금으로 고용하고 양잠 농가에서 값싼 고치 원료를 사들이며 발전했다. 1900년대에는 나가노현의 가타쿠라(片倉)제사나 교토의 군제(郡是)제사와 같은 대기업이 등장했다.

이에 비해 중공업의 발달은 상당히 늦었다. 그중에서도 일찍부터 중요시된 것이 무기 생산이었다. '부국강병'을 내건 메이지정부는 도쿄와 오사카에 포병공창(砲兵工廠)을 세워서 소총과 대포의 생산을 시작했다. 그 규모는 당시 민간 공장과는 비교할 수 없을 정도로 컸다. 그러나 포신이나 총신을 만드는 강철의 대부분은 수입에 의존했다. 군함 제조도 마찬가지였다. 해군은 요코스카(橫須賀)와 구레(吳)에 해군공창을 세웠지만, 대량의 강철이 필요한 강철 군함을 일본 내에서 제조하는 것이 늦어져 러일전쟁 때 주력 군함은 모두 영국 등에서 수입한 것이었다. 육군, 해군 할 것 없이 무기의 국산화가 이루어진 것은 러일전쟁 이후부터였다.

무기 생산에서 볼 수 있듯이 기계나 무기의 재료로 쓰이는 철강 생산은 지체되고 있었지만 청일전쟁 후인 1901년 관영 야하타(八幡)제철소가 조업을 시작했다. 민간에서는 가마이시(釜石)제철소, 고베(神戸)제철소, 니혼강관(日本鋼管) 등이 설립되어 러일전쟁 이후 무쇠의 자급률은 약 50퍼센트, 강철재는 25퍼센트 정도까지 높아졌다.

산업혁명을 지탱한 또 하나의 중요한 기둥은 철도였다. 일본의 철도는 앞에서 언급한 것처럼 1872년 신바시-요코하마 구간이 개통한 것을 시작으로 1880년대 후반이 되자 각지에서 철도 붐이 일어나, 1889년 도카이도선이 고베까지 개통되었고, 1891년 우에노-아오모리를 잇는 니혼철도가 완성되었다.

1901년 산요철도가 바칸까지 개통되어 아오모리부터 시모노세키까지를 잇는 혼슈 종단 철도가 완성되었다. 이러한 철도들은 1882년 당시 278킬로미터에 불과했으나, 20년 후인 1902년에는 6,805킬로미터까지 확장되었고, 철도 직원은 관과 민을 합쳐서 6만 7천 명을 넘어 다른 산업에 종사하는 직공의 수와 대등해졌다.

지주제와 여공

일본의 근대산업이 이렇듯 단기간에 발전할 수 있었던 비결은 대체 어디에 있었는가. 하나는 서구의 최첨단 기계와 기술을 도입한 것도 있지만, 다른 한 가지는 저임금과 극히 열악한 노동조건에서 몸을 혹사시키면서 일할 수밖에 없었던 많은 노동자, 특히 농촌 출신 여공들이 있었기에 가능했다.

근대공업이 발전했다고는 하나, 청일과 러일전쟁기의 일본은 국민의 약 70퍼센트가 농업으로 생계를 꾸리는 농업국이었다. 그러나 농촌은 크게 바뀌기 시작했다. 1880년대 마쓰카타 디플레이션을 통해 많은 농민이 토지를 잃었다. 그들은 잃어버린 토지를 지주에게 빌려서 소작농으로 일했다. 토지가 집중적으로 지주 소유로 편입된 것은 1880~1900년대 사이였으며, 이때 소작지가 45퍼센트에 달했다. 전체 농지를 지주에게 빌리는 소작농과, 일부는 자신의 소유지이고 나머지는 빌린 땅인 자작ㆍ소작농을 합치면 전 농가의 3분의 2에 달했다. 지주는 소작인으로부터 높은 소작료를 징수했는데 이는 수확량의 50~60퍼센트에 이르렀고 게다가 현물 징수였다. 소작농이 1년간 흘린 땀의 대부분은 연말이 되면 가마니에 채워져 지주의 곳간으로 들어갔다. 지주는 소작미를 유리한 조건으로 판매하여 더욱 많은 토지를 사들였고 야마가타현(山形縣)과 니가타현(新潟縣)에서는 이미 다이묘(大名)보다 많은 토지를 소유하는 거대 지주가 나타났다. 또한 지주는 제사, 방적, 은행, 철도 등에 투자하여 발흥기의 자본주의경제를 자본 면에서 지탱했다.

반면에 소작인들은 궁핍한 생활을 강요당해야만 했다. 그들 대부분은 지주에게 빌린 3백 평 남짓한 좁은 땅을 경작하면서 지주나 농촌 공업의 일용직으로 일해서 받은 적은 임금으로 생계를 꾸릴 수밖에 없었다. 그러다 보니 대다수 소작농민의 자녀들은 방적공장과 제사공장에 나가서 돈을 벌었다.

여공들은 가불받은 돈으로 여비를 마련해서 멀리 떨어진 방적공장이나 비교적 가까운 제사공장까지 일하러 갔다. 그곳에서 기다리고 있는 것은 방 하나에 약 10명, 1인당 다다미 한 장도 되지 않는 좁고 비위생적인 기숙사와 아침 여섯시부터 저녁 여섯시까지 하루 열두 시간을 일해야 하는 가혹한 노동이었다. 이 가혹한 노동조건을 견디지 못하고 도망치는 자나 병이나 부상으로 공장을 그만두고 귀향하는 자도 많았다. 그럼에도 여공은 가난한 소작농의 자녀들로 계속 채워지고 있었다. 소작농가에게는 여공이 된 딸들이 보내주는 얼마 안 되는 돈이 생활을 위해 반드시 필요했기 때문이다. 가계에 보태기 위해서 여공들이 감당한 저임금 노동이야말로 일본 자본주의 발달을 밑바닥에서 지탱한 중요한 요인이었다.

노동운동의 발흥

자본주의경제의 발전과 더불어 도시에는 빈민과 영세층이 늘어나 1900년경에는 소작쟁의와 노동쟁의가 빈발했다.

신문기자로서 하층민의 생활과 노동환경을 조사한 요코야마 겐노스케(横山源之助)는 저서 『일본의 하층민사회(日本の下層社會)』(1899)에서 "청일전쟁 이후 기계공업의 발흥은 노동문제를 야기했고 물가 폭등은 빈민문제를 환기하여 점차 서구의 사회문제에 접근하고 있다"고 지적했다. 이 시기 사회문제에 주목한 것은 요코야마만이 아니었다.

1897년 4월 미국에서 돈을 벌어 귀국한 다카노 후사타로(高野房太郎)와 사와다 한노스케(澤田半之助) 그리고 조 쓰네타로(城常太郎)는 직공의우회(職工義友會)를 결성해 "직공 여러분께 바친다"는 팸플릿을 배포했다. 그들은 "노동은 신성하며 결합은 세력이다"라고 주장하면서 빈부 격차를 줄이고 노동자의 생활을 개선하기 위해 혁명이 아닌 평화로운 질서 아래 목적을 달성하는 노동조합의 결성을 호소했다. 다카노를 포함한 세 명과 가타야마 센(片山潛), 사쿠마 데이이치(佐久間貞一), 시마다 사부로(島田三郎)도 동참해 그해 6월 도쿄 간다(神田)에 있는 기독교청년회관에서 노동연설회를 열어 1,200여 명의 청중에게 노동조합기성회(勞動組合期成會)의 설립을 호소했다.

1897년 7월 5일 발족한 노동조합기성회의 방침을 받아들여 같은 해 12월 철공조합이 결성되었고 연이어 1899년 슈에이샤(秀英社) 사장 사쿠마 데이이치와 시마다 사부로의 후원으로 활판공(活版工)조합이 결성되었다. 또한 니혼철도회사(현재의 도호쿠선)의 기관사와 조수를 망라한 노동조합의 교정회(矯正會. 일본철도 교정회를 줄여 부르는 말)도 탄생했다. 이 조합은 1898년 2월 말 기관사들이 대우 개선을 요구하며 투쟁한 스트라이크를 계기로 생긴 것이다. 그러나 이 운동은 치안경찰법에 의한 관헌의 위압과 노동조합의 공제제도(共濟制度) 결렬로 인해 끝내 쇠퇴하고 말았다.

사회주의사상의 대두

노동조합기성회가 결성된 1897년 4월 사회문제의 '학리와 실제'를 연구할 것을 목적으로 하는 사회문제연구회가 발족했다. 이 모임에는 구 자유민권가와 국민주의자, 기독교도 등 다양한 사상을 가진 2백여 명이 참가했다. 매월 한 번 모인 회합에서는 보통선거 문제, 토지 문제, 도시 문제, 사회정책, 사회주의 등 사회문제를 적극적으로 논의했지만 1년 만에 사라졌다.

그러나 이 연구회를 모태로 중요한 두 가지 운동이 일어났다. 하나는 이 연구회의 주최자였던 나카무라 다하치로(中村太八郞)가 같은 해 7월 기노시타 나오에(木下尙江)와 함께 신슈(信州)의 마쓰모토(松本)에서 보통선거기성동맹회를 발족한 일이다. 마쓰모토에서 일어난 이 보통선거운동은 이윽고 도쿄로 확산되어 1899년 10월 나카무라, 기노시타와 더불어 고토쿠 슈스이, 이시카와 야스지로(石川安次郞), 다루이 도키치(樽井藤吉), 나카무라 야로쿠(中村彌六) 등에 의해 보통선거기성동맹회가 결성되었다. 사회문제 해결을 보통선거에서 강구했던 이 운동은 이후 1925년 남자 보통선거가 실현되기까지의 머나먼 길의 출발점이 되었다.

사회문제연구회에서 파생한 또 하나의 모임은 사회주의연구회였다. 1898년 10월 사회문제연구회 안에서도 사회주의에 관심을 가진 기독교 계열의 유니테리언협회원에 의해 연구회가 조직되어 "사회주의의 원리와 이를 일본에 응용할 수 있는지 여부를 연구할 것을 목적"으로 했다. 연구회는 1900년 1월 사회주의협회로 개칭하고 보통선거와 공장법 제정 등의 실천 활동을 시작했다.

이러한 흐름을 배경으로 1901년 5월 아베 이소오(安部磯雄), 가타야마 센, 기노시타 나오에, 니시카와 고지로(西川光二郎), 고토쿠 슈스이, 가와카미 기요시(河上淸) 6명은 일본 최초의 사회주의 정당인 사회민주당을 결성했다. 이들의 선언에는 사회주의와 민주주의에 의해 빈부 격차를 없애고 세계 평화의 실현을 주창하며 군비 전면 폐지, 계급제도의 전면 폐지, 토지와 자본 공유, 인민이 평등한 정치 참여, 교육의 평등과 교육비 국고 부담 등을 내걸었다. 그러나 사회민주당은 결당하고 이틀 후에 치안경찰법에 의해 금지되고 말았다. 그러나 그들의 선언서는 신문에 발표되어 큰 반향을 불러일으켰다.

이러한 노동운동을 비롯한 각종 사회문제에 관심과 동정을 보내는 신문이나 잡지의 역할은 무시할 수 없었다. 시마다 사부로의 『마이니치신문(每日新聞)』, 구로이와 슈로쿠(黑岩周六)의 『요로즈초호(萬朝報)』, 아키야마 데이스케(秋山定輔)의 『니로쿠신보(二六新報)』, 유니테리언협회의 『리쿠고잡지(六合雜誌)』 등이 대표적인 신문이지만 그 외에 지방 신문도 있었다. 특히 『요로즈초호』와 『니로쿠신보』는 사회의 하층계급을 대상으로 하고 저렴한 가격과 특이한 지면으로 도쿄시에서는 1~2위를 다투는 매출을 올렸다. 노동운동이 쇠퇴하는 가운데 1901년 4월 『니로쿠신보』가 주최한 노동자대간친회(勞動者大懇親會)에는 3만 명에 가까운 노동자가 참가하였으며, 경찰의 방해를 뿌리치고 노동자의 권리 옹호,

여성·아동 노동자의 보호 입법, 선거권 획득 등을 결의했다.

아시오광독사건과 다나카 쇼조

이러한 운동과 밀접한 관계를 가지면서 전개된 또 하나의 운동이 아시오동산광독(足尾銅山鑛毒)반대운동이었다. 도치기현(栃木縣)에 있는 아시오동산은 1880년대 후루카와 이치베에(古河市兵衛)의 경영하에 구리 생산량을 비약적으로 증가시켰고, 이와 함께 아시오에 수원을 두는 와타라세가와(渡良瀬川) 연안에 광독 피해가 발생했다. 특히 1890년 8월에 발생한 대홍수는 도치기현과 군마현 두 현에 큰 피해를 입혔으며 피해민은 각지에서 광독반대운동을 일으켰다. 그러나 청일전쟁을 수행하기 위한 구리 생산량이 증가함에 따라 피해는 더욱 심각해졌다.

1896년 가을에 일어난 대홍수는 도쿄부(東京府)와 도치기, 군마, 사이타마, 이바라키, 지바 다섯 현에서 51만 명 이상의 인명 피해와 약 10만 헥타르의 토지 피해를 일으켰다. 이를 계기로 제2의회 이래 광독 문제를 중의원에서 호소해 온 도치기현의 중의원 다나카 쇼조(田中正造)를 중심으로 광독반대운동은 조업을 중단시키는 운동으로 발전하여 사회문제로 주목받기 시작했다. 그러나 일본 정부는 후루카와(古河)의 아시오동산의 이익을 옹호하면서 아무런 해결책도 제시하지 않았다. 1897년 3월 도치기와 군마의 피해민 7백여 명은 도롱이에 삿갓 그리고 짚신을 신고 도쿄로 몰려가서[대거청원행동(大擧請願行動)] 의회를 시작으로 관계 각 성을 돌며 청원운동을 벌였다. 이러한 피해민의 행동은 정치가와 정부 각 기관에 큰 충격을 주었고, 여론 또한 피해민을 동정하여 각지에서는 연설회가 열렸다. 그 결과 정부는 황급히 내각에 아시오 동산광독 조사위원회를 설치하여 대책을 협의한 결과 후루카와 이치베에게 광독 예방 명령을 내리고 피해지의 조세면제를 결정했다. 그런데 예방 공사가 오히려 연해(煙害)를 확대시키고 조세 면제가 피해민의 선거권과 공민권을 침해해 지방자치를 파괴하는 결과를 초래했다. 한편 광독 피해는 농작물부터 인명에 이르기까지 널리 퍼져 영유아의 사망과 환자의 증가로 이어졌고, 그 결과 생계 곤란자가 늘어났다.

1900년 2월 1만 명 내외에 이르는 피해자가 결집해 도쿄를 향해서 제4회 청원 행동을 감행했다. 경찰과 헌병은 도네가와(利根川)를 건너는 나루터가 있는 군마현 오우라군 사누키무라 가와마타(邑樂郡 佐貫村 川俣)에서 피해민 대열을 덮쳐서 많은 활동가를 흉도취중죄(兇徒聚衆罪)로 체포했다(가와마타사건). 이 사태에 대해 다나카 쇼조는 개회 중이던 제14의회에서 정부에 "(이러한 만행이) 망국으로 이르는 길임을 알지 못한다면 (나 또한) 곧 망국의 예로 질문하겠노라(亡國に至るを知らざれば之卽ち亡國の儀に付質問)"라는 질문서를 제출하고 광독의 비참함과 정부의 책임을 구체적으로 지적했다. 다나카는 입법, 행정, 사법 세 기관이 형태만 존재할 뿐이지 그 정신이 부패하여 국민의 생명과 인권을 보호하지 않으려는 현상을 '망국'이라 단정했다. 광독반대 여론은 또다시 고조되어

각지에서 연설회와 구호 활동이 확산되면서 정치가, 신문·잡지 기자, 기독교·불교의 종교가, 부인교풍회(婦人矯風會)의 여성과 학생 등 다양한 사람이 참가했다.

아시오광독 문제는 이후 다나카 쇼조가 천황에게 직소하기도 했으나 러일전쟁 이후 반대운동은 고립되어 이 문제에 대한 해결은 제2차 세계대전 이후까지 기다려야 했다.

5. 러일전쟁

영일동맹 체결

의화단사건의 결과 서구 열강에 의한 청나라 분할은 더욱 심화되었다. 특히 러시아는 의화단사건을 틈타 대군을 파견해 만주를 사실상 점령하였고 조선에 대한 압박을 강화했다. 한편 유럽에서 고립의 위기에 놓여 있던 영국은 아시아에서 러시아와 대항하기 위해 일본에 대한 접근을 꾀하고 있었다. 일본은 러시아와의 외교교섭에 의해서 조선에서의 지위를 확보할지(러·일협상론), 영국과 동맹을 맺어 러시아에 대항할지(영일동맹론)를 놓고 갈림길에 있었다. 전자를 주장한 것은 이토 히로부미·이노우에 가오루 등이었고, 후자를 지지한 것은 1901년 6월 내각을 조직한 가쓰라 다로 수상·고무라 주타로(小村壽太郞) 외무대신 등과 이 내각의 숨은 실세 야마가타 아리토모였다.

9월 고무라 외무대신은 주영 공사 하야시 다다스(林董)에게 영·일교섭을 명령하여 하야시와 영국 외무대신 랜스다운(Henry Charles Petty-Fitzmaurice)과의 교섭이 런던에서 시작되었다. 거의 같은 시기에 이토 히로부미도 러시아와의 교섭에 들어갔다. 이토는 만한교환론(滿韓交換論. 러시아의 만주 지배를 인정하는 조건으로 일본의 한국 지배를 인정하는 외교책) 입장에서 일본은 조선에서 정치·경제상의 특권과 조선 내부 내란 시에 군사행동의 자유를 러시아에 요구했지만 러시아는 이를 인정하려 하지 않았고, 오히려 청나라 영토 내에서 러시아가 자유행동을 할 수 있도록 요구했다. 이토 등에 의한 러·일협상론은 완전히 궁지에 몰렸다.

한편 영·일교섭은 순조롭게 진행되어 1902년 1월 영일동맹이 성립되었다. 그 내용은 영·일 양국이 청나라에서 이미 확보한 특별한 이익과 일본이 대한제국에서 확보한 정치·상공업상의 이익을 상호 인정하고, 양국의 이익이 열강에 침범당하거나 청나라와 대한제국 내에서 소동이 발생할 경우 군사행동을 포함해서 협력한다는 것이었다. 영일동맹의 목표는 러시아의 진출을 경계한 것이었으나, 동시에 일본은 동학농민운동과 의화단사건으로 불거진 반제국주의적 민족 반란을 진압하기 위해 군사 협력의 필요성을 강조함으로써, '극동의 헌병'으로서의 일본의 역할을 영국에게 분명하게 인식시키고 그에 상응하는 대가를 치르게 하려는 것이었다.

주전인가, 비전인가

영일동맹이 체결되자 러시아는 그해 4월 청나라와 만주환부조약(滿州還付條約)을 체결하여 6개월마다 3분기로 나누어 만주에서 모든 러시아군이 철수할 것을 약속했다. 10월 제1기 철군이 이루어졌으나, 그후에는 약속 기한이 다 되어도 철수하지 않을뿐더러 오히려 대한제국 국경을 넘어서 군사 시설을 만들었다. 러시아의 행동은 일본을 강하게 자극하였으며, 참모본부와 일본 정부 내에서 대러강경론이 거세졌다. 민간에서도 1903년 6월 도쿄제국대학 교수 도미즈 히론도(戶水寬人) 외 '칠박사(七博士)'라고 일컬어지는 7명의 학자가 대러강경의견서를 정부에 전달하고 신문에 이를 발표했다. 8월에는 대러강경파 1천 수백 명이 모여 대러동지회를 결성하였고, 만주 문제의 근본적인 해결은 일본제국의 사명이라는 성명을 내고 정부를 독려했다. 각 지방도시에서도 집회가 잇달아 일어났다.『도쿄아사히신문(東京朝日新聞)』,『오사카아사히신문』,『오사카마이니치신문』,『니로쿠신보』 등 유력 신문도 대러강경론을 주장했다. 그 속에서 비전론을 외쳐 왔던『요로즈초호』도 10월 구로이와 루이코(黑岩淚香) 사장이 주전론으로 전환했다.

『요로즈초호』가 주전론으로 전환하자『요로즈초호』의 기자였던 우치무라 간조(內村鑑三), 고토쿠 슈스이, 사카이 도시히코(堺利彦)는 퇴사하여 각자의 신념에 입각한 비전론을 관철시켰다. 청일전쟁을 '의전(義戰)'으로 여기고 지지하던 우치무라는 기독교의 가르침과 그에 입각한 사회문제를 다루면서 전쟁을 부인하는 입장에 섰다. 고토쿠와 사카이는 자유·평등·박애를 내걸고 헤이민샤(平民社)를 결성하여 11월 주간『헤이민신문(平民新聞)』을 창간하여 비전론을 호소했다.『헤이민신문』창간호 5천 부는 순식간에 매진되었으며 다시 3천 부를 증쇄하였다. 헤이민샤에 집결한 아라하타 간손(荒畑寒村) 등 젊은 사회주의자는 러일전쟁 개전 후에도 짐수레에『헤이민신문』과 팸플릿을 싣고 사회주의와 반전을 외치며 전국을 순회했다. 군마현에 있는 안나카(安中)교회의 목사 가시와기 기엔(柏木義円)도『조모교계월보(上毛教界月報)』를 통해 굴하지 않고 비전론을 주장했다. 이러한 비전론은 대세를 뒤엎지는 못했으나 사회 저변에 있는 사람들이 예상외로 이들의 주장을 지지했고, 그들 또한 몸소 비전론을 주장했다는 데 의미가 있다.

러·일 개전 외교

러시아에 대한 강경 여론이 고조되는 가운데 1903년 6월 어전회의에서 일본의 대러시아교섭 원칙이 확인되었고, 8월에는 일본의 교섭안이 러시아 정부에 보내졌다. 그 내용은 한국과 청나라 양국의 독립과 상공업상의 기회 균등, 한국에서의 일본의 우세한 이익을 인정하고 만주에서는 러시아의 철도 경영에 관한 특수 이익을 인정할 것, 한국의 내정개혁을 위한 조언과 원조(군사상 원조 포함)는 일본의 권한으로 할 것이었다. 이처럼 일본의 교섭안은 한국 지배를 실질적으로 인정받으려는 것이었다.

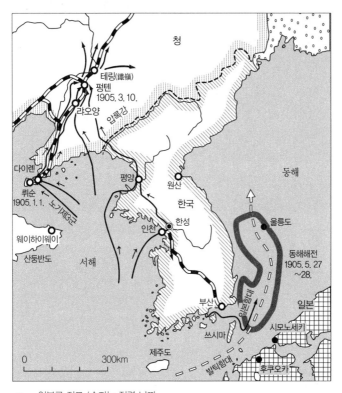

←— 일본군 진로 / 숫자는 점령 날짜

러일전쟁 개요도(이와나미서점 제공)

이에 대해 러시아 측의 대안은 만주와 그 연안을 완전히 일본의 이익 범위 밖에 두고 한국의 북위 39도 이북을 중립지대로 한다는 것이었다. 양국의 교섭은 평행선을 유지한 채 4개월이 지나도 타협의 방향을 찾지 못했다. 교섭은 답보 상태에 머물고 전쟁

준비가 진행되었다.

1904년 1월부터 시작된 러·일교섭은 전쟁준비 완료를 위한 시간 벌이와 같은 인상이 강했다. 그러나 같은 해 2월 4일에 열린 원로 및 각료에 의한 어전회의에서 일본은 교섭 중단과 개전을 결정했다. 이틀 후인 2월 6일 일본은 러시아에 국교단절을 통고하고 8일에는 재빨리 선견 부대를 인천에 상륙시켜 뤼순항에 머물고 있던 러시아 함대를 공격하고 10일에는 러시아에 대해 정식으로 선전포고를 했다.

러·일 양국의 사투

인천에 상륙한 선견대는 바로 한성을 점령하였고, 1904년 2월 23일 한일의정서를 한국 정부에 강요했다. 그 내용은 한국이 시정 개선에 관한 일본의 충고를 받아들일 것과 일본은 한국에서 군사상 필요한 지점을 필요에 따라 수용할 수 있다는 두 가지였다. 이에 의해 일본은 한국 지배를 위한 발걸음을 내딛기 시작한 것이다.

3월 중순에는 제1군[사령관 구로키 다메모토(黑木爲楨)]이 진남포에 상륙하였고, 4월 하순에는 압록강에 이르렀다. 일본은 싸우지도 않고 한국 전역을 점령한 것이다. 일본 해군은 황해의 제해권을 손에 넣기 위해 러시아 함대가 집결하는 뤼순 항구에 정박해 있던 노후 선박을 침몰시켜서 봉쇄해 버리는 이른바 뤼순항 폐쇄작전(旅順口閉塞作戰)을 네 차례에 걸쳐 실행했다.

5월에는 제2군〔사령관 오쿠 야스카타(奧保鞏)〕이 랴오둥반도에 상륙했으며 난산(南山)에서 벌어진 격렬한 전투에서 많은 사상자를 냈지만 러시아군을 물리치고 북상을 계속했다. 러시아 발틱함대의 극동회항계획이 결정되었다는 정보가 들어온 것은 이때였다. 뤼순항 폐쇄작전은 충분한 효과를 거두지 못했다. 발틱함대가 도착하기 전에 뤼순에 있는 러시아 함대를 격멸시키는 것은 일본 연합함대에게 반드시 필요한 일이었기에 해군은 이를 강력하게 요청했다.

일본은 새로 제3군〔사령관 노기 마레스케(乃木希典)〕을 편성해서 뤼순공략을 맡겼다. 이와는 별도로 제4군〔사령관 노즈 미치쓰라(野津道貫)〕을 편성하였고, 이들 전체를 지휘하기 위한 만주군 총사령부를 설치하여 총사령관에 오야마 이와오(大山巖. 전 참모총장)를 그리고 총참모장에 고다마 겐타로(兒玉源太郎. 전 참모차장)를 임명했다.

북상한 제1·2·4군 13만 5천 명은 8월 말부터 9월 초 사이에 랴오양(遼陽)에서 러시아군 22만과 싸워 2만 3천 명의 사상자를 내면서도 고전 끝에 승리했다.

뤼순함락과 펑톈회전

가장 비참했던 것은 제3군의 뤼순공격작전이었다. 1904년 8월 제1회 총공격 때는 러시아군이 벙커에서 기관총 일제사격을 가하여 일본군의 시체가 산을 이루고 사상자는 1만 7천 명에 달했다. 10월에 감행한 제2회 총공격도 많은 사상자를 내고 실패로 끝났다. 발틱함대가 발트해 리바우 군항을 출항했다는 정보는 일본군을 긴장시켰다. 11월 하순에 시작된 제3회 총공격은 정면 공격에서 203고지를 공략하는 측면 공격으로 전환해서 격렬한 포격을 가해 러시아의 진지를 파괴하면서 돌격을 되풀이했다. 적군과 아군의 시체는 산더미처럼 쌓여 산의 모양마저 변했다. 12월 5일 겨우 203고지를 점령한 일본군은 산 정상에서 항구에 있던 러시아 함대를 포격해 큰 타격을 입혔다. 이듬해인 1905년 1월 1일 러시아군의 뤼순항 요새 사령관 아나톨리 스테셀(Anatoli Mikhailovich Stoessel)은 항복했다. 5개월에 걸친 뤼순 공략전은 일본군 13만 명이 참가하여 사상자 5만 9천여 명을 내고 종식되었다.

그때까지 일본의 민중은 노기 사령관의 무능한 지휘를 매도했지만 뤼순함락은 이러한 민중을 열광케 했고 각지에서 제등 행렬이 이어졌다. 그러나 일본군은 숨 돌릴 틈조차 없었다. 러시아군은 펑톈(奉天. 현재의 선양(瀋陽))을 중심으로 결집했다. 만주군 총사령부는 전군에 북상을 명령하고 곧 다가올 전투를 러시아와 일본의 운명을 결정짓는다는 뜻으로 '러일전쟁의 세키가하라(關ヶ原)'[35]라 불렀다.

3월 1일 시작된 펑톈회전에서는 러시아군 32만, 일본군 25만의

---

35 세키가하라의 전투에서 도쿠가와 이에야스가 주도한 동군(東軍)이 승리함으로써 에도 막부 설립으로 이어졌기 때문에 이 세키가하라의 전투는 일본의 역사와 운명을 결정한 분수령이었다고 이해되고 있다. 본문에서는 치열했던 러일전쟁의 향방을 결정짓는 전투였다는 의미로 사용하고 있다.

군대가 격돌했다. 일진일퇴하면서도 10일 러시아군이 총퇴각함
으로써 일본군의 승리로 끝났다. 일본군 사상자 7만 명, 러시아군
사상자 9만 명에 포로가 2만여 명이었으나 총사령부가 처음에 계
획한 적의 주력 부대 섬멸에는 실패했다. 일본군에게 군사적으로
는 여기까지가 한계였다. 만주군 총사령부도 참모본부도 정치적
해결을 기다릴 수밖에 없다는 점에서 의견이 일치했다.

약 8개월이라는 장기 항해 끝에 발틱함대가 쓰시마해협에 나
타난 것은 5월 27일이었다. 요격하는 일본의 연합함대〔사령장관
도고 헤이하치로(東鄕平八郞), 기함 미카사(三笠)〕는 발틱함대의 진로를
막아 일제히 포화를 퍼부어 기함 스왈로프를 비롯한 러시아의 주
력 함정에 파멸적인 타격을 가해 해전 역사상 유례없는 승리를
거두었다.

러 · 일강화조약으로

동해에서 벌어진 이 해전 직후, 고무라 외무대신은 미국의 루
스벨트 대통령이 러시아와 일본 사이에서 강화를 알선하도록 유
도하기 위한 외교적 노력을 다할 것을 주미 공사 다카히라 고고
로(高平小五郞)에게 명령했다. 이미 일본은 군사적으로 러시아를
항복시킬 힘이 없었던 것이다.

한편 일본 국내 상황은 어떠했는가? 러일전쟁이 일본의 국력
으로 감당할 수 없는 전쟁이 될 것이라는 것은 예상하고 있었지
만, 현실은 그 예상을 완전히 뛰어넘는 것이었다. 러일전쟁의 전

비(戰費)는 17억 5천만 엔으로 청일전쟁의 7.5배라는 거액이었다. 도대체 이 어마어마한 비용을 어디에서 조달한 것인가?

우선 두 번에 걸쳐 비상특별세라는 이름으로 징수한 대규모 증세가 있었다. 지조, 소득세, 영업세, 주세 증징에 더해 모직물소비세, 석유소비세, 통행세, 직물소비세 등을 신설했다. 또한 담배 전매, 소금 전매를 실시했다. 이렇게 증세한 총액은 1억 3천만 엔이 넘었고 이 금액은 개전 전의 연간세수의 1년분에 필적했다. 그리고 이 대부분은 간접세에 의한 증징과 신설이었기 때문에 빈곤층에게는 큰 부담이 되었다.

둘째는 국채 발행이었다. 일본의 국채 발행은 총 다섯 번이었고, 합계 4억 3,500만 엔이었다. 그 밖에 임시사건공채 1억 9천만 엔이 있었다. 일본 정부는 증세에 더해서 국채까지 감당하기 어려웠기 때문에 부・현/군, 시/정(町)・촌(村)의 행정조직을 통해 모든 국민에게 강제적으로 부담하게 했다. 국내 증세와 국채 모집만으로는 도저히 전비를 조달할 수 없어서 대부분은 외채에 의존할 수밖에 없었다. 개전 직후 일본 정부는 일본은행 부총재 다카하시 고레키요(高橋是淸)를 미국과 영국에 파견하여 뉴욕과 런던에서 외채 모집을 담당하도록 하였다. 네 번에 걸쳐서 모집한 외채는 총액 약 7억 엔에 이르렀다. 이는 전비의 40퍼센트에 해당하는 금액이었다. 그런 의미에서 보면 러일전쟁은 외국에서 빌린 돈으로 수행한 전쟁이었다고 할 수 있다. 러시아 또한 일본과 마찬가지로 프랑스에서 금융 원조를 받고 싸웠다.

부모, 형제, 자식 할 것 없이 모든 국민은 군에 징집되었다. 그 수는 108만 명이었는데, 그중 전사자는 8만8천 명, 부상자 37만 명이라는 희생이 따랐다. 중과세와 국채를 강요당하고 물가가 상승하는 등 일본 국민의 생활은 더욱 어려워졌다. 정부는 이러한 국민을 전쟁에 동원하기 위해 신문과 종교인, 각지 청년단과 애국부인회(1901년 결성), 지방 행정기관 등을 통해서 전의 고양을 꾀함과 동시에 소비 절약을 강요했다. 국민은 이러한 궁핍한 상황에 견디며 전쟁에 협력했지만 그 불만은 계속 쌓여 갔다.

러·일강화회의는 미국 포츠머스에서 8월 10일 시작되었다. 일본 측 전권은 고무라 주타로 외무대신과 다카히라 고고로 주미 공사였고 러시아 측은 비테(Sergei Yulievich Vitte)였다. 일본의 강화조건은 절대필요조건으로서 한국에 대한 지도·보호·감리권, 러시아군의 만주 철수, 랴오둥반도 조차권과 창춘(長春)-뤼순 간 철도의 일본 양도 세 가지 항목이 있었고, 비교적 필요조건으로서 배상금 지불, 사할린 전체 할양 등 네 가지 항목이 있었다. 러시아 측이 배상금 지불과 사할린 할양에 강하게 반대하여 교섭은 일시적으로 암초에 걸렸다. 루스벨트 대통령의 중재와 프랑스, 독일 등의 움직임도 있었기 때문에 러시아는 사할린 북위 50도 이남 할양을 인정하고 일본은 배상금을 단념했다. 1905년 9월 5일 러·일강화조약(포츠머스조약)이 어렵게 체결되었다.

1906년 일본은 러시아로부터 할양받은 창춘-뤼순 간 철도를 간선으로 남만주철도주식회사(만철(滿鐵))를 창립했다. 만철은 선로의 양측과 주요 역의 시가지를 부속지로 설정해서 그 행정권을 장악하여 푸순(撫順)탄광과 안산(鞍山)제철소 등을 경영하는 국가적 대기업으로 성장했다. 설립 자본금 2억 엔 중 절반을 일본 정부가 마련하고 나머지 반은 민간에서 충당했다. 또한 랴오둥반도 조차지에는 관동주를 두고 이를 통치하기 위한 관동도독부(關東都督府)를 설치해서 행정 부처와 군대가 상주하고 그 일부는 만철 수비를 담당케 했다. 이처럼 관동도독부와 만철은 하나가 되어 남만주 일대를 일본 세력권으로 만들어 지배했다.

러일전쟁은 조선과 만주 지배를 둘러싼 러·일 제국주의국가 간의 전쟁이었다. 그러나 이는 두 국가 사이의 문제만은 아니었다. 이미 전비 조달과 강화회의에서 미국, 영국, 독일, 프랑스 등이 보인 움직임에서 알 수 있듯이 열강 제국주의국가의 이해 또한 복잡하게 얽힌 전쟁이었으며 국제 정세에 의해 강하게 규제받는 전쟁이었다.

한국합병

러일전쟁 당시 한국에 대한 일본의 지배는 한층 강화되었다. 1904년 8월 제1차 한일협약을 맺게 되자, 한국은 일본 정부가 추천하는 일본인 재정고문과 외국인 외교고문을 고용할 것을 승낙해야만 했다. 러·일강화 직전의 1905년 7월에는 미국 육군장관 윌리엄 태프트(Willam Howard Taft)와 가쓰라 다로 수상이 협정을 맺어 미국의 필리핀 지배를 인정하는 대신 일본은 한국에 대한 보호, 감독권을 인정받았다. 게다가 8월에는 영일동맹을 개정해서 동 조약의 적용을 인도까지 확장함과 동시에 한국에 대한 보호 및 감독권을 인정받았다. 러·일강화조약은 러시아에도 동일한 조항을 승인시켰다. 결국 열강이 아시아 식민 지배에 협력할 것을 조건으로 일본의 한국 지배를 열강으로부터 인정받으려는 전형적인 제국주의적 거래가 이루어졌던 것이다. 일본은 1905년 11월 이토 히로부미를 특사로 파견해서 군사력으로 한국 정부를 압박하여 제2차 한일협약(을사조약)을 맺게 한 결과 한국의 외교권을 박탈하기에 이른다. 일본 정부는 한국의 외교를 지휘·감독하기 위해 통감부를 설치하고 이토를 초대 통감으로 임명했다. 외교권이 국가주권의 기본 요건이라는 점을 감안하면 한국은 이 시점부터 독립을 잃고 보호국으로 전환된 셈이다.

한반도 전역에서 반일 분위기가 고조되어 각지에서 유생과 농민을 중심으로 한 항일 의병투쟁이 일어났다. 1907년 6월 대한제국 황제는 네덜란드 헤이그에서 열린 제2회 만국평화회의에 밀사를 파견해 일본의 한국 보호국화의 불법성을 호소했다. 이 사실을 알게 된 이토 통감은 황제를 퇴위시키고 제3차 한일협약을 강제로 체결했다. 이에 의해서 통감은 외교권뿐 아니라 내정 전반에 걸친 지도와 고급 관리의 인사권, 그리고 주요 직책에 대한 일본인 관리의 임명권을 얻어 냈고 더불어 한국군을 해산시켰다.

해산을 반대하던 군대의 일부는 의병운동에 합류해 그 저항은 한층 거세졌다. 절정기인 1908년에는 의병의 수가 7만 명에 이르렀다고 한다. 이 의병운동 때문에 일본 내에서 이토의 통감정치를 비판하는 사람이 나타났고 일본 정부 내에서는 한국을 합병하자는 목소리가 거세졌다. 1909년 6월 이토는 통감직에서 물러났다. 그해 10월 26일 이토는 하얼빈역에서 한국의 독립운동가 안중근에 의해 사살되었다.

1910년 5월 가쓰라 내각은 한국합병을 실행하기 위해서 데라우치 마사타케(寺內正毅) 육군대신을 통감 겸임으로 발령했으며, 8월에는 한일합방조약을 강제로 체결하고 한국의 국호를 조선으로 바꾸었다. 통감부는 폐지되고 조선총독부가 설치되었고 초대 총독으로 데라우치가 취임했다. 총독은 육해군 대장에 의한 친임(親任)으로 천황에게 직례(직접 천황의 지휘를 받는 것)하여 조선의 법률 제정·공포의 권한과 조선주둔군의 지휘권을 가졌다. 치안 유지를 위해 헌병과 경찰을 합친 헌병경찰제도를 실시해 지방 곳곳을 철저히 감시했다. 총독부의 지배가 '무단정치(武斷政治)'라 불리는 이유다.

러일전쟁에서 얻은 남사할린과 랴오둥반도 조차지(1906년 관동주라 부르고 관동도독부를 두었다)에 더해서 새로 병합한 조선을 포함해 일본은 본토 면적의 77퍼센트가 넘는 면적의 식민지를 영유한 아시아 유일의 그리고 세계에서도 유수의 식민지제국이 되었다. 한국합병에 대한 일본 국내의 여론은 거의 찬양 일색이었다. 일본인은 이러한 분위기에 취해 자신들이 일등국가라는 의식과 조선에 대한 멸시의식이 깊게 뿌리내리게 된 것이다.

제2장 다이쇼 데모크라시시대

1. 러일전쟁 이후 사회와 민중

러일전쟁 이후 경영과 국민 통합

러일전쟁은 일본 국민에게 커다란 희생을 강요했으며 그들의 생활을 압박하였다. 정부를 향한 일본 국민의 불만은 계속 쌓이고 있었는데, 이러한 국민의 불만이 폭발한 것이 포츠머스조약이 체결된 1905년 9월 5일에 일어난 히비야방화사건(日比谷燒打事件)[36]이었다. 강화문제동지연합회(講和問題同志連合會)가 주최한 강화조약을 반대하는 국민대회는 폭동으로 발전하여 러일전쟁이

---

36 1905년 포츠머스조약에서 일본에 대한 러시아의 배상금 지불 의무가 명시되지 않았기 때문에 러시아는 일본에게 배상금을 지불하지 않았다. 그러자 일본에서는 배상금을 받아 내야 한다는 목소리가 커졌고 폭도로 변한 민중은 내무대신 관저, 어용 신문이었던 고쿠민신문사, 파출소 등에 불을 질렀다. 다음날 일본 정부는 긴급칙령에 따라 계엄령을 발포하여 소동을 진압한 후, 11월 29일 계엄령을 해제했다. 이 사건으로 17명이 사망하고 5백 명 이상이 다쳤으며, 2천 명 이상이 검거되고 검거자 중 87명은 유죄를 선고받았다. 이 밖에 9월 7일에는 고베에서, 9월 12일에는 요코하마에서 폭동이 일어났다.

무배상 강화로 끝난 것에 분노한 민중 수만 명은 내무대신의 관저와 정부 계열 국민신문사 등을 습격하였다. 성난 군중은 해가 저문 후에도 경찰서와 파출소 그리고 전철 10여 대에 불을 질렀다. 결국 정부가 도쿄시와 그 주변에 계엄령을 선포하고 군대를 동원해서 진압할 정도로 큰 소동으로 번진 것이다. 이 사건으로 기소된 사람은 311명에 달했으나, 지도자로 보이는 몇 명의 의원과 변호사와 신문기자를 제외하면 대부분이 장인·직공·인부·인력거꾼·마부와 같은 이른바 도시 하층민이었다. 이 사건을 계기로 강화반대운동은 전국으로 확산되었고 1도 3부 42현의 시와 군 및 정·촌에서 집회와 연설회가 열렸다. 강화반대운동에는 배상금과 영토를 요구하는 제국주의적인 측면과 함께 번벌 중심의 전제정치를 입헌정치로 바꾸려는 요구도 포함되어 있었다. 히비야 방화사건 이후 일본 국민의 정치적 요구는 빈번히 민중에 의한 소요 사태의 형태로 표현되곤 한다.

이러한 민중의 동향 속에서 러일전쟁 후에 많은 난제를 안고 있던 가쓰라 다로 수상은 의회에서 다수를 차지하는 입헌정우회의 사이온지 긴모치(西園寺公望), 하라 다카시(原敬)와 서로 번갈아가며 정권을 담당할 것을 약속했다. 이른바 게이엔(桂園)시대가 도래한 것이다.

러일전쟁 이후 일본 정부는 식민지를 보유하는 제국으로서 내실을 다지는 것이 중요한 과제였다. 이를 위해 군비 확장의 필요성이 절실했고 국내 산업의 발전을 위한 철도의 국유화, 야하타제철소의 확장, 전신·전화 사업, 치수 사업, 그리고 식민지 경영 등 일본 정부는 거액의 재정 지출을 떠안아야 하는 상황이었다.

이러한 국가재정의 팽창에 대응하기 위해서 전시에만 징수하기로 한 전시비상특별세가 러일전쟁 후에도 계속 부과되었고, 1908년에는 주세와 설탕소비세 증세, 그리고 석유소비세 신설 등이 잇따라 실시되었다. 지방세와 정·촌세도 증가해서 청일전쟁 때와 비교하면 러일전쟁 후의 일본 국민이 부담하는 세금이 약 세 배 이상 늘었다. 계속되는 증세로 체납자가 늘고, 그 결과 시·정·촌 자치단체는 차츰 활력을 잃어 갔다.

이러한 상황에서 일본 정부는 지방 정·촌을 국가의 세포로 간주하고 국가적 과제를 짊어질 수 있는 정·촌으로 재편성하려 했다. 이러한 목적으로 러일전쟁 후 내무성을 중심으로 서둘러 전개한 것이 지방개량운동이었다.

이 지방개량운동은 제1차 사이온지 내각의 하라 다카시 내무대신이 시작했는데, 그후에는 1908년 10월 보신조서(戊申詔書. 조서는 천황의 의사를 전하는 공문서)[37] 발표를 계기로 제2차 가쓰라 내각의 히라타 도스케(平田東助) 내상과 이치키 기토쿠로(一木喜德郎) 차관에 의해 추진되었다. 지방개량운동의 구체적인 시책에는

---

37 1908년 10월 13일 러일전쟁 후 사회주의 성행 등에 의한 사회적 혼란을 수습하고 국민에게 근검절약과 국체존중 등 천황제국가관을 철저히 보급할 목적으로 발포된 조서이다. 교육칙어와 함께 발포된 국민교화의 2대 조칙으로 불린다. 이 조서를 계기로 지방개량운동이 본격적으로 추진된다.

몇 가지가 있었는데 첫째로는 정·촌의 재정을 재건하기 위해 부락유림야(部落有林野)의 통일,[38] 산업조합 설립, 농사 개량에 의한 생산성 향상, 납세조합과 저축조합의 장려 등이 있었다. 두 번째로는 일촌일사(一村一社)를 목표로 하는 신사 합병과 풍속 개량 등을 통해 정·촌 주민들을 폐쇄적인 촌락공동체의식으로부터 탈피시켜서 국가로의 귀속의식을 고취시키는 것이었다. 내무성은 이러한 운동을 추진하는 담당자로서 정·촌의 장과 관리 그리고 독지가 육성을 중요시하였으며, 이를 위해서 지방개량사업 강습회를 매년 개최했다.

그중에서도 일본 정부가 특히 주목한 것은 청년회였다.

일반적으로 에도시대 농촌사회에서는 15세 이상의 미혼 남성은 와카모노구미(若者組)[39]에 속하며, 이들은 마을의 제례와 연극 등의 오락, 소방과 야간 순찰 등 마을의 안전 확보, 마을 공유의 산림이나 수리(水利)의 관리 등을 맡았다. 이들은 와카모노야도(若者宿)[40]라는 공간을 가지고 있었는데 여기에서 일과 놀이, 합숙

---

38 생산과 생활을 함께하는 농민공동체적 결합을 기초로 한 지역 단체인 부락의 임야로 인정되던 토지, 즉 부락유림야를 정·촌제 시행 후 시·정·촌이 재정적 기반으로 삼으려 한 것을 말하며, 이에 대해 부락 주민들은 강하게 저항했다.

39 촌락별로 조직된 청년들의 집단으로 15세 이상 미혼 남성들로 이루어졌다. 촌락의 경비 혹은 제례 등에서 활약했다.

40 일본에서 마을이나 집단 단위로 형성된 미혼 남성의 모임을 '와카모노구미' 또는 '와카슈구미'라고 불렀는데, 이들이 집회를 열거나 숙박을 한 곳을 '와카모노야도' 또는 '와카슈야도'라고 한다.

등을 통해 협동심을 키우며 마을에서 자기 몫을 제대로 수행하기 위한 일과 예의규범 등을 익혔다. 메이지시대에 들어서자 일본 정부는 국가에 유용한 청년을 양성하기 위해서 소학교 의무교육과 징병제를 통해서 에도시대의 와카모노구미를 대체할 수 있는 조직을 구상했다. 그런데 이러한 움직임은 농촌 청년 사이에서도 생겨나고 있었다.

히로시마현 소재 소학교 촉탁이었던 야마모토 다키노스케(山本瀧之助)는 『시골 청년(田舍靑年)』(1896)에서 '청년'을 도시부 학생으로 한정하는 당시 풍조에 반발하여 학력 없는 시골 청년도 도시 청년과 마찬가지로 국가를 지탱하는 구성원이라고 주장하고, 자립과 자부의 정신으로 새로운 시대에 어울리는 수양을 위한 청년회를 만들 것을 주창했다. 이러한 움직임은 1890년대 말 전국적으로 확산되었으며, 청일전쟁과 러일전쟁 때는 군수물자 조달과 출정 병사 가족에 대한 원조 등을 활발하게 전개했다. 러일전쟁 후 내무성과 문부성은 이러한 청년회 육성에 더욱 공을 들인 결과 이 청년회 조직은 부락 단위에서 정·촌으로 확대되었고, 나아가서 군(郡)의 연합체 형태로 발전하여 1910년에는 전국청년대회가 열릴 정도로 성장했다. 이 대회에서 내무성이 작성한 '청년단규12칙(靑年團規12則)'이 채택되었는데 여기에는 '교육칙어 및 보신조서의 취지를 받들 것', '충군애국의 정신을 함양할 것', '국체를 존중하고 조상을 공경할 것' 등이 열거되어 있었다. 청년회는 청일전쟁 전후에 볼 수 있던 자주적인 활동단체에서 국가에 의한 국민 통합과 획일화라는 목적에 걸맞은 수양단체로 크게 변모한 것이다.

도시 민중에 의한 소요와 사회주의사상의 확산

러일전쟁 후 일본의 민중은 더 이상 국가의 결정에 따르기만 하는 존재가 아니었다. 특히 도시부에서는 경제가 발전함에 따라 농촌에서 유입해 오는 인구와 노동자도 증가했다. 이들은 열악한 노동환경과 저임금에 시달리면서 점차 노동자로서의 자각을 갖게 되었다. 1907년 238건의 노동쟁의가 있었다. 이 쟁의들은 군공창(軍工廠), 조선소, 광산, 탄광 등 국영 혹은 대기업에서 일어났다. 그중에는 아시오동산쟁의처럼 사회주의자의 끈질긴 노력 끝에 조직되고 폭동화하여 결국에는 군이 출동한 쟁의도 있었다.

노동자뿐 아니라 도시의 중소 공업자도 증세에 힘들어하면서 점점 정부 비판의 목소리를 높여 갔다. 중소 공업자는 조합을 조직해서 소금 전매, 직물소비세, 통행세의 3대 악세 폐지와 과중한 영업세 폐지를 요구했다. 1908년 1월 대기업 연합체인 도쿄상업회의소가 증세 반대를 결의하고 군비 편중을 거세게 비난했다.

1906년 1월 "국법 범위 내에서 사회주의를 주장한다"는 당칙을 내건 일본사회당이 결성되었다. 일본사회당은 바로 도쿄 시내의 전철요금 인상반대운동을 시작했으며, 정부에 대한 도시부 민중의 불만과 분노를 십분 활용하여 반정부 분위기를 고조시켰다. 이 운동에는 자유주의적인 정치 세력과 신문기자 등이 참가했으며, 9월에 열린 시민대회에서는 전철에 불을 지르는 등 1년 전에 일어난 히비야방화사건이 재현된 꼴이 되었다. 그러나 사회당의 과격한 지도 방침은 자유주의 여러 파와의 분열을 야기했고, 결국 도시 민중의 에너지를 지속적으로 조직하지 못하고 패배하고 말았다.

이 배경에는 고토쿠 슈스이에 의한 사상적 영향이 있었다. 고토쿠는 1905년 10월 헤이민샤 해산 후 미국으로 건너가 무정부주의사상의 영향을 받아 다음 해 6월 귀국했다. 귀국 후 고토쿠는 합법적인 의회주의를 비판하고 노동자 총파업에 의한 사회변혁을 지향하는 직접행동론을 주장했다. 고토쿠의 영향이 확대되는 가운데 1907년 2월에 열린 제2회 사회당대회에서 고토쿠의 직접행동론과 가타야마 센, 다조에 데쓰지(田添鐵二) 등이 주장하는 의회정책론이 대립했으나 당 내에서는 직접행동론이 우세했다. 그 직후 사이온지 긴모치 내각은 일본사회당에 결사금지를 명했다. 이때부터 사회주의자에 대한 일본 정부의 탄압이 강화되었다.

1910년 5월 나가노현에 있는 아카시나(明科)제재소 직공인 미야시타 다키치(宮下太吉)가 천황 암살을 계획하고 폭탄을 제조하고 있던 사실이 발각되었다. 이 사건을 계기로 니무라 다다오(新村忠雄)·후루카와 리키사쿠(古河力作)·간노 스가(管野スガ)가 공모자로 체포되었고, 6월에는 계획에 직접 관여하지 않은 고토쿠 슈스이도 체포되었다. 그후 전국 각지의 사회주의자 및 무정부주의자 수백 명이 체포되어 사회주의단체는 괴멸했다.

대역(大逆)사건으로 불리는 이 사건으로 고토쿠 슈스이를 비롯한 26명이 기소되어 비공개로 1심이 열린 특설재판소에서 1911년 1월 18일 사형 24명, 유기형 2명이라는 판결이 내려졌다. 그러나 다음날 천황의 특별사면으로 12명이 무기형으로 감형되었고 24일 고토쿠를 비롯한 11명에 대한 사형이 집행되었으며, 그다음 날 간노 스가의 형이 집행되었다. 천황 암살을 계획한 것은 간노를 포함한 4명이었으나, 가쓰라 내각은 차제에 사회주의자와 무정부주의자 전체에 대한 탄압으로 확대하여 천황제에 비판적인 사상을 말살하려 한 것이다.

데모크라시사상의 시작

고토쿠 슈스이 등이 처형된 직후 다이이치(第一)고등학교 강연회에서 작가인 도쿠토미 로카(德富蘆花)는 「모반론(謀叛論)」이라는 제목으로 강연을 했다. 그는 강연에서 일본 정부가 고토쿠를 처형함으로써 수많은 무정부주의자를 낳는 씨앗을 뿌렸다며 일본 정부를 비난했다. 일본 정부 입장에서 보면 고토쿠 등은 역모를 꾸민 무리일지 모르나, 로카는 "모반을 두려워하지 말라. …새로운 것은 항상 모반이다. …살기 위해서 항상 모반을 일으켜야만 한다"라고 주장했다.

많은 지식인이 '시대폐색(時代閉塞) 현상(現狀)'[가인 이시카와 다쿠보쿠(石川啄木)의 말] 속에 침묵을 지키는 중에 로카의 발언은 국가에 대한 이의 제기를 적극적으로 긍정한 행위라는 점에서 주목

된다. 그런데 이러한 사상적 흐름은 러일전쟁 이후 점차 사람들 마음에 스며들어 가고 있었다. 러일전쟁 후 세계에서 '일등국'을 자임하게 된 일본에 대해서 나쓰메 소세키(夏目漱石)는 그의 작품 「그후(それから)」(1909)에서 이렇게 비판하고 있다. "일본은 서양에서 돈을 빌려 오지 않으면 도저히 자립할 수 없는 나라다. 그러면서 스스로 일등국을 자임하고 있다. 그렇게까지 하면서 무리하게 일등국에 끼어들려고 한다. …마치 소와 경쟁하는 개구리와 같은 처지이며 머지않아 밟혀서 배가 터질 것이다." 이처럼 국가를 냉정하게 바라보며 상대화하는 사상은 개인에 대한 존중, 자아의 확충으로 이어졌다.

1910년 4월 가쿠슈인(學習院) 출신의 무샤노코지 사네아쓰(武者小路實篤)와 시가 나오야(志賀直哉)가 창간한 잡지 『시라카바(白樺)』에는 이런 사상이 충만해 있었고, 1911년 9월 히라쓰카 라이초(平塚らいてう)가 창간한 잡지 『세이토(靑鞜)』에도 여성의 자립과 해방을 향한 의욕이 넘쳐흘렀다.

이러한 흐름은 문학뿐 아니라 학문 분야에서도 나타났다. 1912년 3월에 간행된 도쿄제국대학 교수 미노베 다쓰키치(美濃部達吉)의 『헌법강화(憲法講話)』는 '국체의 이름을 빌려서 오로지 전제적 사상만을 고취하고 국민의 권리를 억누르고 절대 복종을 요구'하는 천황주권설에 입각한 헌법 해석에 대해서 군주 한 사람의 이익을 위해서가 아니라 '국리민복(國利民福)을 달성'하기 위해 "국가가 통치권의 주체이며 군주는 국가의 기관이다"라는 천황기관설(天

皇機關說)로[41] 맞섰다. 미노베의 학설은 여론정치로서의 입헌정치의 확립을 지향한 것으로서 많은 헌법학자의 지지를 받았다.

이러한 사상의 변화야말로 다가올 '다이쇼 데모크라시'라 불리는 시대의 출현을 준비하는 것이었다. 그리고 그것은 정치적으로는 '다이쇼정변'이라는 이름으로 시작되었다.

다이쇼정변과 헌정옹호운동

1912년 11월 제2차 사이온지 내각은 육군의 2개 사단 증설 요구를 재정난으로 각의에서 부결시켰다. 이에 불만을 품은 우에하라 유사쿠(上原勇作) 육군대신은 12월에 사표를 제출하고 사이온지 내각을 총사퇴로 내몰았다.

이보다 앞선 1907년 육해군은 「제국국방 방침(帝國國防方針)」, 「소요 병력(所要兵力)」, 「용병강령(用兵綱領)」을 책정해서 천황의 칙재(勅裁)를 얻었다. 이 육해군의 최고 방침은 육군은 러시아를, 해군은 미국을 가상 적국으로 설정하고 육군은 전시에 50개 사단, 평시에 25개 사단, 그리고 해군은 전함 8척과 장갑순양함(裝甲

---

41 러일전쟁 이후, 일본의 헌법학자인 미노베 다쓰키치가 주장한 헌법학설. 일본제국헌법하에서 확립된 일본의 헌법 학설이다. 통치권은 법인인 국가에 속하는 권리이고, 국가는 기관에 의해 행동하며, 일본에서 그 최고 기관은 천황에 해당한다는 논리가 주 내용이다. 미노베는 독일의 공법학자 게오르크 옐리네크(Georg Jellinek)의 학설을 기반으로, 국민의 대표 기관인 의회는 내각 회의를 거쳐서 천황의 의사를 구속할 수 있다고 주장했다. 이후 이 이론은 일본 정당정치의 이론적 기초를 마련하게 되었다.

巡洋艦) 8척을 축으로 하는 8·8함대를 목표로 했다. 러일전쟁 이후에 추진된 군비 확장은 이 방침에 의거하고 있었다. 러일전쟁 중에 4개 사단을 이미 증설하고 전후인 1907년에는 2개 사단을 증설했으며, 1912년에는 조선에 상주시키기 위한 2개 사단을 요구한 것이 바로 그것이다. 육군에 대항해서 해군도 군비 확장을 요구했기 때문에 국가재정을 압박하게 되어 앞서 언급한 국민의 불만뿐 아니라 군비 편중에 대한 재계의 비판을 초래했다.

이 시기에 시대가 바뀌고 있음을 보여 주는 사건이 내외에서 일어났다. 하나는 1911년 10월에 일어난 중국의 신해혁명(辛亥革命)[42]이다. 3백 년 이상 이어 온 청조(淸朝)가 무너지고 다음 해 1월 공화제 중화민국이 수립되었다. 일본 군부와 정부는 신해혁명에 간섭하여 일본의 권익을 확대하려 했다.

한편 주변국 혁명의 영향을 받아 번벌정치의 타파를 기대하는 여론이 고조되었다. 또한 1912년 7월 메이지천황이 서거하고 시대는 다이쇼(大正)가 되었다. 일본 국민에게 메이지천황의 죽음은 커다란 충격이었다. 그러나 한편으로 여론은 다이쇼의 새로운 정

---

42 1911년(신해년)에 일어난 중국의 민주주의혁명으로 2천 년간 지속된 전제정치가 막을 내리고 공화정치의 기초가 이루어진 사건. 청조가 철도국유령을 내려 민영 철도를 담보로 열강으로부터 거액의 차관을 얻어 재정난을 타개하려 하자, 쓰촨(四川)에서 이에 반대하는 대규모 무장투쟁이 일어났다. 이를 계기로 신군(新軍) 공작을 전개해 온 혁명파가 10월 10일 우창(武昌)에서 무장봉기를 일으킴으로써 신해혁명을 촉발했으며, 그 결과 1912년 쑨원(孫文)을 임시대총통으로 하는 중화민국 임시정부(난징정부)가 수립되었다.

치를 기대했다. 『오사카아사히신문』 1912년 9월 27일자에 "2개 사단 증설보다 국민의 힘을 기르는 것이 먼저"라는 기사가 있듯이 당시 여론은 군비 확장보다 국민 생활 확립을 중시하는 입헌 정치를 원했던 것이다.

우에하라 육군대신의 사임으로 제2차 사이온지 긴모치 내각이 총사퇴하자 육군과 번벌을 향한 국민의 비판은 더욱 거세졌다. 12월 14일 게이오기주쿠(慶應義塾) 출신자들이 만든 클럽 고준사(交詢社)[43]에 모이던 부르주아와 신문기자, 정치가— 이들 가운데에는 후에 '헌정의 신'이라 불린 국민당의 이누카이 쓰요시(犬養毅), 정우회(政友會)의 오자키 유키오(尾崎行雄)도 있었다— 는 '벌족(閥族) 타파', '헌정 옹호'를 강령으로 하는 헌정옹호회를 결성했다. 헌정옹호회는 훗날 호헌운동의 중심이 된다.

급격한 민중운동의 발전 때문에 후임 수상 추천을 위한 원로회의는 혼란에 빠졌다. 결국 새 천황을 보좌하기 위해 내대신(內大臣)으로 임명된 지 얼마 안 된 가쓰라 다로를 추천하여 12월 21일 제3차 가쓰라 내각이 성립되었다. 내대신과 시종장(侍從長)을 겸직하던 가쓰라 다로가 궁중에서 나와 내각을 조직한 것은 반입헌적이라는 이유로 헌정옹호운동은 전국으로 확산되었다. 도쿄가

---

43 후쿠자와 유키치가 1880년에 창립한 게이오기주쿠 출신자, 실업가와 저널리스트 등을 대상으로 한 일본 최초 사교클럽이다. 명칭은 "지식을 교환하여 세상사를 자순한다(知識ヲ交換シ世務ヲ諮詢スル)"는 말에서 유래했다. 1912년에 사단법인이 되었으며 주요 활동으로는 정계 활동 및 출판 사업이 있다.

부키자(東京歌舞伎座)에서 열린 제1회 헌정옹호대회를 비롯하여 미토(水戶), 하치오지(八王子), 오사카, 다카마쓰, 고베, 삿포로(札幌), 후쿠오카(福岡) 등 각지에서 상공업자와 노동자를 포함한 도시 하층민, 봉급생활자, 교원 등 사회의 모든 계층이 참가하여 많게는 1만 명 이상이 모인 경우도 있었다. 가쓰라 내각과의 타협을 모색하던 정우회는 이러한 사태를 받아들여 이듬해 내각불신임안의 제출을 결정했다. 궁지에 몰린 가쓰라 다로 수상은 여러 번 의회를 정회하면서까지 타개의 길을 모색했으나, 헌정옹호운동의 세찬 흐름을 막을 수는 없었다.

1913년 2월 10일 의회가 재개되는 날 수만 명의 군중이 의사당을 포위했다. 가쓰라 수상은 최후의 수단으로 중의원 해산을 결의하고 이를 오오카 이쿠조(大岡育造) 중의원 의장에게 전했다. 오오카 의장은 중의원 해산은 민중의 폭동이 내란으로 발전할 위험성이 있다고 경고하며 가쓰라 수상에게 사퇴할 것을 권고했다. 가쓰라도 내란의 위험을 의식하여 총사퇴를 결의하고, 의회를 사흘간 정회했다.

이러한 사정을 모르는 민중은 정회에 격분한 결과 시위에서 방화로 행동이 과격해졌다. 정부 계열 신문사가 잇달아 습격당하고 도쿄 시내의 파출소가 불타거나 파괴되었으며, 그 수는 85곳에 달하여 결국 군대가 출동하였다. 소요는 오사카, 고베, 히로시마, 교토로 파급되었다. 2월 11일 가쓰라 내각은 총사퇴했다. 재직 53일 만에 끝난 단명의 내각이었다.

가쓰라 내각에 이어 해군 출신 야마모토 곤베에(山本權兵衛)가 정우회를 여당으로 하는 내각을 조각했다. 야마모토 내각은 여론의 압박을 받아서 대폭적인 행정 정리(1만 명에 가까운 관리와 고용 감원, 약 7천만 엔의 경비 절감)와 군부대신의 현역제 폐지, 고위급 관료에 당원을 채용할 수 있는 범위를 확대하는 문관임용령의 개정을 시행했다. 이는 헌정옹호운동의 성과였다.

그러나 야마모토 내각은 도시 민중과 상공업자들이 강하게 요구한 감세에는 거의 응하지 않았으며, 행정 정리로 절감한 경비는 해군 확장에 충당했다. 그 결과 민중운동은 3대 악세, 영업세의 폐지운동이 되어 전국에 확산되었다.

의회 개회 중이던 1914년 1월, 해군 고관이 독일의 군수 회사 지멘스사(SIEMENS社)로부터 거액의 뇌물을 받은 사실이 폭로되었다(지멘스사건). 이 사건으로 민중운동이 해군의 '강기숙정(綱紀肅正)'을 슬로건으로 일제히 확산되었으며, 2월 10일 히비야에서 국민대회가 끝난 후 3만여 명의 군중이 의회를 포위했다. 그러나 4천 명의 경찰이 민중에게 주먹질과 발길질을 하는 등의 폭행을 가했으며, 이에 분노한 민중은 폭도로 변하여 군대가 출동해서 해산시켜야 했다. 귀족원의 반발 앞에 야마모토 내각은 3월에 총사퇴했다.

다이쇼정변과 헌정옹호운동은 정치 세계에 민중이 등장하면서 민중의 뜻을 무시한 정치가 살아남기 어려워졌음을 보여 준 사건이었다.

2. 제1차 세계대전과 중국 침략

제1차 세계대전 참전과 대중국 21개 조

1914년 7월 세르비아의 한 민족주의자에 의한 오스트리아 황태자 부부 암살사건을 계기로 유럽에서 제1차 세계대전이 발발했다. 러일전쟁 이후 국제정치의 초점은 유럽으로 옮겨 가고 있었다. 1882년 후발 제국주의국인 오스트리아·헝가리제국과 독일제국 그리고 이탈리아왕국은 삼국동맹을 맺고 발칸반도에서 아프리카로 식민지 세력권 확대를 꾀하였다. 이에 대항하여 1894년 러시아와 프랑스가 동맹을 맺고, 1904년에는 영국과 프랑스, 1907년에는 영국과 러시아의 협상이 성립하여 영·프·러 삼국협상이 구축되었다. 삼국동맹과 삼국협상은 모두 제국주의 전쟁체제였으며, 오스트리아 황태자 부부 암살사건이 여기에 불을 붙인 결과, 선전포고가 선전포고를 불러 전화(戰火)가 유럽 전체로 확산되었다.

1914년 8월 영국의 의뢰로 아시아에서 독일의 무장 상선을 공격하기로 한 일본은 영일동맹을 구실로 독일에 선전포고를 했다. 원로 이노우에 가오루가 말한 것처럼 제1차 세계대전은 하늘이 일본에 내려 준 기회였다. 당시 일본은 과도한 군비 지출로 대외채무가 20억 엔을 초과한 상태였고, 무역은 매년 계속되는 수입 초과로 정화(正貨)가 감소하고 있었다. 더욱이 일본 내에서 세금 폐지운동이 끊이지 않아 야마모토 내각의 뒤를 이은 제2차 오쿠마 내각은 위기에 봉착하고 있었다. 오쿠마 내각은 참전을 통해 국내적으로 거국일치체제를 구축하고 중국에 대해 세력 확대를 획책하였다.

같은 해 8월 일본 육해군이 협력하여 중국 산둥반도에 있는 독일 근거지 칭다오(靑島)를 공격하였고 11월 초에는 이를 공략하여 칭다오와 지난(濟南)을 잇는 자오지(膠濟)철도[44]와 그 연선에 있는 독일이 차지하고 있던 권익을 손에 넣었다. 또한 10월에는 일본 제1함대가 적도 이북의 남양제도를 점령하였다.

1915년 1월 오쿠마 시게노부 내각의 외무대신 가토 다카아키 (加藤高明)는 중국의 대총통 위안스카이(袁世凱)에게 5호 1개 조로 된 요구 조항을 제시했다. 제1호는 산둥성에 있는 독일 권익을 일본에 위양하는 등의 4개 조였고, 제2호는 남만주와 동부 내몽고에 관한 7개 조였고, 제3호는 한예핑매철공사(漢冶萍煤鐵公司)[45] 중·일 합병에 관한 2개 조였다. 그리고 제4호는 중국 연안과 도서 지역의 불할양(不割讓)에 관한 1개 조였고, 제5호는 일본인 정치·재정군사고문의 용빙(傭聘), 경찰 관청에 다수의 일본인 채용, 일본

---

44 중국 칭다오와 지난을 연결하는 393킬로미터의 간선철도이다. 1897년 독일은 산둥성에서 발생한 선교사 살해사건을 구실로 자오저우만을 점령하고 산둥성의 철도 부설 경영권을 획득해 1900년에 착공, 1904년에 개통했다.

45 중국 한양철창(漢陽鐵廠), 다예철산(大冶鐵山), 핑샹탄광(萍鄕炭鑛)이 합병하여 1907년에 설립한 제철회사. 제2차 세계대전 당시 일본 야하타제철소에 철광석을 대량으로 공급했다. 결국 한양, 다예, 핑샹의 철광과 석탄광의 독점권을 일본이 갖는다.

으로부터 무기를 공급받고 중·일 합동으로 병기창을 설립할 것 등을 포함한 7개 조였다.

경악하리만큼 방대한 요구에 중국 정부는 맹렬히 저항했고 미국과 영국도 일본에 항의했다. 그러나 일본은 제5호만 보류하고 5월 7일 최후통첩을 보냈다. 5월 9일 중국 정부는 일본의 압박에 굴하여 이를 승인했다. 5월 25일 중·일 사이에 산둥성에 관한 조약, 남만주 및 동부 내몽고에 관한 조약과 그에 관련된 몇 개의 교환공문이 조인되었다. 이에 의해서 일본은 관동주와 만철에 대한 조차 기한을 25년에서 99년으로 연장하는 데 성공했으며, 산둥성에 대한 요구 또한 일본이 원하는 대로 관철시켰다. 외교사상 전례가 없는 방대한 요구와 군사력을 배경으로 한 일방적인 교섭은 중국 민중을 격분케 했으며, 그 결과 중국 각지에서 일화(日貨)배척운동이 일어나 중국의 내셔널리즘에 불을 지르게 되었다.

이보다 앞선 1915년 3월 제12회 총선거에서 오쿠마 시게노부 내각은 이례적인 선거 선전 활동과 정우회 후보자에 대한 선거 간섭을 통해서 정우회를 소수 야당으로 추락시켰다. 그런 상황에서 6월 의회에서 2개 사단 증설을 실현한 것이다. 원로와 육군 그리고 관료 세력의 요구 사항을 충족시킨 오쿠마 내각은 그들에게 더 이상 필요한 존재가 아니었다. 결국 원로들은 오쿠마 내각 대신 조선총독으로 무단정치를 추진한 조슈번벌(長州藩閥)인 데라우치 마사타케를 후임으로 밀었고, 1916년 10월 데라우치 내각이 성립되었다.

데라우치 내각은 군인과 관료를 중심으로 구성된 강경한 내각이었다. 그런데 의회에서는 헌정회(총재 가토 다카아키)가 야당으로서 절대다수를 차지하고 있었다. 데라우치 내각은 1917년 4월에 실시된 총선거에서 헌정회를 제2당으로 밀어내고 같은 해 6월 천황 직속의 임시외교조사위원회를 설치해서 정우회 총재 하라 다카시와 국민당 총리 이누카이 쓰요시를 국무대신 대우위원으로 받아들여 의회에서 지지를 확보했다.

데라우치 내각의 대중국정책은 돤치루이(段祺瑞)정권을 통해서 중국에서의 세력 확대를 꾀하는 것이었으며, 이를 위해서 데라우치 내각은 돤치루이정권에 거액의 차관을 제공했다. 데라우치 수상은 조선은행 촉탁인 니시하라 가메조(西原龜三)를 통해 1917년 1월부터 다음 해 9월까지 불과 1년 반 만에 8회에 걸쳐 1억 4,500만 엔이라는 거액의 차관을 공여했다. 이 차관의 명목은 다양했으나 그 대부분은 돤치루이정권에 의한 쑨원(孫文) 등의 남방혁명파 진압에 사용되었으며, 거의 회수 불가능한 성격의 것이었다.

제1차 세계대전은 일본 경제에서 미증유의 호황을 가져왔다. 아시아와 아프리카는 지금까지 유럽 제국을 주 수입 대상국으로 삼고 있었으나, 유럽 제국이 모든 경제력과 인력을 전쟁에 투입하자 무역은 중단되었고, 그 공백을 메우듯이 일본 상품이 진출하고 있었기 때문이다. 전쟁 특수로 들끓는 미국으로의 생사 수출 또한 증가했다. 무명실과 면직물의 수출은 중국뿐만 아니라 동남아시아로 확대되었다. 연합국으로부터도 군수품 주문이 계속되었다. 또한 전 세계적으로 선박이 부족해지면서 운임이 올랐고, 화물 운반이 증가해서 일본에 거대한 이익을 안겼다.

그 결과 전쟁 전까지만 해도 채무국이던 일본은 1919년에는 대외 투자 31억 9,300만 엔, 대외 채무 18억 2,200만 엔, 총 13억 7,100만 엔의 채권국이 되었다.

이러한 호경기에 힘입어 각종 산업 특히 해운, 기계, 조선, 방적공업, 화학공업 등이 크게 발전했다. 1918년에는 공업생산액이 농업생산액을 넘어 일본은 농업국에서 탈피하고 아시아 최대의 공업국이 되었다. 이 시기에 해운업과 철강업으로 엄청난 부를 쌓은, 이른바 후나나리킨(船成金)과 데쓰나리킨(鐵成金)[46]이라 불리는 벼락부자가 속출했다. 예를 들어 미쓰이물산의 일개 사원이었던 우치다 노부야(內田信也)는 증기선 한 척으로 회사를 세웠는데 전쟁 특수에 힘입어 2년 후에는 선박 16척을 보유한 회사로 성장하였고 나중에는 조선소까지 열었다.

공업이 발전함에 따라 노동자도 급증했다. 이 노동자들은 농촌으로부터 인구 이동에 의해 채워졌다. 1912~1920년 사이의 산업별 인구구성을 살펴보면 제1차 산업(농림 · 어업)은 62퍼센트에서

---

46 나리킨(成金)은 빈곤층이나 서민이 단기간에 부를 축적하여 대부호가 된 사람을 가리키는 말로, 조선 · 해운업계의 후나나리킨, 철강업계의 데쓰나리킨이 그 전형이다. 대표적인 후나나리킨으로는 야마시타 가메사부로(山下龜三郎), 우치다 노부야(內田信也), 가쓰다 긴지로(勝田銀次郎)가 있다.

55퍼센트로 감소하였고, 제2차 산업(광공업과 건설업)은 18퍼센트에서 22퍼센트로, 제3차 산업(공익사업·상업과 같은 서비스업)은 20퍼센트에서 23퍼센트로 증가했다.

공업 발전과 함께 노동력의 수요가 높아지면서 노동력 부족 현상이 일어났다. 이러한 사정과 함께 노동자의 조직적인 운동이 전개되어 노동자에 대한 대우가 개선되었고 임금도 상승했다. 그러나 제1차 세계대전에 의한 호경기는 물가 상승을 야기했으며, 소비자물가는 1914~1920년 사이에 약 2.3배까지 올랐기 때문에 실질임금은 오히려 낮아졌다.

시베리아 출병과 쌀 소동

일본이 전쟁 특수로 인한 호경기에 들끓고 있을 때 유럽에서는 동맹국과 연합국 사이에 사투가 벌어지고 있었다. 1917년 4월 독일의 무제한 잠수함작전에 직면한 미국은 독일에 선전포고를 했고, 독일군의 공격을 받고 있던 러시아는 전쟁이 장기화하면서 식량난과 물가 폭등으로 도시에서 파업과 폭동이 끊이지 않았다. 1917년 3월 러시아의 수도 페트로그라드(현재의 상트페테르부르크)에서 대규모 민중 봉기와 군부의 반란이 일어나 노농소비에트 임시정부가 성립되었고 제정러시아는 붕괴했다(2월혁명). 그러나 임시정부는 전쟁을 계속했기 때문에 러시아의 어려움과 혼란은 깊어만 갔다. 이러한 상황에서 레닌의 지도하에 사회민주노동당인 볼셰비키는 1917년 11월 수도에서 봉기를 일으켜 임시정부를 무너뜨리고 권력을 장악했다(10월혁명).

무병합과 무배상을 골자로 하는 즉각적인 강화를 제창한 소비에트정권은 1918년 3월 독일과 브레스트리토브스크에서 강화조약을 체결하여 제1차 세계대전에서 빠져나올 수 있었다.

러시아혁명은 세계에 커다란 충격을 주었다. 자본주의를 원리적으로 부정하고 나아가 독일과 단독 강화를 맺어 동부전선을 와해시킨 소비에트정권에 대해 영국과 프랑스는 협동하여 러시아혁명에 간섭하기 시작했고, 일본과 미국에게도 동참할 것을 요구했다.

일본에게도 러시아혁명과 그 결과로서 사회주의국가의 출현은 위협이었다. 그러나 한편으로는 러시아가 혼란스러운 틈을 타 북만주와 시베리아 지역에 세력을 확대할 수 있는 좋은 기회라는 해석도 하고 있었다.

일본 국내에서는 육군과 데라우치 마사타케 내각의 외무대신 모토노 이치로(本野一郎)가 자주적인 적극출병론을 주장했고, 반대로 임시외교조사위원회의 하라 다카시와 전 외무대신 마키노 노부아키(牧野伸顯)는 미국과의 협력을 중시하여 대립하고 있었다. 그러나 1918년 7월 미국이 시베리아의 체코군 구원을 이유로 일본에 공동 출병을 제안하자, 데라우치 내각은 바로 응해서 1만 2천 명의 대규모 파견을 결정했고 8월 2일 시베리아 출병을 선언하기에 이른다.

데라우치 내각이 시베리아 출병을 선언했을 때 일본은 쌀 소동

폭발 직전이었다.

제1차 세계대전에 의한 호경기로 물가가 급등했으며, 특히 쌀값이 크게 올랐다. 지주제하에서 쌀 생산은 정체되었는데, 상공업 발달에 따라 도시 인구가 증가하여 오히려 쌀 소비량은 급증한 것이다. 게다가 지주의 쌀 매석과 미곡상에 의한 매점이 쌀값 폭등에 박차를 가했다. 1917년 1월 당시 오사카 도지마(堂島)의 정미(正米) 시가를 보면 한 석(약 180리터)에 14엔 40전이던 것이 12월에는 22엔 70전으로, 이듬해 7월에는 31엔 29전으로 급등했고 시베리아 출병 선언이 나오자 상인들의 매점과 쌀 투기는 더욱 심해져서 8월에는 41엔 6전까지 치솟았다.

1918년 7월 상순부터 도야마현(富山縣) 히가시미즈하시정(東水橋町)과 우오즈정(漁津町)에서는 증기선을 이용해 현 밖으로 쌀이 반출되는 것을 저지하려는 주부들의 행동이 계속되어, 8월 3일 이후 이 지역의 부녀자는 정(町)의 자산가와 쌀가게를 습격하여 쌀 반출을 금지할 것과 쌀을 싸게 팔 것을 요구하며 경찰과 충돌했다. 이 사건이 '엣추(越中)[47]의 아낙네들 봉기'라는 제목으로 신문을 통해서 전국에 보도되자 쌀 소동은 각지로 파급되었다. 8월 10일 교토와 나고야 같은 대도시에서 소요 사태를 계기로 쌀 소동은 전국으로 확산되어, 13일에는 도쿄에서도 대규모 소요 사태가 일어났다. 이런 소요 사태는 도시는 물론이고 농촌에서도 일

---

47 메이지유신 이전의 일본의 지방행정 구분이며, 현재의 도야마현 일대.

어났다. 8월 17일 이후 도시에서는 소요 사태가 진정되었음에도 불구하고 야마구치현(山口縣)과 기타큐슈(北九州) 지방에서 탄광 노동자에 의한 폭동이 계속되었으나, 9월 12일 쌀 소동은 일단락 되었다.

쌀 소동은 아오모리·이와테(岩手)·아키타(秋田)·도치기·오키나와(沖繩)를 제외한 전국에서 약 2개월 동안 발생했으며, 경찰 력만으로는 감당할 수 없어서 일본 정부는 군대를 출동시켜 진압 할 정도였다. 군대가 출동한 지역은 122군데였으며, 출동한 총병 력은 연 10만 2천 명에 달했다. 쌀 소동은 자연 발생적인 민중 봉 기였으며, 계획성도 조직성도 없었으나 거대한 민중 에너지의 폭 발은 '비입헌(非立憲) 내각'이라 불리던 데라우치 내각을 총사퇴 로 몰아넣었고 이후 민본주의적 민중운동의 발판이 되었다.

민본주의론의 등장

데라우치 마사타케 내각을 총사퇴로 몰아넣게 된 계기는 『오사카아사히신문』을 비롯한 신문과 잡지의 비판이었다. 그들은 데라우치 내각의 성립을 시대착오적 '요괴의 출현'이라 공격했고, 시베리아 출병에 관해서도 출병의 이유와 목적이 분명하지 않으며 국민을 기만하는 것이라고 비판했다. 이러한 『오사카아사히신문』의 비판은 대부분의 언론기관에 공통되는 내용이었다. 그래서 데라우치 내각은 언론을 강하게 탄압하여 시베리아 출병에 관련된 기사를 내보내지 못하게 막고 발행금지처분을 내렸다. 쌀 소동 때도 8월 14일 관련 기사의 게재를 금지시켰다. 이에 전국의 신문사들이 강하게 항의했고 8월 25일 전국 86개 신문사 기자들이 오사카에서 대회를 열어 데라우치 내각의 탄핵을 결의했다.

쌀 소동을 통해서 폭발한 민중 에너지와 신문의 전면 공격을 받아 데라우치 내각은 총사퇴했다. 배후에서 전제정치를 조정하던 원로 야마가타 아리토모도 민심 안정을 위해 정우회 총재인 하라 다카시를 후임 수상으로 추천하는 데 동의할 수밖에 없었다. 1918년 9월 29일 성립한 하라 다카시 내각은 육군대신, 해군대신과 외무대신을 제외한 모든 대신을 정우회 당원이 차지한 일본 최초의 본격적인 정당내각이었다. 작위가 없었던 하라 다카시는 '평민 총리'로서 국민에게 환영받았다.

이러한 전제정치에 대한 비판과 새로운 정치적 흐름이 형성되는 과정에서 민본주의사상이 맡은 역할은 컸다. 『중앙공론』 1916년 1월호에 도쿄제국대학 법과대학 교수 요시노 사쿠조(吉野作造)는 「헌정의 본의를 설명하고 그 유종의 미를 거두는 길을 논하다(憲政の本義を說いて其有終の美を濟すの途を論ず)」라는 논문을 발표하여 민본주의를 이론화하였다. 요시노는 민본주의의 '정치 목적은 민중의 이익과 행복'에 있으며 '정책 결정은 민중의 의향에 의해 이루어지는 정치라고 단언하면서 이를 위해서는 보통선거, 언론의 자유, 정당내각제의 실현이 필요하다고 주장했다. 같은 해 1월 『오사카아사히신문』에 교토제국대학 교수 사사키 소이치(佐々木 惣一)는 「입헌비입헌(立憲非立憲)」이라는 제목의 논문을 연재하여

국민의 이익을 달성하기 위해서는 군주의 통치권 또한 제한되어야 하며, 여기에 입헌주의의 출발점이 있다고 논했다. 요시노와 사사키의 전제정치 비판과 입헌주의 주장은 새로운 조류로서 제1차 세계대전 후 일본의 정치와 사회에 큰 영향을 미쳤다.

파리강화회의와 아시아 독립운동

1918년 11월 예상을 넘어 장기전으로 돌입한 제1차 세계대전은 독일의 항복으로 종결되었다. 전쟁은 참전국은 물론이고 동맹국과 식민지 그리고 종속국의 인력과 물자를 동원한 총력전이었다. 새로운 무기인 비행기와 탱크의 등장, 잠수함의 활약 등으로 전선과 후방의 구별은 사라졌고 사망한 군인과 희생된 시민은 각각 9백만 명에 달했다.

이 전쟁의 결과 러시아, 독일, 오스트리아, 헝가리, 터키의 군주제는 붕괴하고 말았다. 이들이 지배한 지역에서 많은 독립국이 생겨났고, 민족자결과 독립의 파도가 유럽에서 세계 각 지역으로 확산되었다. 이러한 움직임에 영향을 준 것은 레닌의 민족자결권과 미국 대통령 윌슨이 제창한 14개 조 강령 중 민족자결이었다. 이 파도는 이윽고 일본의 식민지 조선에도 도달하였다.

1910년의 합병 이후 조선총독부의 무단정치하에 조선의 민중은 정치적 자유와 기본적 권리를 빼앗기고 토지조사령에 의해 농지와 산림을 약탈당했다. 또한 동화정책으로 일본어 사용을 강요받았고 조선어와 조선 역사·지리 교육은 제한되었다. 본래 높은 문화와 역사를 가지고 있던 조선은 독립심이 강한 민족이었다.

1919년 3월 1일 천도교(동학의 흐름을 받음), 기독교, 불교의 대표는 경성(현재의 서울. 한국병합으로 한성을 경성으로 개칭)에서 독립선언을 발표했다. 마침 마지막 황제 고종의 죽음을 애도하기 위해 전국에서 모인 수만 명의 민중은 '독립 만세'를 외치며 종로 등 시가지를 행진했다.

이 운동은 전국으로 확산되어 5월 말까지 집회와 시위행진은 1,500회를 넘었으며 참가자는 총 205만 명에 달했다고 한다(3·1 운동). 일본은 헌병경찰과 군대를 출동시켜 혹독한 탄압을 가했다. 결국 사망자 7,500 명, 체포자는 4만 6천 명에 달했고 많은 민가와 교회가 파괴되었다.

하라 내각은 1919년 8월 조선과 대만의 총독부 관제를 개정해 기존의 무관총독제와 헌병경찰제를 폐지하여 어느 정도의 언론, 출판, 집회의 자유를 인정했다. 무단정치 대신 '문화정치'를 표방했으나, 그것은 조선인의 민족성을 빼앗는 동화정책을 한층 더 강화한 것일 뿐이었다. 이 때문에 조선 민중에 의한 독립운동은 더욱 격해졌다.

1919년 1월 파리에서 강화회의가 개최되어 일본에서는 전권을 위임받은 사이온지 긴모치와 마키노 노부아키 등이 출석했다. 베르사유조약은 독일에 대해서 영토와 군비를 제한하고 거액의 배상금을 부과하는 가혹한 것이었다. 또한 미국 대통령 윌슨이 제창한 국제연맹 설립을 결정하였다. 후에 미국은 의회의 반대로 국제연맹에 참가하지 않았으나, 일본은 영국·프랑스·이탈리아와 함께 상임이사국이 되었다.

일본에게 가장 큰 문제는 일본이 대중국 21개 조에 따라 중국에 요구한 산둥성에 있는 독일의 모든 권익을 국제적으로 승인받는 일이었다. 연합국으로 참전하고 강화회의에 대표를 보낸 중국은 이런 일본의 요구에 강하게 반발했다. 그러나 전쟁 중에 무기를 원조하는 대가로 일본의 요구를 인정해 주기로 한 영국과 프랑스가 일본을 지지한 결과, 산둥성 문제는 일본의 요구대로 되었다.

이 소식이 중국에 전해지자 5월 4일 베이징대학 학생을 중심으로 베이징에서 대규모 집회가 열렸고 "21개 조를 철회하라", "칭다오를 반환하라"는 요구가 빗발치더니 결국 중국 각지로 확산되었다. 대도시에서는 일화배척운동이 일어나 노동자, 시민, 학생이 하나가 된 운동으로 발전했다. '5·4운동'이라 불리는 이 운동은 반제국주의, 반봉건주의를 목표로 하는 신민주주의혁명의 출발점이 되었다.

조선의 3·1운동과 중국의 5·4운동은 동아시아에서 일본제국주의 지배를 뒤흔드는 사건이었으나 일본 여론은 이를 충분히 이해하지 못했다. 그런 와중에 민본주의자인 요시노 사쿠조, 그리고 러일전쟁 이후 자유주의경제론을 주장하며 일본이 조선과 만주의 식민지를 포기하고 소국주의(小國主義)로 가야 한다는 입장에 서는 『동양경제신보(東洋經濟新報)』의 이시바시 단잔(石橋湛

山) 등은 조선과 중국의 민족 독립 요구에 공감과 이해를 나타냈다.

3. 확산되는 민본주의운동

보통선거운동의 고양과 하라 다카시 내각

제1차 세계대전 후 일본사회는 쌀 소동을 계기로 민주주의적인 민중운동의 고양기를 맞이했다. 전쟁 중에 노동자의 수가 크게 증가했고, 그중에서도 남성 노동자의 비중이 커졌다. 이러한 상황 속에서 1912년 스즈키 분지(鈴木文治)의 지도 아래 노동자 수양(修養)을 목적으로 겨우 15명으로 출발한 우애회(友愛會)는 1916년에는 회원이 2만 명으로 급증했고, 이듬해는 3만 명을 넘겼고, 1919년에는 대일본노동총연맹우애회로 개칭하여 전국 규모의 노동단체로 성장했다(1921년 일본노동총연맹으로 개칭). 파업 건수와 참가 인원도 급증하였으며, 1917년 5월에 간행된 『오사카 마이니치신문』은 노동자의 권리사상이 자각되기 시작했다고 지적하고 있다.

노동자와 학생을 중심으로 보통선거운동이 활발해졌다. 요시노 사쿠조의 영향을 받아 결성된 도쿄제국대학 학생단체인 신인회(新人會)를 중심으로 1919년 2월 도쿄 히비야공원에서 집회가 열렸고, 그 자리에서 보통선거 실시를 결의하고 이를 중의원에 청원했다. 간사이 지방에서도 우애회를 중심으로 교토, 고베 등지

1919년 3월 1일 도쿄의 히비야공원에서 열린 보통선거기성동맹회 주최 국민대회에 모인 인파(마이니치신문사 제공)

에서 보통선거대회가 열렸다. 3월 1일 보통선거기성동맹회 주최 히비야공원대회에는 5만 명이 참가했고, 보통선거 즉시 이행을 결의하여 1만 명이 의회를 향해 시위행진을 벌였다.

하라 수상은 제1차 세계대전 후에 일어난 민심의 변화에 위기 감을 느껴 "질서 있는 변천으로 국내의 변동을 막는다"는 것을 그 의 정치 자세로 삼았다. 따라서 보통선거운동에 대해서도 '민중 의 강요에 의해 현재의 조직을 파괴하는 것'으로 간주하고 1919년 3월 선거법을 개정하여 선거권 자격 국세납부금 10엔을 3엔으로 낮추어 1구 1인 소선거구제로 바꾸었다. 이로 인해 유권자는 143만 명에서 286만 명으로 두 배가 되었으나, 새 유권자 대부분은 정우 회의 지반인 농촌의 소지주와 상위층 자작농이었다.

보통선거운동에 대한 요구가 전국적으로 전개되는 기세에 밀려서 제42의회에서 헌정회와 국민당이 보통선거법안을 제출하자, 1920년 2월 하라 다카시 내각은 돌연 중의원을 해산해 버렸다. 선거 결과 정우회가 압승을 거두고 절대다수를 차지하여 보통선거운동은 타격을 입고 급속도로 쇠퇴하고 말았다.

의회 절대다수를 배경으로 하라 내각은 출범 초기에 내걸었던 ① 교육 시설 개선과 충실화, ② 교통기관 정비, ③ 산업과 통상무역의 진흥, ④ 국방의 충실이라는 4대 정책을 추진했다. ①에 관해서는 고등학교 5개교와 전문학교 23개교가 신설되었고, 1918년 대학령(大學令)에 의해 전문학교였던 게이오·와세다·도시샤(同志社) 등 사립학교 8개교가 대학으로 승격되었다. ②에 관해서는 지방 철도를 포함한 철도 전반에 대한 건설과 개량을 실시했는데, 이는 정우회 중의원 의원 출신지를 우선적으로 시행한 '아전인철(我田引鐵)'의 정책으로 당의 세력 확장에 이용되었다. ④에 관해서는 해군 8·8함대 설치, 육군 군비 개량 충실화를 위한 장기 계획을 세워 거액의 재정을 지출했기 때문에 군사비가 세출총액에서 차지하는 비율은 1919년 48퍼센트, 1920년 49퍼센트로 급증하여 소득세와 주세를 증세할 수밖에 없게 되었다.

이러한 하라 내각의 적극적인 정책은 1920년 3월에 찾아온 전후 공황 속에서 숨통이 막히고 말았다. 은행의 도산과 고객의 예금 인출 사태가 벌어진 곳이 전국에서 82곳에 달했고 상사의 도산이 잇달았다. 하라 내각은 재계의 요청을 받고 은행에 대한 일본은행의 구제금융 등을 실시했다. 이처럼 당리당략을 일삼고 재계에 유착하는 하라 정우회 내각에 대한 민중의 실망은 커 갔고, 결국 1921년 10월 1일 하라 수상은 도쿄역에서 한 청년의 칼에 찔려 사망하게 된다.

워싱턴회의

제1차 세계대전 후 동아시아를 둘러싼 국제 정세는 크게 변했다. 유럽의 열강은 다시 아시아로 회귀했다. 특히 영국의 경우, 제정러시아와 독일의 붕괴로 영일동맹의 의의를 찾을 수 없었다. 이제는 세계 최강국이 된 미국도 아시아에서 더 이상 일본의 독주를 허락할 수 없게 되었다. 한편 중국은 혁명의 기운이 고조되면서 군벌할거(軍閥割據)시대에서 벗어나는 기운을 보이고 있었다.

하라 다카시 내각이 미 해군을 목표로 한 8·8함대 건설계획은 미국을 자극하여 격렬한 건함 경쟁이 되었다. 그러나 일본은 이미 국가재정의 거의 반을 차지하는 군사비를 감당할 수 없는 상태였다. 게다가 1920년 3월 전후 공황의 타격이 더해졌고 이는 미국과 영국도 마찬가지였다.

1921년 7월 미국은 일본, 영국, 프랑스, 이탈리아 4개국에 군비 제한과 태평양·극동 문제 토의를 위해 워싱턴에서 회의를 개최하고 싶다는 제의를 했다. 일본은 이에 응하여 전권대표로 해군 대신 가토 도모사부로(加藤友三郞), 귀족원 의장 도쿠가와 이에사토(德川家達), 주미 대사 시데하라 기주로(幣原喜重郎)를 임명했다.

워싱턴회의는 1921년 11월부터 이듬해 2월까지 열렸다. 개회 당일 미국 전권대표 휴스(Charles Evans Hughes)는 향후 10년간 건함 중지와 건조 중인 주력함과 노령함의 폐기, 현유세력(現有勢力) 비율을 기준으로 미국 · 영국 · 일본의 주력함 톤수의 비율을 5 · 5 · 3으로 하자는 놀랄 만한 제안을 했다. 수행원으로 참가한 해군의 가토 히로하루(加藤寬治) 등은 대미(對美) 70퍼센트를 강하게 주장했다. 가토 도모사부로는 만약 회의가 결렬되면 건함 경쟁이 계속될 것이고, 그렇게 되면 일본은 재정 곤란으로 미국과 해군력의 격차는 더욱 커질 것으로 예상해서 해군의 반대 의견을 설득해 미국의 제안을 받아들였다. 또한 군비제한을 보완하는 차원에서 태평양제도에 관한 4개국(일 · 영 · 미 · 프)의 권리를 서로 존중한다는 4개국조약을 맺었으며, 동시에 영일동맹은 폐기되었다.

중국 문제는 미국의 제안에 따라 ① 중국의 주권, 독립 및 영토적 · 행정적 보전을 존중할 것, ② 중국의 안정된 정권의 성립과 유지에 충분한 기회를 부여할 것, ③ 각국의 상공업상 균등한 기회를 제공할 것, ④ 우호국 국민의 권리를 위협하는 특권과 안전을 해하는 행동을 부정할 것 등의 내용을 담은 9개국조약(앞의 5개국 외에 벨기에 · 중국 · 네덜란드 · 포르투갈)이 체결되었다. 이로써 중국 내정불간섭의 원칙이 확인되어 '특수 권익', '세력권'의 설정과 같은 기존의 방식은 부정되었다.

파리강화회의(베르사유조약)에서 해결하지 못한 중국의 산둥 문제는 영국과 미국의 중재로 중 · 일 간에 교섭이 이루어져 일본은 자오저우만 조차지를 반환하고 자오지철도를 중국이 매입하는 것으로 결론이 났다. 그러나 광산에 대한 중·일합병과 같은 일본의 상공업상의 이익을 확보하는 문제는 그대로 승인되어 많은 일본 기업이 중국에 진출하게 되었다.

워싱턴회의에 의해서 일반적으로 워싱턴체제라고 불리는 동아시아 국제질서가 형성되어 유럽의 베르사유체제와 함께 열강의 협조체제가 만들어졌다. 워싱턴체제는 미국과 영국 주도하에 아시아에서의 일본 팽창주의를 견제하기 위한 것이었다. 일본은 내부에 워싱턴체제에 반발하는 세력을 품은 채 국제 협조 노선을 선택하게 된 것이다.

시베리아 출병은 혼란을 거듭했다. 일본은 미국, 영국과 협정한 병사 1만 2천 명보다 훨씬 많은 7만 3천 명을 동부 시베리아에 파견해서 반혁명 세력을 지원했다. 그러나 반혁명 지방정권은 차례로 해체되는 등 일본의 간섭 실패는 분명했다. 미국, 영국, 프랑스는 1920년 6월까지 군대를 철수시켰다. 일본은 혁명이 조선과 만주로 파급되는 것을 저지하고 시베리아에 있는 일본인 거류민을 보호한다는 명목으로 출병을 계속했다. 5월에는 빨치산과 일본군 사이에 교전이 벌어져 일본군 포로와 거류민 122명이 학살당하는 니콜라예프스크사건이 일어났다. 일본은 이를 대대적으로 선전하고 반소련 감정을 부추기면서 배상을 요구하여 북사할린을 그에 대한 담보로 점령했다. 그러나 시베리아 출병에 대한 일본 국민의 비판은 해를 거듭할수록 거세졌고, 미국을 비롯한 외국으로부터도 비판을 받게 되어 일본은 1922년에 이르러서야 군대를 철수시켰다. 게다가 북사할린으로부터의 철군은 일·소 기본조약 체결 후인 1925년 5월에서야 이루어졌다.

시베리아 출병은 10억 엔이라는 군사비를 낭비하고 3,500명의 사상자를 내어 완전한 실패로 끝이 났다.

민본주의운동의 고양

쌀 소동을 경험하고 자신감이 붙은 일본의 민중은 다양한 분야에서 자신들의 조직을 만들어 해방을 위해 일어섰다.

제1차 세계전쟁 중 노동운동의 성장에 대해서는 앞에서 이미 서술했다. 1920년 5월 2일 일요일, 일본 최초의 노동절 집회가 도쿄 우에노공원에서 열렸는데 우애회와 신우회(信友會. 인쇄공조합) 등 15개 단체 1만여 명이 참가했다. 이 집회에서는 치안경찰법 제17조(노동·농민운동의 금지 조항) 철폐·실업 방지·최저임금제 등이 결의되었는데, 이러한 요구는 당시 노동자들의 의식과 목표를 보여 주었다. 그러나 하라 다카시 내각이 보통선거 실현을 저지했기 때문에 노동운동에 직접적인 행동을 주장하는 아나르코 생디칼리슴(급진적 노동조합주의)이 대두하여 격한 행동이 반복되었다.

1921년 3월 아시오동산대쟁의가 일어났고 7월에는 단체교섭권과 8시간노동제 등을 요구하는 고베의 가와사키(川崎)·미쓰비시조선소쟁의가 일어났다. 이 쟁의는 우애회 고베연합회의 가가

1921년 7월에 있었던 고베의 가와사키조선소와 고베인쇄공조합의 데모행진(마이니치신문사 제공).

와 도요히코(賀川豊彦)의 지도 아래 3만 5천 명이 참가한 전전(戰前) 최대의 파업이었으나, 군대까지 동원해서 탄압하는 바람에 실패로 끝났다. 간사이에서도 노동자들이 급진적으로 변해 갔다.

지주제 아래에서 영세한 소작지를 경작해서 수확의 절반 이상을 소작료로 빼앗기고 지주에게 복종까지 강요당하던 소작농민은 각지에서 소작조합을 결성하고 소작쟁의를 일으켰다. 1919년 326건, 1920년 408건이던 것이 1921년에는 1,680여 건으로 느는 등 급증세를 보였다.

이러한 상황에서 1922년 4월 가가와 도요히코와 스기야마 모토지로(杉山元次郎)의 지도로 일본농민조합(일농)이 결성되었다. 일농은 강령에서 상호부조에 의한 농민 생활의 향상을 주장하는 온건한 단체로 출발했다. 그러나 각지에서 소작료 감액 등을 요구하는 소작쟁의를 지도하면서 차차 조직을 확대해 갔다. 설립 당시 불과 253명으로 출발했으나 1925년에는 7만 2천 명을 거느린 조직이 되었고 총동맹에 필적하는 무산계급 조직으로 발전하였다.

사회운동의 고양은 신분 차별로 고통 받는 피차별부락[48]에까지 파급되었다. 쌀 소동에 피차별부락민이 다수 참가한 사실은 정부를 놀라게 했으며, 융화단체인 제국공도회(帝國公道會)를 중심으로 각지에서 '동정융화'를 위한 단체가 만들어졌다. 그러나 이러한 온정적인 융화정책을 넘어서 피차별부락민 스스로가 단결하여 차별로부터 해방을 쟁취하려는 움직임이 내부에서 싹트기 시작했다.

1922년 3월 교토 오카자키(岡崎)의 공회당에 각지로부터 3천 명의 부락민이 모여 전국수평사(全國水平社)를 결성했다. 강령은 "부락민 스스로의 행동으로 절대 해방을 기한다"와 "우리는 인간

---

48 근세 초의 봉건적 신분제도에서 최하층을 이루던 사람들을 중심으로 형성되어 현재까지 차별을 받고 있는 지역. '미해방부락(未解放部落)' 또는 '부락'이라고도 불리지만 행정상으로는 동화(同和)지구로 불린다. 1871년 신분해방령에 의해 법적 차별은 해소되었으나 사회적 차별이나 편견, 그에 따른 인권침해는 여전하다. 일본의 차별 문제를 논할 때 재일교포 문제와 함께 반드시 거론되는 현존하는 차별 문제이다.

1920년 신부인협회의 연설회에서. 앞줄 오른쪽부터 히라쓰카 라이초, 니시카와 후미코, 오쿠 무메오, 한 사람 건너 왼쪽 끝 양장 차림이 이치카와 후사에(마이니치신문사 제공).

성의 원리를 각성하며 인류 최고의 완성을 향해 돌진한다"로 인류애에 기초한 해방운동의 출발점을 이룩했다. 이후 각지에 수평사 조직이 만들어져 차별 언동에 대한 규탄투쟁이 이루어졌다.

가부장제하에서 억압받고 있던 여성운동 또한 활발해졌다. 경제발전과 더불어 방적공장과 제사공장에서 일하는 '여공' 외에 직장여성도 증가했다. 여성들은 사무원 · 점원 · 타이피스트 · 전화교환원 · 의사 · 간호사 · 조산사 · 교사 등 다양한 분야에 진출했으며, 그 수는 계속 늘어 갔다. 여성들은 사회적 차별과 저임금에 시달리면서도 경제적 · 사회적으로 자립의 길을 걷기 시작했다.

한편 히라쓰카 라이초, 이치카와 후사에(市川房枝), 오쿠 무메오(奧むめお), 야마다 와카(山田わか), 니시카와 후미코(西川文子) 등

은 1920년 3월 신부인협회를 결성했다. 이들의 강령은 남녀 기회 평등, 모자(母子)의 권리 옹호 등이었는데, 특히 여성의 정치 참여를 금지하는 치안경찰법 제5조의 개정 청원 활동을 반복하여 1922년 제45의회에서 실현시켰다. 또한 부인참정권(여성참정권)을 요구하는 청원운동도 벌였다. 1922년에 신부인협회가 해산한 후 이치카와 등은 1924년 부인참정권획득기성동맹회[1925년 부선(婦選)획득동맹으로 개칭]를 결성해서 활동을 이어 갔다. 제2차 세계대전 후 빠르게 부인참정권이 실현된 것은 이러한 전전기(戰前期)의 운동이 결실을 맺은 것이라고 할 수 있다.

대역사건 이후 '사회주의의 겨울'을 버텨 내면서 부활할 기회를 엿보고 있던 사회주의자들도 활동을 재개했다. 1920년 12월 사카이 도시히코(堺利彦)와 야마카와 히토시(山川均) 등의 마르크스주의자, 오스기 사카에(大杉榮) 등의 무정부주의자, 우애회와 같은 노동조합원과 문화인·학생 등 상당히 폭넓은 사회주의자들이 결집하여 일본사회주의동맹을 결성했다. 동맹은 오랫동안 활동을 지속하지 못하다 1921년 5월 정부에 의해 해산되고 말았다.

그러나 이 흐름을 막을 수는 없었다. 소비에트정권을 지지하는 마르크스주의자들은 코민테른(1919년 3월 창립하여 소련을 중심으로 한 세계혁명을 지향하는 국제공산당 조직)의 지도와 원조로 1922년 7월 비밀리에 일본공산당을 조직했다.

이러한 데모크라시의 조류는 사회운동에만 국한되지 않았다. 학문 세계에서는 역사가 쓰다 소키치(津田左右吉)가 지배층과 지식인의 사상이 아닌 생활에 기초한 국민사상을 밝힌『문학에 나타난 우리 국민사상 연구』처럼 새로운 사상사 연구가 생겨났다. 또한 러일전쟁 후 황폐한 농촌사회의 재생을 지향하면서 생활자로서의 '상민(常民)'의 세계를 밝히려 한 야나기타 구니오(柳田國男)의 민속학 또한 이 시기에 많은 사람의 공감을 얻었다. 민중이 일상에서 사용하는 실용품으로 만들어진 '이름 없는 것, 지방색을 띠는 것, 일상적인 것 속에서 아름다움을 찾아내려는' 야나기무네요시(柳宗悅)의 민예운동도 일어났다. 이들은 모두 그동안 관심과 시선을 돌리지 않던 생활자로서의 민중의 세계에 초점을 맞춘 새로운 학문의 창조였다.

교육 분야에도 새로운 물결이 일었다. 아시다 에노스케(芦田惠之助)가 제창하고 실천한 글짓기 교육은 문부성의 틀에 박힌 작문교육을 부정하고, 아동들이 실생활에 입각해서 기록하게 하는 것으로 큰 반향을 불러와 각지로 퍼져 나갔다. 또한 문부성의 획일적이고 지식주입형 교육에 반대하고 아동이 가진 가능성을 자유롭게 키우자는 자유교육운동이 일어났다.

1921년 나가노현 우에다(上田) 지방의 청년들이 철학자 쓰치다 교손(土田杏村)의 지도로 개설한 우에다자유대학은 학문의 중앙집권적 경향을 타파하여 노동 민중이 자유롭게 대학 교육을 받을 수 있는 기회를 만드는 것을 목표로 했다. 농한기에 열린 자유대학에는 교토제국대학 출신인 다카쿠라 데루(高倉テル)·미키 기요시(三木清)·쓰네토 교(恒藤恭) 등 젊은 학자들이 강사가 되어 문

학·철학·사회과학을 강의했고, 농촌 청년과의 깊이 있는 교류를 형성했다. 이 자유대학은 나가노현 마쓰모토(松本), 이다(飯田)를 비롯해 니가타, 아오모리, 군마 등으로 확산되어 1925년에는 이들의 연락 기관으로 자유대학협회가 만들어졌다. 이러한 민중의 자기교육운동도 다이쇼 데모크라시의 하나로서 지방의 민중에 침투해 갔다.

관동대지진

1923년 9월 1일 사가미만(相模灣) 서북부에서 진도 7.9의 대지진이 발생해 가나가와현(神奈川縣), 도쿄를 중심으로 하는 관동 지방과 시즈오카현(靜岡縣), 야마나시현(山梨縣)에 막대한 피해를 입혔다. 사가미만 연안에는 쓰나미가, 요코하마와 도쿄에서는 대형 화재가 발생해서 압사자보다 화재에 의한 사망자가 훨씬 많았다. 피해는 사망자와 행방불명자를 합해 총 14만 3천 명, 전소 또는 파괴된 가옥은 70만 채가 넘었다.

불안에 휩싸인 가운데 요코하마, 가와사키(川崎), 도쿄 시민 사이에서 조선인이 폭동을 일으켜 불을 지르고 있다는 유언비어가 퍼졌다. 이 소문이 자연 발생적인 것인지 아니면 관헌의 날조인지 지금으로서는 알 수 없지만, 당시 경시청은 이를 사실로 여기고 9월 2일 계엄령을 선포하고 군대를 출동시켰다. 일본의 군대와 경찰은 조선인을 닥치는 대로 검속(檢束)했다. 또한 재향군인회와 소방단, 청년단을 중심으로 지구마다 자경단을 조직해서 조선인을 폭행하고 학살했다. 군대와 경찰도 학살을 자행했다. 이러한 행위의 배경에는 3·1독립운동 이후 조선인에 대한 일본인의 적대감과 뿌리 깊은 멸시가 있었다. 학살된 조선인은 6천 명에 달했으며, 중국인도 약 2백 명이 살해되었다.

군경은 사회주의자와 노동운동가도 적대시하여 난가쓰(南葛)노동회의 가와이 요시토라(川合義虎)와 순노동자조합의 히라사와 게이시치(平澤計七) 등 10명을 가메이도(龜戶)서에 끌고 갔으며, 이들은 그곳에서 기병대 병사에 의해 살해당했다. 9월 16일 무정부주의자 오스기 사카에와 그의 부인 이토 노에(伊藤野枝) 및 여섯 살 난 조카가 도쿄헌병대 본부에서 헌병대위 아마카스 마사히코(甘粕正彦)에게 교살당했다.

관동대지진의 여진이 계속되는 9월 2일에 성립된 제2차 야마모토 곤베에 내각은 지진에 의한 재해대책과 전년도에 노동조합 등의 반대로 성립시키지 못한 과격사회운동단속법안과 유사한 치안유지령을 공포해서 급진적인 사회운동을 단속했다. 한편 보통선거제도와 관련해서는 민중에 의한 요구운동이 고조됨에 따라 보통선거를 도입하여 민중의 불만을 완화하기로 하고 보통선거요강안이 각료회의에서 승인되었다.

12월 27일 도라노몬(虎の門)에서 청년 아나키스트 난바 다이스케(難波大助)가 의회 개원식으로 향하던 섭정 히로히토(裕仁. 후의 쇼와천황(昭和天皇))를 저격한 사건이 발생했다. 이 사건으로 야마모토 내각은 총사퇴했다. 이 사건은 일본사회에 커다란 충격을 던졌으며 사회주의, 무정부주의에 대한 공포심이 확산되었다.

야마모토 내각에서 법무대신이었다가 내각 총사퇴 후 추밀고문관이 된 히라누마 기이치로(平沼騏一郎)는 1924년 3월 육해군의 고급 군인과 내무부와 사법부의 고급 관료 그리고 재계 인사와 학자를 포함시켜서 국본사(國本社)를 결성했다. 국본사는 '국가의 근본을 굳건히 해서 국체의 정화(精華)를 현양할 것'을 목표로 하는 민본주의에 대항하는 조직이었다. 이는 관동대지진을 계기로 민본주의의 조류를 막으려는 반동적인 국가주의가 큰 흐름으로 나타났다는 것을 뜻한다.

중국혁명에 충격을 받은 기타 잇키(北一輝)는 저서 『일본개조법안대강(日本改造法案大綱)』에서 천황을 중심으로 하는 쿠데타를 일으켜 국가를 개조할 것을 주장했는데, 이 사상 또한 우익과 젊은 군인 장교에게 침투하기 시작했다.

4. 정당내각기의 정치와 사회

호헌삼파 내각과 보통선거법 성립

야마모토 곤베에 내각 다음 1924년 1월 7일 추밀원 의장인 기요우라 게이고(淸浦奎吾)가 귀족원 세력을 중심으로 초연 내각을 출범시켰다. 정우회, 헌정회, 혁신구락부의 유지들은 중의원 세력을 완전히 무시한 기요우라 내각의 출현에 반대, 정당 내각의 실현에 합의하여 제2차 헌정옹호운동(호헌운동)을 전개했다. 그러나 1912년 제1차 호헌운동 때와는 달리 민중은 거의 움직이지 않았다.

게다가 정우회는 총재 다카하시 고레키요를 지지하는 총재파와 반총재파의 대립이 격화되었고 다카하시 총재가 헌정옹호운동에 참가할 의사를 밝히자, 반총재파에서 도코나미 다케지로(床次竹二郎)를 비롯한 145명의 의원이 탈당하고 1월 정우본당(政友本黨)을 결성해서 기요우라 내각의 여당이 되었다. 한편 헌정회의 가토 다카아키, 정우회의 다카하시 고레키요, 혁신구락부의 이누카이 쓰요시 각 당수는 미우라 고로[49]의 중재로 3당 당수회담을 열어 정당내각제의 확립에 합의하고 호헌삼파 연합을 형성했다.

기요우라 내각은 중의원을 해산하여 대항했으나 5월 총선거에서 호헌삼파가 압승을 거두었고 그 결과 여당인 정우본당의 의석은 크게 줄었다. 이에 대한 책임을 지고 기요우라 게이고 내각은 총사퇴하고 차기 내각의 조각은 헌정회 가토 총재에게 맡겼다. 가토는 다카하시, 이누카이에게 입각을 요청했고 6월 11일 호헌

---

49 三浦梧樓, 1846~1926. 일본의 군인이자 정치가이며 조선 말기의 일본 공사이다. 현재의 야마구치현 출신이며 막부정치에 반대했다. 메이지유신 후 신정부의 군인이 되었으며, 1895년 주한 공사로서 이노우에 가오루의 후임으로 부임했다. 같은 해 10월 8일 조선에서 러시아 세력을 몰아내기 위해 일본군과 경찰, 낭인을 동원해 명성황후 시해를 지시한 인물이며(을미사변), 시해사건에 가담한 자들과 함께 일본으로 소환되어 히로시마에서 투옥 생활을 하였으나 이듬해 증거불충분으로 석방되었다. 1910년 추밀고문관에 올랐다.

삼파 내각이 성립했다.

이후 '헌정의 원칙'으로 중의원 제1당 당수가 내각을 조각하는 것이 관례가 되었다. 이 관행은 1932년 5·15사건으로 정우회 이누카이 내각이 무너질 때까지 8년간 이어졌다.

호헌삼파 내각은 보통선거, 강기숙정(綱紀肅正), 행정·재정의 정리를 3대 정책으로 내세웠다.

1922년 가토 도모사부로 내각이 해군을 축소하고 육군 병력 수를 삭감하자 군사비 팽창에 제동이 걸렸다. 그런데 헌정삼파 내각은 행정·재정개혁의 일환으로 다시 한 번 군비를 축소했다. 우가키 가즈시게(宇垣一成) 육군대신은 육군 4개 사단을 폐지하고 그 예산으로 전차부대, 비행부대, 고사포부대 등을 신설하여 군비의 근대화를 꾀했다(우가키군축). 그리고 우가키는 사단 폐지로 남은 현역 장교들을 중등 이상의 학교에 배치해서 군사교련을 가르치게 했다. 또한 그는 전국 시·정·촌에 청년훈련소를 설치해서 의무교육을 마치고 농촌과 공장에서 일하는 16~20세 사이의 근로청년을 대상으로 군사교련과 수신교육과 공민교육을 받게 했는데, 이때 재향군인을 지도원으로 명해서 활용했다. 육군은 제1차 세계대전에서 얻은 교훈으로 국가총력전에 대비하는 국민의 조직화와 군국주의사상의 주입을 계획하고 있었다.

호헌삼파 내각의 첫 번째 과제는 보통선거법을 성립시키는 일이었다. 보통선거법안은 추밀원의 심사를 거쳐 제50의회에 제출되었고 1925년 3월 성립되었다. 보통선거는 선거권을 25세 이상,

피선거권을 30세 이상의 남자에게만 부여하도록 되어 있었다. 이로 인해 유권자 수는 약 네 배로 증가했다. 청일전쟁 이후 시작된 보통선거운동이 드디어 결실을 맺은 것이다.

한편 정부는 보통선거 실시에 따른 '사상의 악화'와 1925년 1월에 있었던 일·소기본조약 체결과 국교회복에 따른 공산주의사상의 유입을 막기 위해 같은 해 3월 치안유지법을 제정했다. 치안유지법 제1조는 '국체를 변혁하려 하거나 혹은 사유재산제도 부정을 목적으로 한 결사를 조직'한 자 및 이에 참가한 자를 10년 이하의 징역 또는 금고형에 처한다는 것이었다. 치안유지법은 공산주의자를 직접 대상으로 하는 것이었으나 이후에도 여러 차례 개악되어 공산주의자뿐 아니라 사회주의, 자유주의단체나 인물에도 적용되어 국민의 사상 통제에 맹위를 떨쳤다.

중국혁명의 진전과 시데하라 외교

호헌삼파 내각의 외무대신이 된 시데하라 기주로는 의회에서 외교 방침을 설명하면서 자국의 정당한 권익을 옹호하고 열국의 권익을 존중하는 국제 협조, 중국 내정에 대한 불간섭이라는 두 가지 원칙을 표명했다.

이 시기 중국에서는 반제국주의, 반군벌에 의한 국민혁명운동이 고조되고 있었다. 1921년 중국공산당이 성립되었고, 1923년에는 일본이 조차지로 지배하고 있던 뤼순과 다롄의 회수운동이 활발해졌다. 또한 광둥 혁명정부를 통해서 혁명을 주도하고 있던 쑨원은 1924년 1월 국민당대회에서 소련과의 제휴, 공산당 용인, 농민부조의 3대 방침을 결정하여 국공합작이 성립되었다.

이런 와중에 1925년 2월 상하이에 있는 일본계 방적회사(통칭 재화방(在華紡))에서 저임금과 일본인 직원의 횡포에 화가 난 중국인 노동자들이 파업을 했다. 이 파업은 칭다오의 재화방으로 확산되었다. 5월 30일 상하이에서 학생들이 항의데모를 벌이자 영국 전투경찰대가 발포해서 11명의 사망자가 발생했다(5 · 30사건). 이 사건에 반발하여 상하이에서는 학생과 노동자에 의한 대규모 파업이 일어났고 상점이 휴업하는 등 항의운동은 중국 각 도시로 확산되었다. 위기감을 느낀 영국 관헌은 각지에서 데모대를 향해 발포했고 이는 중국의 반제국주의운동에 불을 붙였다. 반제국주의운동의 화살은 영국을 향했다. 시데하라 기주로 외무대신은 파업 진압에 직접 개입하지 않고 반영국의식이 고조되는 중국에 대한 수출을 늘리는 데에만 힘을 쏟았다.

한편 베이징 중앙정부에서는 군벌 각 파에 의한 지배가 계속되고 있었다. 그중에서도 세력이 강대했던 것은 중국 동부(만주)를 기반으로 일본의 원조를 받으며 성장한 장쭤린(張作霖) 군벌(펑톈파(奉天派))이었다. 그런데 1925년 11월 장쭤린의 부하였던 궈쑹링(郭松齡)이 반란을 일으켜 장쭤린의 군대는 패주했고 궈쑹링의 군대는 펑톈까지 진격했다. 시데하라 외무대신은 처음에는 군사개입에 반대했으나, 궈쑹링 군대가 펑톈까지 다가오자 시라카와 요시노리(白川義則) 관동군 사령관과 의논 끝에 군사개입을 통해서 장쭤린을 위기에서 구했다. 이는 시데하라 외교의 일면을 보여주는 것으로 조약에 의해—이는 군사적·정치적 압력에 의해 맺어진 것이었으나—얻은 기득권 특히 만몽(滿蒙) 권익은 끝까지 지킨다는 자세였다. 그러나 이러한 시데하라의 자세는 중국에서 반제국주의운동이 고조되면서 시련을 겪게 된다.

정계 재편과 무산정당의 출현

호헌삼파 내각은 1925년 제50의회 종료 후 정계 재편성에 의해 막을 내렸다. 의회 종료 후 다카하시 고레키요는 정우회 총재에서 은퇴하고 육군대장 다나카 기이치(田中義一)가 새로운 총재가 되었다. 그후 정우회는 혁신구락부와 함께 헌정회와의 제휴 관계를 끊었다. 내각은 총사퇴했으나 원로 사이온지 긴모치의 추천으로 가토 다카아키가 다시 수상으로 임명되어 헌정회 단독의 제2차 가토 내각이 출범했다. 그러나 1926년 1월 가토가 병사하자, 내무대신 와카쓰키 레이지로(若槻禮次郞)가 헌정회 총재 자리에 오르고 모든 각료가 유임된 채 와카쓰키 내각이 출범하였다.

정계의 재편성이 진행되는 와중에 보통선거법이 성립되어 노동자, 농민의 이해를 대표하는 무산정당 결성의 움직임이 활발해졌다. 그러나 그 과정은 공산주의적 좌파와 사회민주주의적 우파의 대립과 분열이 반복되는 복잡한 과정을 거쳐야만 했다. 1925년 5월 총동맹이 분열되어 우파는 일본노동조합평의회(평의회)를 결성했다. 총동맹은 개량적·협조적 운동을 지향하는 데 반해, 평의회는 혁명적 · 전투적 운동을 지향하여 양자 사이의 대립은 격화되었다. 총동맹의 분열은 무산정당 결성에 큰 영향을 미쳤다.

결국 통일을 유지하고 있는 일본농민조합의 주도로 1925년 12월 농민노동당이 결성되었다. 정부는 즉각 결사금지명령을 내렸다. 이후 1926년 3월 노동농민당이 결성되었으나 좌우의 대립은 더욱 심해져, 결국 1926년 12월 평의회를 기반으로 하는 좌파 노동농민당[노농당(勞農黨). 위원장 오야마 이쿠오(大山郁夫)], 총동맹 등 우파를 중심으로 하는 사회민중당[사민당. 위원장 아베 이소오(安部磯雄)], 총동맹의 중도파를 중심으로 하는 일본노농당[일로당(日勞黨). 서기장 미와 주소(三輪壽壯)] 세 당으로 분열되고 말았다. 무산정당의 분열은 노동조합, 농민조합, 문화단체에도 영향을 미쳐 각 분야에는 세 당을 추종하는 각 계열이 형성되었다. 이는 무산대중운동의 힘을 현저하게 약화시키는 결과를 초래했다.

다나카 정우회 내각과 산둥 출병

1926년 12월 25일 다이쇼천황의 사망으로 섭정 히로히토가 황위를 계승하였고 원호는 쇼와로 바뀌었다.

쇼와로 바뀐 지 얼마 안 된 1927년 3월 금융공황이 일어났다. 관동대지진 피해자 관련 어음 중에 결제되지 않은 불량어음이 시중은행에 남아서 경영을 압박한 것이다. 와카쓰키 내각은 이를 정리하기 위해 진재어음(震災手形) 관련 법안 두 개를 의회에 제출했다. 법안 심의 도중에 은행 경영의 악화가 폭로되어 예금자들이 은행에 쇄도하여, 결국 도쿄와타나베은행(東京渡邊銀行)은 휴업할 수밖에 없었다. 예금 인출 사태가 전국으로 확산되어 도쿄, 요코하마 일대의 중소 은행이 잇달아 휴업으로 몰렸다. 이 사태는 결국 일본은행이 비상대출을 시행해서 일단 수습되었다.

같은 시기에 제1차 세계대전 중 급성장했으나 전후에 닥친 불황으로 경영이 악화된 고베의 무역상 스즈키상점(鈴木商店)에 거액을 융자한 대만은행(臺灣銀行)이 파탄 상태에 빠졌다. 와카쓰키 레이지로 내각은 대만은행을 구제하기 위해 긴급칙령안(칙령은 천황의 대권에 의한 명령)을 준비해서 추밀원에 의견을 구했다. 그런데 전부터 정부의 중국정책을 연약 외교라며 불만을 품고 있던 고문관 이토 미요지(伊東巳代治) 등의 의견도 있어서 추밀원은 긴급칙령안을 부결하고 말았다. 결국 이로 인해 와카쓰키 내각은 총사퇴를 해야만 했다.

와카쓰키 내각 뒤를 이어 정우회 총재 다나카 기이치가 내각을 구성했다. 다나카 정우회 내각은 수상이 외무대신을 겸임하고 외무정무차관에 대중국 강경파인 모리 가쿠(森恪)를 기용했다. 또한 치안 관계에서는 내무대신에 스즈키 기사부로(鈴木喜三郎), 법무대신에 하라 요시미치(原嘉道) 등 국본사의 히라누마 기이치로(平沼騏一郎) 계열에 속한 인사를 임명했다. 다나카 내각의 다카하시 고레키요 재무대신은 모라토리엄과 일본은행의 특별대출 등으로 금융공황을 진정시켰다. 공황으로 중소 은행은 대폭 정리되어 미쓰이, 미쓰비시, 스미토모(住友), 다이이치(第一), 야스다(安田) 5대

1927년 4월 21일 금융공황에 의한 예금 인출 사태로 도쿄의 은행 앞에 몰려든 인파(마이니치신문사 제공).

은행에 의한 금융계 지배가 확립되었다.

1926년 7월 중국은 장제스를 총사령관으로 국민혁명군이 북벌을 시작했다. 국민혁명군은 민중의 지지를 받아 각지에서 군벌을 격파하면서 10월에는 양쯔강 중류까지 다다랐고 1927년 3월에는 상하이와 난징을 점령했다. 북벌에 의해 중국의 반제국주의운동은 더욱 거세졌고 영국 조계지였던 한커우(漢口)와 주장(九江)을 실력으로 회복하는 데 성공했다. 영국은 상하이 조계지를 지키기 위해 일본에 공동 출병을 호소했으나 시데하라 외무대신은 이를 거절했다.

1927년 4월 장제스는 상하이에서 반공 쿠데타를 일으켜 국민혁명군 내 공산 세력을 탄압했고, 그 결과 국공합작은 붕괴되고 말았다. 북벌로 인해 일본의 대중국 수출은 크게 줄어들었고 그에 따라 일본의 권익 또한 위협 받았다. 그렇다 보니 재계에서는 대중국강경책을 요구하는 목소리가 높아졌고 야당인 정우회도 시데하라 외교를 연약 외교라고 비판했다. 이러한 시기에 다나카 정우회 내각이 성립된 것이다. 다나카 내각은 5월 28일 산둥성 거류 일본인 보호를 명목으로 관동군을 칭다오와 지난에 파견했다(제1차 산둥 출병). 조약상 아무런 근거가 될 수 없는 거류 국민의 현지 보호라는 이유 뒤에 숨은 진짜 목적은 북벌이 만주까지 북상할 것을 우려한 나머지 이를 사전에 저지하기 위함이었다.

산둥 출병이 한창이던 6월 27일부터 7월 7일까지 다나카 내각은 육군성, 해군성, 외무성과 참모본부, 군령부(軍令部) 수뇌, 중국 관계 외교관들을 모아서 대중국정책을 논의하는 동방회의를 열었고 회의의 결론은 「대지정책강령(對支政策綱領)」이라는 문서로 정리되었다. 그 내용이란 중국에서의 일본 권익과 일본인의 생명과 재산이 침해될 우려가 있는 경우에는 단호하게 자위 조치를 취한다는 점을 강조한 것이었다. 그러한 선상에서 "만몽, 특히 둥산성(東三省)[50] 지방에 관해서는 국방상, 그리고 국민의 생존 관계상 중대한 이해관계를 가지므로 일본으로서는 특별히 고려를 요한다"라고 적고, 만약에 동란이 만몽까지 파급되어 일본의 특수한 지위와 권익이 침해될 우려가 있는 경우에는 기회를 놓치지 않고 적당한 조치를 취할 각오임을 밝히고 있다. 이 대목에서 시

---

50 라오닝성(遼寧省)·지린성(吉林省)·헤이룽장성(黑龍江省)을 말하며, 일반적으로 '만주'를 일컫는다. 오늘날 '동북삼성'이라고도 한다.

데하라 기주로 외교의 중국 내정불간섭과는 달리 무력 개입도 불사하는 다나카 내각의 '적극 외교'를 읽을 수 있다.

1926년 8월 일본을 포함한 열강의 간섭과 국민당의 내분으로 중단된 북벌은 1928년 4월 재개되어 산둥성을 압박했다. 다나카 내각은 이번에는 5천 명의 병력을 파견했다(제2차 산둥 출병). 그 결과 5월 지난에서 일본군과 북벌군의 충돌이 일어나 격렬한 전투로 발전하여 중국 군민 5천 명의 사상자가 발생했다(지난사건). 다나카 내각은 이번에는 내지에서 군대를 추가 파견(제3차 산둥 출병)해서 산둥 일대를 점령했다.

장제스는 지난을 우회해서 베이징을 공략했다. 북벌에 대항하던 장쭤린은 수세에 몰렸고, 결국 베이징을 탈출하여 열차로 펑톈으로 향했다. 그러나 펑톈 근처까지 왔을 때 열차가 폭파되어 장쭤린은 사망했다. 이 폭살사건은 만주를 중국 본토로부터 분리하여 새로운 정권을 세우려고 획책하던 관동군 고위 참모 고모토 다이사쿠(河本大作) 등에 의한 것이었다. 그들은 장쭤린 살해 후 벌어질 혼란을 틈타 관동군을 출동시킬 계획이었으나, 장쭤린의 아들 장쉐량(張學良)이 사태를 냉정하게 처리하는 바람에 고모토의 계획은 실패로 끝났다. 1928년 12월 장쉐량이 국민정부에 합류하며 중국 전체는 국민정부 아래 통일되었다.

일본에서는 1927년 6월 헌정회와 정우본당이 손을 잡고 입헌민정당〔총재 하마구치 오사치(濱口雄幸)〕을 결성함으로써 정우회와 민정당에 의한 2대 정당 시대가 열렸다. 소수 여당이 된 다나카 내

각은 1928년 1월 중의원을 해산했고 이때 처음으로 보통선거가
시행되었다. 일본 정부는 야당 특히 무산정당 후보자에게 엄격한
선거간섭과 탄압을 가했다. 그러나 2월 20일에 발표된 투표 결과
는 정우회 217의석, 민정당 216의석으로 불과 의석 하나 차이였
으며, 무산정당은 82명 입후보를 내어 8의석(사회민중당 4의석, 노
동농민 2의석, 일본농민조합 1의석, 기타 1의석)을 차지했다.

이 선거에서 일본공산당은 당원을 노농당에서 입후보시켜서
공개적으로 활동을 전개했다. 다나카 내각은 3월 15일 공산당원
과 그 지지자를 일제히 검거하여 483명을 치안유지법 위반으로
기소했다(3·15사건). 그리고 4월 의회에서 최고형을 징역 10년에
서 사형으로 강화하는 치안유지법 개정안을 제출했다. 그런데 심
의를 마치지 못하고 회기가 끝나자 6월에 긴급칙령으로 개정 치
안유지법을 공포했다. 이와 함께 특별고등경찰(특고)을 확충해서
모든 현에 설치하고 공산주의자 색출을 강화했으며, 나중에는 민
주주의운동까지 탄압했다.

1929년 7월 다나카 수상은 장쭤린 폭살사건과 관련해서 천황
에게 보고하는 자리에서 앞서 한 말을 뒤엎고 관동군 군인이 관
여한 흔적은 없다고 보고하여 천황의 노여움을 사서 결국에는 총
사퇴하였다.

쇼와공황

다나카 정우회 내각의 뒤를 이어 민정당 총재인 하마구치 오사

치가 민정당 내각을 조각했다. 하마구치 내각이 10대 정강을 발표하였는데 그 기본은 대중국 외교의 쇄신, 군비축소, 재정의 정리긴축, 금 해금(금의 수출 금지 해제)의 단행, 사회정책의 확립 등으로 이것들은 모두 깊이 연관되어 있었다. 이 정책들을 실행하기 위해서 재무대신에 전 일본은행 총재인 이노우에 준노스케(井上準之助), 외무대신에 시데하라 기주로를 기용했다.

그러나 이 시기 세계 정세는 공황으로 휘청거리고 있었다. 1929년 뉴욕 월가의 주식 대폭락으로 시작된 공황은 모든 자본주의국가에 파급되었다.

1930년 봄에는 일본에도 세계공황의 영향이 나타났다. 3월 주식이 폭락하면서 물가가 하락하기 시작했다. 특히 주요 수출품인 생사는 미국의 공황으로 수출이 격감하여 가격이 반 이하로 폭락했다. 국내의 물가 하락에도 불구하고 세계적으로 물가가 하락하자 일본의 물가는 상대적으로 비싸서 금 해금에 의한 수출 증가의 기대는 완전히 빗나가고, 역으로 수입 초과가 계속되어 국제수지가 악화되었다. 각 기업은 조업 단축 등의 생산 제한과 함께 임금 인하와 인원정리 등의 산업합리화를 실시했다. 중소기업에서는 도산, 휴업이 이어졌다. 그로 인해서 2백만 명이라고도 3백만 명이라고도 일컬어지는 대규모 실업자가 탄생했다.

대공황은 심각한 농업공황을 수반했다. 생사의 폭락으로 누에고치 가격이 폭락하여 농가의 중요한 부업인 양잠에 큰 타격을 가져왔다. 1930년 주요 생산물인 쌀은 대풍작일 것이라는 예상이 나오자 쌀 가격도 하락했다(풍작기근). 이듬해인 1931년 전국적으로 흉작이 닥쳐 도호쿠 지방의 농촌에서는 고사리 뿌리나 감자와 쌀겨로 끓인 죽 등으로 허기를 견디는 참상이 벌어졌다(흉작기근).

농가의 수지는 악화되고 빚은 빠른 속도로 늘어나, 빚이 1가구당 평균 861엔으로 소작농가의 1년 반 수입에 해당하는 금액이었다. 결식아동이 늘어 빚 변제를 위해 딸을 파는 농가가 나타났다.

실업과 생활난 속에서 노동쟁의가 많이 일어났는데, 대부분은 임금 인하 반대나 해고 반대라는 방어적인 쟁의였다. 소작쟁의도 증가했으나 이 경우도 지주가 토지를 빼앗아 가거나 소작료 체납에 대해 수확 전 농작물까지 압류하는 행위 등에 대한 방어적인 것이 많았다.

런던해군군축조약

하마구치 오사치 내각은 대공황과 함께 군축 문제에서도 곤란에 직면했다.

워싱턴군축회의에서 주력함에 대한 보유 제한은 합의가 되었으나 보조함에 대해서는 미해결 상태였다. 1927년 6월 제네바에서 해군군축회의가 열렸지만 타결에는 이르지 못했다. 그러자 영국이 보조함 제한을 의제로 하는 회의를 미국, 일본, 프랑스, 이탈리아에 제안해서 1930년 1월 런던에서 해군군축회의를 열게 되었다.

하마구치 내각은 이미 군비축소를 정강으로 내걸고 있었는데

이 문제는 재정 긴축을 위해서는 불가결한 것이었고, 시데하라 기주로 내상이 추진하는 영미 협조와도 관련된 문제였다. 하마구치 내각은 군축조약의 성립을 기대하고 전권에 와카쓰키 레이지로 전 수상, 다카라베 다케시(財部彪) 해군대신 외 두 명의 전권대표단을 파견했다.

해군은 보조함의 총톤수를 미국 대비 70퍼센트 중순양함 미국 대비 70퍼센트, 잠수함 보유량 7만 8천 톤이라는 3대 원칙을 정리했다. 가토 히로하루 군령부장, 스에쓰구 노부마사(末次信正) 군령차장 등은 이 원칙의 실현을 위해 적극적으로 선전을 벌였다.

회의는 일본과 미국, 영국의 대립으로 난항을 겪었다. 3월 12일 미국은 최종 제안으로 보조함 미국 대비 69.7퍼센트, 그중 순양함 60퍼센트, 잠수함 5만 2천 톤 안을 내놓았다. 전권대표단 안에서도 의견 대립이 있어 결국 정부에 판단을 요청했다.

가토 군령부장 등은 타협안에 강하게 반발했으나 오카다 게이스케(岡田啓介) 해군대장 등이 중재한 결과, 조약의 범위 내에서 보완계획에 협조한다는 내용을 조건으로 각의는 타협안의 수락을 결정했다. 그 결과 4월 22일 런던해군군축조약은 체결되었다.

런던해군군축조약에 대해 야당인 정우회의 이누카이 쓰요시 총재(1929년 8월 다나카 기이치의 사망으로 총재가 되었다) 등도 군령부장의 반대를 무릅쓰고 군비량(軍備量)을 정부가 결정하는 것은 통솔권에 대한 간섭이라며 정부를 비판했다. 6월 10일 가토 군령부장은 천황에게 사표를 제출하고 정부를 탄핵했다. 이렇게 해서 군령부를 비롯해서 소장파 군인, 정우회, 우익 그리고 조약 심사 권한을 가진 추밀원 등이 민정당 내각 타도를 위해 통솔권간섭을 문제 삼았다. 7월에 열린 추밀원의 조약 심사는 히라누마 기이치로 부의장과 이토 미요지(伊東巳代治) 고문관 등의 반대로 난항을 겪었다. 하마구치 내각은 군비량의 결정은 내각의 보필 사항이라는 입장에서 원로 사이온지의 지지를 받아서 추밀원에 대처했으며, 10월에 이르자 결국 추밀원도 조약을 승인하여 런던해군군축 조약이 성립되었다. 그러나 그 반동은 커서 11월 14일 하마구치 수상이 도쿄역 앞에서 우익에게 저격당해 1931년 8월에 사망했다.

런던해군군축조약 조인을 전후하여 육군 내에서 정당정치를 파괴해 버리고 군부를 중심으로 한 전쟁준비체제를 강화하려는 움직임이 활발해졌다. 국제 협조의 입장을 지켜 온 해군 내에서도 반영미와 해군 확장을 지향하는 세력이 대두하기 시작하였다.

또한 대공황의 영향은 일본의 식민지 경영에도 영향을 미쳤으며, 1930년 일본의 만철 경영은 적자를 내고 있는데 중국이 만철 평행선을 건설하는 등 독립의 기운이 한층 강해졌다. 이러한 일본의 만몽 지배가 동요하는 중에서도 관동군을 중심으로 한 만몽 영유계획(滿蒙領有計劃)이 진행되고 있었다.

일본 내에서도 공황으로 고통 받는 민중과 몰락한 농민 사이에는 현상 타파를 외치는 우익 세력에 동조하는 사람들이 나타나기 시작했다. 이런 움직임은 중국에 대한 무력 침략을 준비하는 계기가 되었다.

제3장 15년전쟁
─세계 제패의 야망과 좌절

1. 만주사변

류탸오후사건부터 만주사변까지

1931년 9월 18일 밤 펑톈 북쪽에 위치한 류탸오후(柳條湖) 부근에서 누군가에 의해서 만철 선로 일부가 폭파되었다. 만주에 주재한 일본군(관동군. 사령관 혼조 시게루(本庄繁)]은 이를 중국군의 음모라고 하며, 바로 중국군 기지에 공격을 가했다. 관동군은 다음 날 펑톈, 창춘, 잉커우(營口) 등 연안 주요 도시를 점령하고 21일에는 지린(吉林)까지 점령했다. 류탸오후에서 일어난 만철폭파사건은 오늘날 주지하는 바와 같이 일본 관동군이 만주영유계획을 시행할 계기를 만들기 위해 꾸민 모략이었다.

9월 21일 관동군의 요청을 받은 조선 주둔 일본군(조선에 주둔하고 있었기 때문에 '조선군'이라 불렸다. 사령관은 하야시 센주로(林銑十郎)] 일부가 국경을 넘어서 만주로 출동했다. 일본의 군대가 외국에 출동하기 위해서는 군 최고통수권자인 대원수 천황의 명령(봉칙명령(奉勅命令)]과 내각의 전비 지출 승인이 있어야 하나, 조선군

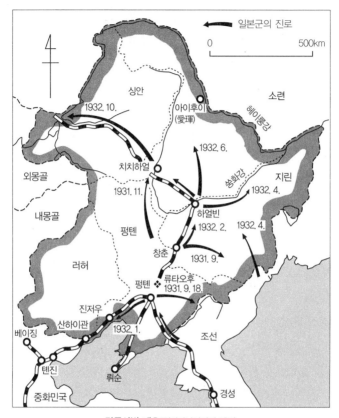

만주사변 개요도(이와나미서점 제공)

은 이를 무시하고 독단으로 국경을 넘었다. 이는 천황의 통수권
을 침범한 것으로 간주되어 큰 문제가 되었다.

관동군의 행동을 알게 된 육군성 참모본부 수뇌부는 이를 지당
한 행동으로 판단하여 병력 증원을 준비했다. 그러나 당시 와카

쓰키 레이지로 내각은 관동군의 계획적인 행동이라는 이유로 이 사건을 더 이상 확대하지 않기로 결정했다. 그런데 조선군이 독단으로 월경하자 일본 정부는 이를 저지하지 않고 기성사실로 인정하고 전비 지출을 승인했다.

이로 인해 더 이상 사건을 확대하지 않으려는 와카쓰키 내각의 방침은 무너졌고, 이후 사건은 군부에 일방적으로 끌려가며 확대 일로의 길을 걸었다. 사건의 수모자(首謀者)인 관동군 참모 이시와라 간지(石原莞爾)가 "모략에 의해 기회를 만들고 군부가 주도하여 국가를 강력하게 이끈다"고 말한 방침이 그대로 현실이 된 것이다. 이렇게 해서 관동군의 모략으로 만주사변이 일어났는데, 이것은 당시 그 누구도 예상하지 못한 긴 전쟁—만주사변에서 중일전쟁 그리고 아시아·태평양전쟁으로 이어지는 15년에 이르는 전쟁—의 출발점이었다.

그렇다면 만주사변의 근본인 관동군의 만주영유계획은 도대체 왜 만들어진 것인가.

일본이 일찍부터 중국 대륙에 영토적 야심을 품고 있었던 것은 이미 서술했다. 러일전쟁 후 남만주철도를 동맥으로 삼아 관동주와 남만주에 많은 권익을 확보하며 지반을 구축한 일본이었으나, 1930년 전후에 일본의 지반을 뒤흔드는 흐름이 나타나기 시작했다. 그중 하나는 1929년에 일어난 세계적인 대공황의 여파로 콩을 비롯한 만주의 농산물 가격이 급락하고, 만철의 경영도 적자가 되는 등 남만주에 대한 일본의 경제적 지배가 흔들리기 시작한 것이다. 둘째로는 제1차 세계대전 이후 고조된 중국의 반제국주의 민족운동을 들 수 있다. 특히 1928년 국민당에 의한 북벌 종료와 그해에 있었던 장쭤린 폭살사건의 결과, 그의 아들 장쉐량이 국민당정부에 합류함으로써 만주를 향한 국권회복운동은 한층 격렬해졌다. 이 국권회복운동의 목표는 관동주와 만철을 향해 있었다. 중국은 일본이 새로운 철도 건설을 꾀하자 이를 거부하고 직접 철도 건설을 추진했으며, 후루다오(葫蘆島)에 물자 수출을 위한 항구 건설을 시작했다. 이러한 만철을 포위하려는 중국의 철도 계획은 만철의 독점적 지위를 위태롭게 했다. 일본은 이를 만몽 문제라고 인식하고 그 해결 방안을 놓고 고심했다. 하마구치 오사치 내각의 시대라 기주로 외무대신은 중국의 만철 경쟁선 건설을 저지하기 위해 여러 가지 교섭을 시도했지만, 중국 민족운동의 흐름을 제지할 수는 없었다. 1930년 말부터 이 만몽 문제는 신문에도 종종 보도되어 일본 국민의 위기의식을 불필요하게 부추겼다.

만몽 문제 해결에 가장 강한 관심을 보인 것은 관동군이었다. 이시와라 간지 참모는 이전부터 미국과 일본이 세계 패권을 놓고 '세계 최종 전쟁'을 벌이게 될 것을 예상하고, 그 전쟁에서 승리하기 위해서는 만몽을 영유하는 것이 급선무라고 주장했다. 만몽을 영유해야 하는 이유는, 첫째 소련과 중국에 대해서 군사적·정치적으로 유리해지고, 둘째 대공황으로 인한 식량문제와 실업문제를 해결하고, 셋째 전쟁에 필요한 철과 석탄 등을 획득할 수 있기 때문이라는 것이다. 이것이 이시하라 등 관동군 수뇌부의 생각이었다. 관동군은 만몽을 영유하기 위해서 모략을 꾸며 전쟁을 일으킨 것이다.

전 만주의 점령과 일본 국민의 반응

관동군의 군사 침략 앞에서 장쉐량의 동북군은 저항도 못하고 진저우(錦州)까지 철수했다. 장제스의 국민정부도 중국공산당 세력과의 내전을 우선시해서 거의 아무런 저항도 하지 않고 국제연맹에 호소해서 열강의 압력을 통해 문제를 해결하려 했다. 덕분에 일본의 군사 침략은 순조롭게 진행되어 1931년 11월에는 북만주에 있는 치치하얼(齊齊哈爾)을, 1932년 1월에는 장쉐량이 철수해서 둥산성의 군사·행정의 중심이 된 진저우를, 2월에는 하얼빈(哈爾濱)까지 점령해서 만주 전체를 영유하게 되었다.

1932년 1월 8일 쇼와천황은 관동군에게 칙어를 내려 그 행동의 '신속'하고 '결단력' 있는 행동을 보인 '충렬'한 장병들에게 찬사를 보냈으며 정계와 재계 또한 전쟁을 지지했다. 쇼와공황[51] 속에서 고통 받고 있던 대다수 국민은 일의 진상을 알지 못한 채 전쟁을 통해서 지금의 곤경에서 탈출할 것을 기대했다. 전국 각지

---

51 1927년의 금융공황과 1929년의 세계공황에 따른 금융 위기가 1930~1931년에 걸쳐 극에 다다랐던 쇼와시대 초기의 공황을 총칭하는 말이다. 제1차 세계대전 당시 급격하게 팽창했던 일본 경제는 전후공황(1920), 관동대지진(1923)의 타격을 받았으나 구제 인플레이션정책에 따라 간신히 파탄을 모면했다.

에서 집회가 열렸고, 신사와 불각에서는 전쟁 승리를 기원하고, 병사들에 대한 위문대(慰問袋) 보내기, 국방헌금 그리고 무기 헌납 등이 줄을 이었다.

이처럼 일본 국민이 전쟁을 지지하는 열기 뒤에는 메이지 이후 형성된 중국인에 대한 멸시의식과 천황을 중심으로 돌아가는 나라를 우월시하는 의식이 공존하고 있었다. 특히 청일전쟁과 러일전쟁 이래 만몽에 대해서는 거액을 쏟아 붓고, 소중한 인명 희생을 치러 온 '신성한 토지'라는 관념이 일본인 속에 깊이 뿌리내려 있었다. 이러한 의식은 신문의 과열된 보도와 갓 보급이 시작된 라디오에 의해 더욱 조장되었다. 1925년 방송이 시작된 라디오는 전쟁을 치를 때마다 수신기 대수가 증가했다. 뉴스 영화는 전쟁 장면을 생생하게 재현했다. 또한 군국 미담도 많이 만들어졌으며, 특히 상하이사변에서 적의 철조망을 파괴하기 위해 장통(長筒) 폭탄과 함께 전사한 '육탄삼용사' 이야기는 신문·영화·연극·가요 등으로 선전되었고 일본 국민의 전쟁열을 고조시켰다.

이러한 와중에 정계에서는 와카쓰키 내각의 여당 민정당 내에 야당인 정우회와 제휴해서 군부에 동조하는 강력한 내각을 만들자는 움직임이 나타났는데, 이것이 원인이 되어 1931년 12월 와카쓰키 내각은 총사퇴했다. 그 뒤를 이어 정우회 이누카이 쓰요시가 내각을 조직했는데 육상에 아라키 사다오(荒木貞夫), 내각 서기관장에 모리 가쿠처럼 중국 침략 추진파가 취임하여 군부의 발언권이 한층 강화되었다. 또한 내각은 금 수출을 다시 금지하고,

다카하시 고레키요 재무대신은 적자 공채를 발행해서 거액의 군사비를 지출하는 등 인플레이션정책을 추진하기 시작했다.

만주국 건국과 국제연맹 탈퇴

1932년 1월 상하이에서 일본인 승려 5명이 중국인에게 습격당하는 사건이 일어났다. 그러자 바로 일본 해군 육전대가 상륙해서 만주에서 상하이로 전화가 번졌다. 중국군과 상하이 시민의 저항은 격렬했고 일본은 3개 사단이라는 대군을 파견해서 3월이 되어서야 간신히 전란을 가라앉혔다(5월 5일 정전협정 성립). 제1차 상하이사변의 원인이 된 승려 습격사건 또한 열강의 시선을 관동군이 추진하던 만주건국계획에서 돌리기 위해 꾸며 낸 모략이었다.

3월 1일 관동군은 청조 마지막 황제 푸이(溥儀. 1911년 신해혁명으로 폐위)를 내세워 만주국 건국을 선언하게 했다. 그리고 관동군 사령관 혼조 시게루는 집정(執政)이던 푸이(1934년 만주국 황제 즉위)에게 다음 사항에 대한 약속을 받아 냈다. 즉 ① 국방·치안 유지를 일본에 맡기고 그 경비는 만주국이 부담할 것, ② 철도·항만·수로·항공로 등의 관리와 신설은 일본에 위탁할 것, ③ 일본군 시설에 대해 원조할 것, ④ 중앙 및 지방기관의 요직에 일본인을 임명하고 임면(任免)에 관해서는 관동군 사령관의 동의를 구할 것 등이다. 만주국은 건국 선언에서 오족협화(五族協和. 여기에서 오족은 만주인·한인·몽고인·조선인·일본인)와 왕도낙토(王道樂土)를 내걸었으나, 그 실태는 일본이 지배하는 괴뢰국가에 불과했다. 중국은 이 만주국을 '위국(僞國)'이라 불렀다.

군부에 의해 만주 침략이 진행되고 있을 때 일본의 국내 정치는 급진파 청년 장교가 중심이 된 국가개조운동으로 흔들리고 있었다. 하시모토 긴고로(橋本欣五郎) 등 육군 중견 장교들이 1930년에 결성한 비밀결사 사쿠라카이(櫻會)[52]는 런던해군군축조약에서 확인한 영국과 미국의 압박, 쇼와공황에 의한 사회적 혼란과 좌익사상의 침투 등 내외의 위기를 타개하기 위해서는 정당 내각을 무너뜨리고 군부에 의한 내각을 수립해서 '국가 개조'를 강행할 필요가 있다고 생각했다.

이러한 생각에 입각해서 1931년 3월 민간 우익 세력과 함께 쿠데타를 계획하고 육군대신 우가키 가즈시게를 수상으로 하는 군부 독재정권의 실현을 획책했다(3월사건). 계속해서 만주사변 발발 후인 10월에도 육군 중장 아라키 사다오를 수상으로 하는 군사정권을 계획했다(10월사건). 이러한 쿠데타는 청년 장교들의 엉성한 계획 때문에 모두 사전에 발각되어 실패로 끝났다. 그러나 이러한 움직임에 육해군 당국은 한편으로는 이들의 생각에 동조하면서 다른 한편으로는 이 세력들을 이용해서 군부의 지위와 발언권을 강화하려고 관대한 태도를 취했다. 이러한 군부의 태도 때문에 이들의 활동은 점점 활발해졌다.

---

52 육군 혁신파인 하시모토 긴고로(橋本欣五郎)와 대위 조 이사무(長勇) 등 육군 중견 장교에 의해 1930년에 결성된 비밀결사·군벌 조직이다. 만주 문제 해결과 쿠데타를 통한 군부정권 수립, 국가 개조를 목표로 했다.

1932년 2월과 3월에는 이노우에 닛쇼(井上日召)를 맹주로 '일인일살(一人一殺)'을 내건 혈맹단(血盟團) 단원에 의해 민정당의 전재무대신 이노우에 준노스케와 재계의 미쓰이합명회사 이사장단 다쿠마(團琢磨)가 연달아 암살되는 혈맹단사건이 일어났다.

그리고 5월 15일 해군의 급진파 청년 장교를 중심으로 농본주의자 다치바나 고자부로(橘孝三郎)가 지도하는 애향숙(愛鄕塾)[53] 학생과 육군사관 후보생으로 이루어진 일당은 쿠데타계획을 실행에 옮겼다. 수상 관저와 경시청 · 일본은행 · 정우회 본부 등을 습격하고, 수상 관저에서는 대화로 해결할 수 있다고 대응한 이누카이 쓰요시 수상을 사살했다(5 · 15사건). 명확한 계획을 갖지 않은 쿠데타는 이누카이 수상의 암살을 끝으로 진압되었다.

그러나 그 영향은 컸다. 하나는 이 사건으로 1924년 이래 이어 온 정당내각제에 종지부를 찍었다는 점이다. 정당의 힘은 약해지는 반면에 군부의 발언권은 강해져 정당에 억눌려 위축되었던 관료의 힘이 부활했다.

이누카이 내각 다음은 퇴역 해군대장이며 전 조선총독을 지낸 사이토 마코토(齋藤實)가 관료와 정우당과 민정당 양당의 대표를 포함하는 거국일치 내각을 조직했다. 사이토 내각의 과제는 만주

---

53 정식 명칭은 자영적농촌근로학교애향숙(自營的農村勤勞學校愛鄕塾). 1931년 이바라키현 도키와촌[茨城縣 常磐村. 현재의 미토시(水戶市)]에 세워진 사설 학습당. 애향주의를 주장했으며, 1932년 5월에는 농민결사대를 조직해서 변전소를 습격하여 5 · 15사건에 가담했으나, 1933년 1월에 사실상 해체했다.

국의 승인과 국내의 농촌 구제 문제였다.

중국 국민정부의 제소를 접수한 국제연맹은 영국 대표인 리턴 (Victor Alexander G. R. Lytton) 경을 단장으로 프랑스, 독일, 이탈리아, 미국(미국은 비가맹) 5개국으로 이루어진 조사단을 구성하여 1932년 4월 현지조사 차 파견했다. 리턴 조사단은 2개월 동안 실시한 조사에 의거해서 10월 보고서를 발표했다. 그 보고서는 류타오후사건에서 일본군이 취한 행동은 자위적 행동으로 인정할 수 없으며, 만주국 건국은 중국인에 의한 자발적인 독립운동에 의한 것이 아니라 일본군과 일본의 문무 관헌의 활동에 의한 것이라고 단정지었다. 분쟁을 해결하는 방법으로서는 만주에 중국이 주권을 가진 자치정부를 건설하고 일본을 중심으로 열강이 공동 관리하에 둔다는 타협적인 권고가 포함되었다. 그러나 일본은 기성사실을 등에 업고 그 어떤 타협도 거부했다.

1933년 2월 24일 국제연맹 총회는 리턴 보고서에 기초한 보고와 권고를 표결에 부쳤다. 결과는 찬성 42, 반대 1(일본이 유일한 반대), 기권 1(태국)이었다. 일본 대표 마쓰오카 요스케(松岡洋右)는 수행원과 함께 퇴장했고, 3월 27일 일본은 정식으로 국제연맹 탈퇴를 선언했다. 일본은 국제사회에서 고립됨과 동시에 워싱턴체제에서 이탈하는 행보를 분명히 했다.

이 무렵 관동군에 의한 침략은 러허성(熱河省)과 만리장성을 넘어 허베이성(河北省)까지 확대되어 있었고 5월에는 베이핑(1928년 난징으로 천도하면서 베이징을 베이핑으로 개칭) 북방 30킬로미터 부근까지 다가오고 있었다. 결국 중국 정부는 정전을 제안했고 5월 31일 양국군 대표에 의해 탕구(塘沽)정전협정이 체결되었다. 협정은 허베이성 동부를 비무장지대로 설정하고, 이곳의 치안 유지는 중국 경찰기관이 맡았다. 이렇게 해서 만주사변 이후 계속된 전투는 멈추었으나 관동군은 온갖 책모를 부려 화베이(華北) 중립지대에 대한 세력 침투를 꾀하고 있었다.

확대되는 사상 탄압

일본 국민은 만주 침략을 열광적으로 지지했으나 애당초 전쟁으로 쇼와공황에 의한 고통이 일거에 해결될 수는 없었다. 특히 농촌은 상태가 심각해서 농민들은 농산물 가격의 대폭락과 거액의 빚을 떠안은 채 몰락의 구렁 속에서 허덕이고 있었다. 혈맹단 사건과 5·15사건에 참가한 농민들은 테러와 쿠데타를 원했다. 거의 같은 시기에 농본주의자와 우익 농민운동가의 지도를 받는 농촌구제청원운동이 전국적으로 전개되었다. 그들은 농가의 부채 상환을 앞으로 3년 동안 연기하고 비료 구입 자금의 보조, 만몽 이주비 총액 5천만 엔의 보조를 요구하며 전국적인 서명운동을 벌였다. 이 움직임은 정당에도 파급되어 내각은 1932년 8월에 열린 임시의회[구농의회(救農議會)]와 같은 해 12월부터 열린 제64통상의회에서 농촌대책 입법을 추진했다.

그러는 한편으로 내각은 '비상시'라는 명목 아래 치안유지법을 활용해서 철저하게 좌익운동을 탄압했다. 이 법에 의해 검거된

자는 1933년 최고조에 달해 그 수는 이해에만 1만 4,622명에 달했다. 이러한 와중에 「게 가공선(蟹工船)」, 「1928년 3월 15일」 등으로 알려진 프롤레타리아 작가 고바야시 다키지(小林多喜二)와 일본공산당의 지도자이자 이론가인 노로 에이타로(野呂榮太郎)가 특별고등경찰에 의해 학살되었다. 1933년 6월 일본공산당 간부인 사노 마나부(佐野學)와 나베야마 사다치카(鍋山貞親)가 옥중에서 전향 성명을 발표하고 천황제를 인정하며 국제공산주의운동과 연을 끊을 것을 표명했다. 이를 계기로 전향자가 속출하여 일본공산당은 괴멸 상태에 빠졌다.

하지만 마르크스주의는 이 시기 지식인과 학생에게 큰 영향을 미치고 있었다. 노로 에이타로를 중심으로 오쓰카 긴노스케(大塚金之助. 경제학자), 야마다 모리타로(山田盛太郎. 경제학자), 히라노 요시타로(平野義太郎. 법학자), 하니 고로(羽仁五郎. 역사가)에 의한 『일본자본주의발달사강좌(日本資本主義發達史講座)』[54]는 일본 근대 사회의 역사와 현상의 분석에 대해 예리한 비판적 견해를 제시했으며 많은 사람에게 커다란 영향을 미쳤다.

마르크스주의의 침투를 두려워한 문부성은 1931년부터 학생 사상 대책에 착수하여 마르크스주의 탄압을 철저히 하고 국체 관념 교육을 한층 강화했다. 1932년에는 국민정신문화연구소를 설치해서 일본 독자적인 문화의 진흥 특히 국체 관념의 학리를 밝

---

54 이와나미서점(岩波書店)이 1932~1933년 전 7권으로 간행.

히고 전국의 사범학교 교원들에 대한 재교육을 통해 학교교육에 국체사상 주입을 철저하게 추진했다.

이러한 전개 속에 일본주의 또는 일본정신론이 강조되면서 수많은 저작이 쏟아져 나왔다. 이것들에게 공통되는 것은 일본은 만세일계(萬世一系)의 천황이 다스리는 나라이며, 황실을 중심으로 한 정신적 결합에서 어느 나라보다 우월한 국가라는 입장에서 '국체론'을 핵으로 하고, 그러한 입장에서 서구의 개인주의나 자유주의를 배척한 점이다. 이런 주장은 1937년 문부성이 간행한 『국체의 본의(國體の本義)』[55]에 의해 정형화되어 국민의 사상을 틀에 끼워 맞추게 되었다. 1934년 10월 육군성 신문반이 제작한 팸플릿 「국방의 본의와 그 강화 제창(國防の本義と其强化の提唱)」 또한 국방을 최고의 가치로 여기는 관점에서 국제주의, 개인주의 및 자유주의에 대한 배격을 주장하고 있다.

마르크스주의와 사회주의운동이 후퇴하자 일본 정부와 군부에 의한 공격의 대상은 차츰 자유주의로 향했다. 1933년 3월 기쿠치 다케오(菊池武夫) 의원은 귀족원에서 "국체를 파괴하고 마르크스주의를 부채질하는 그런 대학은 폐쇄하라"고 연설했다. 4월 내

---

55 일본이 어떤 나라인가를 분명히 밝히기 위해서 1937년에 문부성이 학자를 모아 집필케 한 서적. 내용은 신칙(神勅)과 만세일계를 강조하며, 1935년 미노베의 천황기관설을 배격하면서 정치적 주도권을 장악하려 한 입헌정우회·군부·우익단체가 주도한 국체명징운동의 이론서 역할을 했다. 공산주의와 무정부주의를 부정하고 민주주의와 자유주의를 국체에 어긋나는 것으로 정의하고 있다.

무성은 교토제국대학 법학부 교수 다키카와 유키토키(瀧川幸辰) 박사의 자유주의적 형법학설에 기초한 저서 두 권을 공서양속(公序良俗)에 반한다는 이유로 판매금지처분을 내렸다. 그리고 5월에는 문부성이 다키카와 교수를 "적화적 경향(공산주의 경향)을 지니고 있다"는 이유로 정직처분했다. 이에 대해 교토제국대학 법학부의 모든 교관은 바로 이번 정직처분이 대학의 자유와 학문의 자유를 침해하는 것이라고 항의하여 사표를 제출했다. 다키카와 사건에 대한 항의 행동은 전국의 대학으로 확산되었으나 결국에는 대학 세력이 분열되어 패하고 말았다.

1935년 군부와 우익에 의한 공격은 이번에는 자유주의 헌법학설을 주장하는 도쿄제국대학 명예교수이자 귀족원 의원인 미노베 다쓰키치 박사에게 향했다. 미노베는 국가는 '목적을 같이하는 많은 이에 의해 조직된 결합체'이며 법인격을 가진 단체라는 '국가법인설(國家法人說)'에 서며, 통치권은 '법인으로서의 국가'에 있다고 주장했다. 그렇기 때문에 천황도 의회도 일반 국민도 동등한 국가의 '기관'이고, 그중에서도 천황은 최고의 '기관'이지만 그러한 천황이 권한 행사를 함에 있어서는 국민의 대표 기관인 의회의 제약을 받으며 그 권한 행사는 국민의 행복을 증진하는 것이어야만 한다고 했다. '천황기관설(天皇機關說)'이라 불린 미노베의 이 학설은 같은 도쿄제국대학 헌법학자였던 호즈미 야쓰카(穗積八束)와 우에스기 신키치(上杉愼吉) 등이 천황의 대권은 절대 무제한이라고 주장한 '천황주권설'과 정면으로 대립하는 것이며,

의회정치를 정당화하는 것으로서 이미 다이쇼시대 이래 공인된 학설이었다.

의회에서 천황기관설이 문제가 되자 제국재향군인회(회원 수 약 200만 명)와 우익은 격렬하게 기관설배격, 국체명징운동을 전개해서 3월 23일 중의원 만장일치로 국체명징을 결의했다. 아이러니하게도 정당이 의회정치를 옹호하는 헌법학설을 말살함으로써 스스로 무덤을 파게 된 것이다. 오카다 게이스케 내각은 8월과 10월, 두 번에 걸쳐서 국체명징 성명을 밝히고 "천황기관설은 신성한 우리 국체에 어긋나 그 본의를 그르침이 막심하므로 엄중히 이를 제거해야 한다"고 주장했다.

2·26사건

1936년 2월 26일 이른 아침, 쏟아지는 눈발 속에 황도파(皇道派) 청년 장교 한 부대가 도쿄에 주둔하는 제1사단 병사 약 1,500명을 이끌고 쿠데타를 일으켰다. 이들은 사이토 마코토 내무대신, 다카하시 고레키요 재무대신, 와타나베 조타로(渡邊錠太郎) 교육총감을 살해하고 스즈키 간타로(鈴木貫太郎) 시종장(侍從長)에 중상을 입혔다. 수상 관저도 습격을 받았으나 오카다 게이스케 수상은 위기를 모면했다. 쿠데타 부대는 나가타정(永田町) 일대를 점거하고 의회정치를 무너뜨려 천황친정인 쇼와유신(昭和維新)의 실현을 꾀하였다. 이것이 일본 근대사상 최대 쿠데타인 2·26사건이다.

1936년 2 · 26사건으로 점거된 도쿄 경시청. 30년 만에 폭설이 내리는 가운데 노나카 시로(野中四郎) 대위가 이끄는 4백 명의 반란군은 경시청을 점거했다(마이니치신문사 제공).

5 · 15사건 이후 육군 내에서 파벌 싸움이 격렬해졌다. 그 하나가 아라키 육군대신과 마사키 진자부로(眞崎甚三郎) 참모차장을 우두머리로 하는 젊은 부대배속 장교 집단인 황도파이다. 이들은 천황 중심의 정신주의(精神主義)를 제창하며, 쿠데타에 의한 천황의 친정 실현을 이루려 했다.

쿠데타의 성공 여부는 사흘간 알 수 없었다. 육군 당국은 처음에는 궐기한 해당 부대에 동정 섞인 신호를 보냈다. 도쿄에 계엄령이 선포되자 이들을 계엄부대 일부로 편입시키려고까지 했다. 그러나 육군 통제파[56]와 해군은 반란군의 거사에 반대했다. 특히

---

56 당시 일본 육군 내에는 파벌이 존재했는데 통제파(統制派)와 황도파(皇道派)였다. 마사키 진자부로 · 야마시타 도모유키(山下奉文) 등이 이끈 황도

측근을 살해당한 천황은 진노해서 "짐이 몸소 근위사단을 이끌어 이들을 평정하겠다"고 혼조 시게루 시종무관장(侍從武官長)에게 말할 정도였다고 한다. 28일 반란군을 진압하라는 천황의 봉칙명령이 내려졌고 29일 하사관 병사들은 귀순하고 청년 장교들은 체포되어 쿠데타는 진압되었다. 반란군에 가담한 청년 장교 17명은 사형선고를 받았고, 쿠데타의 배후로 간주된 기타 잇키도 사형선고를 받았다.

이 사건 후에 성립한 히로타 고키(廣田弘毅) 내각하에서 통제파를 중심으로 한 육군은 철저하게 숙청을 감행해서 아라키와 마사키 등 황도파를 육군에서 추방하고, 히로타 내각의 조각과 관련해서는 각료 인사에 개입하여 자유주의적인 인물의 입각을 저지했다. 군부는 군비 확충과 외교 쇄신 등을 요구했고 히로타 내각은 이들의 요구를 모두 수용했다.

5월 군부대신 현역무관제(軍部大臣現役武官制)가 부활하여 내각에 대한 군부의 권한이 강화되었다. 6월 제국 국방 방침이 개정되어 가상 적국 1위에 미국과 소련을, 2위에 영국과 중국을 상정하

파는 천황에 대한 충성을 기조로 한 위관(尉官)급 장교들이 중심이었던 것에 반해, 나가타 데쓰잔(永田鐵山)·이시와라 간지 등이 중심이 된 통제파는 통제를 통해 국가를 운영하려고 한 영관급 장교가 중심이었다. 초기의 통제파는 폭력혁명 수단을 이용해 국가 혁신을 꾀하였으나, 나중에는 육군대신을 통한 합법적인 정치적 행위로 목적을 실현해서 서구 열강에 대항할 수 있는 '고도국방국가(高度國防國家)' 건설을 지향했다. 반면에 황도파는 국가 개조와 혁신을 위해서는 직접적인 행동도 마다하지 않은 청년 장교들이 중심이 된 세력이었다.

였고, 그 결과 소요 병력은 대폭 커졌다.

대외정책으로는 8월 '국책의 기준'을 결정하고 '동아시아 대륙에서 제국의 입지를 확보하고 동시에 남방해양으로 진출하여 발전'을 지향한다는 남북병진 방침을 내놓았다. 또한 11월에는 히틀러가 지배하는 나치독일에 접근해서 반소련, 반코민테른을 위한 협력을 약속한 일 · 독방공협정(日獨防共協定)을 맺어 국제질서에 도전하였다.

군부의 정치 개입과 군비 확대로 민생을 압박하자 차츰 국민의 불만이 쌓여 갔다. 의회에서도 민정당 사이토 다카오(齊藤隆夫)의 숙군(肅軍) 연설[57]이나 정우회 하마다 구니마쓰(濱田國松), 데라우치 히사이치(寺內壽一) 육군대신의 할복문답(割腹問答)[58]에서 볼 수

---

57 사이토 다카오가 1936년 5월 7일 제국의회 중의원에서 행한 연설. 데라우치 육군대신에 대한 질문 연설이며, 군부에 대한 혁신(숙군)을 강력하게 요구하면서 동시에 의회를 경시하는 군부의 자세를 비판하였다. 사이토 다카오는 1940년 중일전쟁 처리를 비판한 이른바 '반군 연설'이 문제가 되어 제명되었다.

58 1937년 1월 21일 의회 본회의 중에 입헌정우회의 하마다 구니마쓰 의원과 데라우치 히사이치 육군대신 사이에 일어난 논쟁이다. 하마다 의원이 의회에서 군부의 정치간섭을 통렬하게 비판하는 연설을 하자, 이를 들은 데라우치 육군대신이 군인을 폄하한다며 강하게 반박했다. 이에 하마다는 "속기록을 조사해 내가 군대를 모욕하는 말을 했다면 사과하겠다. 그리고 없었다면 당신이 할복하라"는 말로 거칠게 대응했다. 이로 인해 데라우치 육군대신은 정당에 대해 반성을 요구하는 의미에서 의회 해산을 히로타 총리에게 요구했고 해산하지 않으면 단독 사직하겠다고 단언했다. 나가노 오사미(永野修身) 해군대신이 설득하려 나섰으나 데라우치는 결국 이에 응하지 않았고, 히로타 내각은 총사퇴했다.

있듯이 군부에 대한 비판이 쏟아져 나왔다. 특히 할복문답사건으로 정당과 군부 양쪽에서 공격을 받은 히로타 내각은 총사퇴하였고, 1937년 2월 육군대장 하야시 센주로(林銑十郎) 내각이 성립했다. 하야시 내각은 제정일치(祭政一致)라는 복고적인 슬로건을 내걸었고 3월 의회 쇄신을 이유로 의회를 해산했다. 그러나 총선거의 결과 정부 여당은 참패했고 군부와 정부가 공격한 정우·민정 양당이 압승을 거두었고 무산정당인 사회대중당은 37석이라는 전전(戰前) 최고의 의석을 얻었다. 국민이 군부의 전횡과 생활의 궁핍에 불만을 표출한 것이다. 하야시 내각은 불과 4개월 만에 총사퇴했다.

하야시 내각 뒤를 이어 등장한 것이 고노에 후미마로(近衛文麿) 내각이었다. 고노에는 구게화족(公家華族)[59] 중 최고의 명문가 출신인 데다 나이 또한 젊었기에 많은 신망을 얻고 있었다. 고노에는 일찍부터 원로 사이온지 긴모치의 기대를 받아 순조롭게 정치

---

59 1869~1947년 사이에 일본에 존재한 귀족계급을 말한다. 1884년 이토 히로부미의 주장으로 화족령(華族令)이 정해졌는데, 메이지 초에는 다이묘(大名)와 구게(公家. 조정에 몸담은 귀족 및 고급 관리)를 특별한 신분으로 대우하기 위해 만든 제도였으나, 이토는 대상을 넓혀서 국가에 진력하고 공을 세운 관리나 군인도 화족으로 지정했다. 서양의 제도에 따라 작위를 공작·후작·백작·자작·남작 5단계로 하고, 이토는 후에 의회를 만들었을 때 귀족원과 중의원으로 나누고 이들 화족에서 귀족원 의원을 선출하려 했다. 한편 에도시대 번주(藩主)에서 유래하는 화족을 다이묘화족, 국가에 대한 공적을 인정받아 화족을 하사받은 그룹을 신화족(新華族)이라고도 한다.

가의 길을 걸어 귀족원 의장도 역임했다. 그러나 그의 정치사상은 사이온지 등의 영미 협조 노선과는 달랐다. 그는 제1차 세계대전 후에 미국과 영국에 추구한 평화주의는 일찍부터 식민지를 영유한 '가진 나라'가 현상을 유지하려는 획책이며, 후진국인 독일과 일본처럼 '가지지 못한 나라'의 팽창을 억제하려는 불평등한 것이라는 생각을 가지고 있었다. 고노에의 이런 사상은 히틀러와 무솔리니의 사상과 상통하는 것이며, 일본 군부의 팽창주의와도 공통되는 것이었다. 고노에 내각이 성립하고 한 달이 지난 후 일본은 커다란 문제에 직면했다. 바로 중일전쟁이라는 전면전의 시작이었다.

2. 중·일 전면전

절박한 전쟁 위기

1935년 전후가 되자 유럽과 아시아 모두 전쟁에 대한 위험이 절박함을 더해 갔다. 1935년 10월 무솔리니가 지배하는 이탈리아는 에티오피아를 침략해서 이듬해 1936년 합병했다. 1936년 3월에는 히틀러 치하의 나치독일이 베르사유조약을 파기하고, 재군비를 시작해서 비무장지대인 라인란트 지방에 진주하였고, 10월에는 '베를린·로마의 추축(樞軸)'이라 불리는 독일과 이탈리아의 동맹에 진전이 있었다. 이러한 파시즘 세력의 대두와 전쟁 위기

1936년 9월 독일 뉘른베르크 거리를 행진하는 독
일의 나치스 군대(슈에이샤(集英社), 『도설 쇼와의 역
사(圖說 昭和の歷史) 4』에서).

에 직면하자, 유럽 각지에서는 반파시즘 인민전선이 결성되어 자
유주의자부터 공산주의자에 이르기까지 광대한 정치적 협력 관
계가 생겨났고, 1936년에는 스페인과 프랑스에서 인민전선 내각
이 잇따라 탄생했다.

한편 아시아에서는 1935년 이래 일본에 의한 화베이 침략이
점점 노골적인 양상을 보이기 시작했다. 일본이 노리는 것은 화
베이의 5성〔허베이·산시(山西)·산둥·차하르(察哈爾)·쑤이위안(綏

遠)]을 중국 정부에서 분리하여 자신들의 지배하에 두는 것이며, 11월에는 지둥(冀東)방공자치위원회〔후에 지둥방공자치정부로 개명. '지(冀)'는 허베이성을 의미〕, 이듬해 2월에는 기찰(冀察)정무위원회〔'찰(察)'은 차하르성을 의미〕에 의한 친일정권을 수립했다. 지둥정권이 수립되자 일본기업이 화베이에 진출하기 시작했다. 또한 지둥정권 공인하에 이루어진 밀무역을 통해서 매우 낮은 수입세로 일본의 물자가 중국 각지에 대량으로 유입되어 중국 경제에 심각한 타격을 주었다.

일본의 화베이 침략으로 중국의 저항의식은 고조되어 갔다. 1935년 8월 1일 중국공산당은 중국 민중을 향해 8·1선언[60]을 발표하고 항일구국을 위한 내전의 중지와 일치항일을 호소했다. 중국 각지에서 이에 호응한 움직임이 일어났다. 1936년 11월 관동군의 지도로 덕왕[61]이 이끄는 내몽골군으로 하여금 쑤이위안성

---

60 1935년 8월 1일 중화소비에트공화국 정부 인민위원회와 중국공산당 중앙정치국이 연명으로 발표한 항일구국을 위한 통일 선언으로, 「항일구국을 위하여 전국 동포에게 고하는 서」라는 제목으로 발표되었다. 8·1선언에 감동한 중국 국민은 장제스를 매국노로 비난하고 마오쩌둥(毛澤東)을 애국자로 칭송하며 지지하게 된다. 이로 인해 장제스가 밀리자, 장쉐량과 양후청(楊虎城)·저우언라이(周恩來) 등은 장제스를 설득하였고 후에 장제스와 마오쩌둥은 내전을 중지하고 일본군에 대항하게 된다.

61 德王, 1902~1966. 정식 이름은 데므치그돈로브(德穆楚克棟魯普)이며, 1920년대 몽골민족주의운동의 대표적인 인물이다. 1933년 몽골지방자치정무위원회 부위원장으로서 백령묘(百靈廟)에 몽골왕후의 대표를 소집하여 국민정부에 몽골의 자치를 요구하였는데, 일본이 이러한 관계를 악용해서 그리고 덕왕 스스로도 일본의 힘을 이용해서 몽골민족의 통일과 독

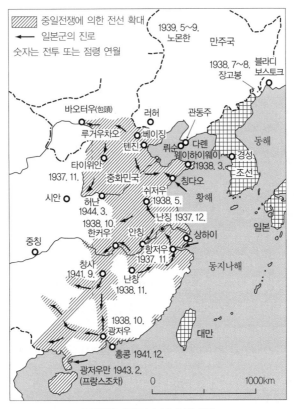

중일전쟁 개략도(이와나미서점 제공)

을 침공하도록 했으나 중국군에게 격파되어 패주했다. 이 쑤이위

안사건의 승리는 중국 민중의 항일의식을 더욱 강하게 만들었다.

립을 쟁취하기 위해 1936년 중국군과 충돌하는 사태까지 일어났다. 여기
에서는 이 사건을 이른다.

한편 국민정부 주석인 장제스는 '안내양외(安內攘外. 우선 국내를 안정시킨 후 외적을 좇아낸다)' 방침으로 옌안(延安)을 근거지로 하는 공산당 세력의 토벌에 집중하여 장쉐량의 동북군과 양후청(楊虎城)의 서북군을 출동했다. 1936년 12월 장제스는 양군에 대한 감독과 격려를 위해서 고도 시안(西安)으로 향했다. 이때 장쉐량과 양후청은 반란을 일으켜 장제스를 구금하고 내전 중지를 요구했다. 중국공산당 본부에서 저우언라이(周恩來)도 달려와서 장제스를 설득한 결과, 내전 중지·일치항일에 관한 양해가 성립되었다. 이른바 시안사건으로 1927년 이래 계속된 국공내전은 막을 내리고 이듬해 제2차 국공합작을 향한 커다란 발걸음을 내딛게 된 것이다. 그러나 일본의 지배층 대부분은 중국에서 일어난 거대한 역사적 변화를 암시하는 이 사건의 의미를 감지하지 못했다.

루거우차오의 총성

1937년 7월 7일 밤 베이핑(베이징) 교외의 루거우차오(盧溝橋) 근처에서 야간 연습 중인 지나주둔군 중대에 실탄이 몇 발 날아왔다. 바로 조사를 했더니 병사 한 명이 행방불명이었다. 이 사실은 바로 펑타이(豊臺)에 있는 대대장과 베이핑에 있는 연대장 무다구치 렌야(牟田口廉也) 대령에게 보고되었다. 그런데 행방불명이던 병사는 얼마 후 발견되었고, 그것으로 이 문제는 해결되는 것처럼 보였다. 그러나 연대장과 대대장은 "일본군의 위신을 걸고 중국군을 공격해야 한다"는 의견의 일치를 보고, 다음날 이른

아침 일본군은 중국군에 대한 공격을 개시했다. 전투는 7월 10일까지 계속되었는데 그사이 지나주둔군 간부와 중국군 사이에 사건 수습을 위한 교섭이 이루어져 11일 정전협정이 성립되었다.

이 루거우차오사건은 완전히 우발적인 것이었으나 사건이 일어날 만한 요인은 있었다. 중국군과 충돌을 일으킨 지나주둔군은 1900년에 있었던 의화단사건 후 베이핑·톈진·산하이관을 통과하는 철도를 수비하기 위해 주둔한 군대였으나, 사건이 일어나기 전해인 1936년 5월 기존 병력의 약 세 배에 달하는 5,700여 명으로 증원되었고 실전을 방불케 하는 강도 높은 훈련을 해왔다. 그 때문에 항일의식이 높아진 중국군과 여러 차례 사소한 충돌이 있었다. 어쨌든 사건은 현장의 군과 군이 맺은 정전협정에 의해서 수습이 되는 듯이 보였다.

그러나 실제로 이 사건은 중·일 전면전으로 발전했고, 이 전쟁은 1941년 12월 8일에 발발한 아시아·태평양전쟁으로 이어진다.

루거우차오사건의 제1보를 접한 육군 수뇌부(육군성 및 참모본부)는 소련과의 전쟁으로 확대될 것을 염려하여 중국에서 일어난 이 사건을 더 이상 확대시키지 말자는 참모본부 작전부장 이시와라 간지를 중심으로 하는 불확대파와 차제에 대규모 군사를 파견해서 일거에 화베이 분리를 실현하자는 확대파로 의견이 갈렸다. 확대파는 관동군 2개 여단, 조선군 1개 사단, 그리고 내지에서 3개 사단의 대군을 파견해서 중국을 굴복시키고 화베이 분리를 실현할 것을 주장했다.

현지에서 정전협정이 성립된 바로 7월 11일 고노에 내각은 각의에서 육군이 내놓은 제안에 동의하고, 중국에 대한 대규모 파병 결정을 내리면서 '이번 사변은 전적으로 지나(중국) 측의 계획적 무력 항일'이며, 일본 정부는 이에 '중대 결의'를 가지고 파병한다는 전쟁 상태에 돌입의 성명을 발표했다.

육군과 고노에 내각이 감행한 대군 파병은 장기적인 전면전을 상정한 것이 아니라 정략적인 판단에 의한 것으로, 일격을 가하면 중국이 간단하게 굴복할 것이라는 생각에서 나온 것이었다. 여기에는 오랫동안 뿌리내린 중국에 대한 멸시의식과 시안사건 이래 고조된 중국의 항일의식에 대한 경시가 있었다.

7월 8일 중국공산당은 국민정부와 민중에게 전 민족적 항전을 호소했으며, 국민정부 또한 7월 12일부터 루산(盧山)에서 군과 정부 수뇌를 모아 국방회의를 열었고, 7월 17일에는 장제스가 담화를 통해서 "마지막 기로에 다다르면 철저한 희생과 항전으로 민족의 생명을 걸고 국가의 존속을 추구해야 한다"는 결의를 표명했다.

7월 28일 일본군이 총공격을 개시해서 전면전에 돌입했다. 8월 13일에는 상하이에서 일본 해군과 중국군이 교전 상태에 들어갔다(제2차 상하이사변). 일본 정부는 상하이에도 2개 사단을 파병했다. 그러나 상하이에서 중국군은 격렬하게 저항했고 사상자는 화베이를 상회했다. 일본은 다시 3개 사단을 증파했으며, 11월 항저우만(杭州灣)에 상륙해서 상하이를 포위함으로써 간신히 중국군을 제압할 수 있었다. 상하이에서 일본군은 불과 3개월간의 전투로 4만 명이 넘는 사상자를 냈다.

고노에 후미마로 내각은 처음에는 화베이를 중심으로 한 전투를 '북지사변(北支事變)'이라고 불렀으나 전선이 상하이로 확대되자 이를 '지나사변'으로 개칭했다. 내지의 대규모 군사력을 파병한 것은 명백한 '전쟁'이었음에도 불구하고 일본이 마지막까지 '사변'이라는 명칭을 관철한 이유는, '전쟁'으로 간주되면 국제법상 중립국으로부터의 군수품 수입이 제약될 우려가 있었기 때문이다. 11월에는 전시에만 설치할 수 있는 대본영을 사변이 일어난 경우에도 설치할 수 있도록 조령을 개정해서 대본영을 설치하고 본격적인 전쟁체제를 갖추었다. 한편 중국도 전국총동원령을 내려서 총사령관에 장제스가 취임하고 공산군 또한 그 밑에 팔로군으로서 편입되어 9월 23일 정식으로 제2차 국공합작이 성립되었다.

난징대학살

상하이를 제압한 일본군은 패주하는 중국군을 쫓아 수도 난징으로 향했다. 처음에는 난징 공략을 생각하지 않았던 육군 수뇌부였으나, 현지 부대의 요구에 떠밀려서 12월 1일 난징공략작전을 명했다. 마쓰이 이와네(松井石根) 대장을 사령관으로 하는 중지나방면군(中支那方面軍. 상하이파견군과 제10군으로 이루어졌다)의 각 부대는 난징에 가장 먼저 진입하기 위해서 격렬한 경쟁을 벌이면서 난진성을 향해 쇄도했다. 그러나 여기에는 중대한 문제가 있었다. 갑작스런 작전 계획 변경 때문에 식량 등의 보급이 제대로 이루어지지 않아 각 부대는 현지에서 자급을 하게 되었고, 그 결과 도처의 중국인 마을을 습격해 식량을 약탈하고 여성을 강간·학살하는 등 만행을 저질렀다. 이렇게 해서 20만 명의 일본군이 난징에 밀려들어 온 것이다.

국민정부는 수도를 난징에서 오지인 쓰촨성 충칭으로 옮기고 12월 7일 장제스도 난징을 탈출해서 한커우로 이동했다. 그 뒤에 15만 명의 난징방위군과 일반 시민 40만~50만 명이 난징에 남았던 것으로 추정된다. 그리고 12월 13일 일본군은 난징성을 함락시켰다. 그로부터 약 2개월에 걸쳐서 난징성 내외에서 일본군에 의한 약탈, 방화, 강간, 학살 등의 만행이 되풀이되었다.

난징방위군은 완전히 붕괴하여 앞다투어 성 밖으로 도주하려다가 많은 수가 사살되거나 포로가 되었다. 일부는 전의를 잃고 무기를 버리고 민간인 속으로 숨었다. 그러나 일본군은 포로, 투항병, 패잔병 등의 살상을 금지한 국제법(1907년 조인된 헤이그육전법규)을 어기고 포로를 닥치는 대로 학살했다. 제16사단장(교토) 나카지마 게사고(中島今朝吾)의 진중일지에는 "대체로 포로는 두지 않는 방침이기에 닥치는 대로 처리하기로 했다"고 적혀 있는데, 이것이 중지나방면군의 방침이었다. 그리고 비전투원인 시민은 집에 숨거나 난징 거주 외국인 선교사와 진링(金陵) 대학교수 등이 설치한 난징난민구(南京難民區)로 피난했다. 그러나 일본군 병사는 민가에 난입하여 여성을 강간하고, 가재를 약탈하고, 가족에게 폭행을 가하고 그것도 모자라서 방화까지 했다. 난민구 또는 미국인이 운영하는 병원 등에도 난입해서 민간인 속에 숨어 있는 중국군 병사를 찾는다는 이유로 많은 시민을 잡아들여 학살했다. 학살된 포로와 민간인의 수는 10수만 명에서 20만 명 가까이에 달하는 것으로 추정되고 있다.

평화 시에는 한 가족의 기둥으로서 가업에 힘쓰고 가족과 단란하게 보내던 사람들이 왜 전쟁터에서는 이런 잔학한 행위를 저질렀는가? 난징공략작전에 참가한 병사들은 많은 일기를 남겼다. 일기를 통해서 알 수 있는 병사들의 심정은 다양하나 몇 가지 경향을 찾아볼 수 있다. 하나는 격렬한 상하이전투 중에 동향의 전우를 잃은 것에 대한 복수심이며, 다른 하나는 화베이에서 상하이에 이르는 동안 계속되는 전투 속에서 살아남은 일본군 병사들은 상하이전이 끝나면 귀국할 수 있을 거라 생각했는데 그 기대는 완전히 짓밟히고 난징까지 진격하게 되었는데, 게다가 보급까지 부실해서 약탈을 하지 않으면 식량 조달이 되지 않았던 점이다. 결과적으로 이러한 상황이 병사들의 규율을 무너뜨렸고 도덕적 양심의 저하를 불러온 것이다. 이에 더해서 일본군 안에서 이루어지는 병사들에 대한 인권 무시〔병영 내에서의 폭행과 사형(私刑) 등〕와 천황의 군대로서 적의 포로가 되는 것을 최대의 수치로 여겼던 관념이 중국군 포로의 생명과 인권에 대한 경시로 이어져 폭발한 것이다. 그리고 이 모든 것의 저변에 흐르는 공통점은 중

1937년 도쿄 고쿄니주바시마에(皇居二重橋前)에서 벌어진 난징 함락 축하 깃발 행렬(마이니치신문사 제공).

국인에 대한 멸시의식이었다고 할 수 있다.

국가총동원

난징대학살이 일어나고 있을 때 일본 국민은 아무것도 모르는 채 난징 함락을 축하하는 깃발 행렬과 제등 행렬이 도쿄를 비롯한 전국 각지에서 일어나고 있었다.

중일전쟁이 본격화된 8월 고노에 내각은 '거국일치, 진충보국(盡忠報國), 견인지구(堅忍持久)'를 슬로건으로 국민정신총동원운동(정동운동(精動運動))을 시작했다. 정계, 관계, 재계, 언론계의 협력으로 국민이 열망해서 아래에서 올라오는 전쟁열을 불러일으키려 했다. 그러나 전례 없는 전쟁을 위한 대량 동원으로 일가의 일꾼을 빼앗기고, 상하이전에서는 예상치 못한 사상자가 나오는 상황에서 국민의 전쟁 지지 열은 무르익지 못했다. 게다가 정부가 말한 '폭려지나(暴戾支那) 응징'(난폭하고 도리에 어긋난 중국을 응징한다)이라는 전쟁의 목적 또한 너무 모호했다. 이런 상황이었기 때문에 정동운동은 내무성과 문부성이 중심이 되어 부(府)와 현, 시·정·촌의 행정조직과 재향군인회, 애국부인회, 청년단 등의 관제(官製) 어용 민간단체를 동원할 수밖에 없었다. 이 운동에서는 신사 참배와 필승 기원, 전몰자 위령제, 출정 군인 유가족 위문, 출정 병사의 배웅과 같은 행사와 함께 국방헌금, 애국 공채 구입과 저축 등이 강제되었다.

한편 국민의 언론과 사상의 자유는 억압되었으며 군사와 외교에 관한 신문 기사의 검열은 한층 엄격해졌다. 그러한 와중에 도쿄제국대학 교수이자 기독교 신자였던 야나이하라 다다오(矢內原忠雄)[62]의 강연이 전쟁을 비판하는 내용이라는 이유로 전문 삭제 조치를 당했고, 결국은 도쿄제국대학을 사임하기에 이르렀다. 좌

---

62 矢內原忠雄, 1893~1961. 일본의 경제학자이자 식민지정책 연구자. 1917년 도쿄제국대학 졸업 후, 1920년 모교의 경제학부 조교수로, 1923년에는 교수로 임명되어 식민정책을 강의했다. 도쿄제국대학의 식민정책학 교수로서 본격적으로 식민정책학을 개척한 인물이다. 기독교인이었던 야나이하라는 기독교 신앙에 입각한 직접적인 실천과 많은 저서로 사회에 커다란 영향을 끼쳤다. 1937년 잡지 『중앙공론』에 발표한 논문 「국가의 이상(國家の理想)」 중 반군·반전사상이 문제가 되어 대학에서 물러나게 되었다. 야나이하라의 강연에서 문제가 된 것은 "일본의 이상을 살리기 위해서 먼저 이 나라를 매장해 주십시오"라는 대목이다.

익인 일본무산당과 일본노동조합전국평의회의 활동가도 다수 검거되었으며 해당 조직은 해산되었다. 또한 반파쇼인민전선의 결성을 획책했다는 이유로 많은 사회민주주의자와 학자가 체포되었다. 이런 식으로 이단을 배제하면서 국민의 사상과 운동을 틀에 끼어 맞추어 거국일치와 전쟁협력체제가 만들어져 간 것이다.

1938년 1월 16일 고노에 후미마로 내각은 "이후 국민정부를 상대하지 않는다"는 성명을 내고 그 부연설명으로 "국민정부를 부인하고 이를 말살하려는 것이다"라고 했다. 이렇게 해서 일본 정부는 외교 수단에 의한 전쟁 해결의 길을 완전히 닫아 버린 것이다. 난징을 버리고 오지 충칭에서 철저항전을 하려는 중국의 전략을 감안할 때 중일전쟁의 장기화는 피할 수 없게 되어 버린 것이다. 그 책임의 반 이상은 고노에 내각의 강경 자세에 있었다.

이 시기에 열린 제73의회에서는 거액의 군사비가 가결되었고 국가총동원법이 성립되었다. 국가총동원법은 제1조에서 "국방 목적 달성을 위해 모든 힘을 가장 유효하게 발휘할 수 있도록 인적 및 물적 자원을 통제·운용한다"고 규정하고 있다. 즉 국민의 경제와 생활을 국가통제하에 두어 그 시행과 운용에 관해서는 모두 칙령에 의해, 즉 의회의 입법에 의하지 않고 시행할 수 있게 된 것이다. 이는 정부에 막강한 권한을 백지 위임한 수권입법(授權立法)이며, 의회의 권한은 완전히 무력화되고 말았다. 국가총동원법은 전쟁이 격해질수록 그 위력을 발휘해서 임금의 통제, 군수공장에 대한 국민의 징용, 물가 통제, 노동쟁의의 금지, 언론통제 등 국민 생활의 모든 영역을 정부와 관료가 지배하게 되었다.

1938년 5월 전쟁은 더욱 확대되었다. 중국군 주력군을 포위하고 섬멸할 목적으로 쉬저우(徐州)작전을 수행했으나 실패로 끝났다. 10월에는 양쯔강 중류의 요지인 무한삼진[武漢三鎭. 우창(武昌)·한커우·한양(漢陽)]을 30만의 대병력을 동원해서 점령했다. 그러나 일본의 군사작전도 여기까지였다. 육군은 중국 대륙에 24개 사단, 만주와 조선에 9개 사단을 배치하고 내지에는 고노에 사단을 남길 뿐이었다. 더 이상 오지에 진격하는 것은 불가능했다. 점령 지역은 도시와 철도, 이른바 '점과 선'을 지배할 뿐이어서 일본군은 완전히 수렁에 빠져들었다. 중일전쟁은 쌍방이 대치하는 지구전 단계로 접어들었다.

군사력으로 중국을 제압하려는 시도가 교착 상태에 빠지자, 고노에 내각은 국민당 요인이자 반공파인 왕자오밍(汪兆銘)에게 공작을 펴서 중일전쟁을 수습하려 했다. 11월 '동아신질서(東亞新秩序)' 성명을 발표하고 왕자오밍 일파에 제휴를 제안했다. 왕자오밍은 충칭을 탈출하여 1940년 3월 난징에 중화민국 정부(난징정부)를 수립했는데, 이는 완전히 일본의 괴뢰정부였기 때문에 중국 민중의 항일 자세를 바꿀 수 있는 힘이 없었다.

제2차 세계대전 발발

중일전쟁이 교착 상태에 빠져 있을 때 유럽의 국제 정세는 한층 더 긴박한 상태에 놓여 있었다. 1938년 3월 나치독일은 오스트리아를 침공해서 병합한 후, 체코슬로바키아의 슈데텐 지방의 병합까지 요구하였다. 9월 영국, 프랑스, 독일, 이탈리아 4개국이 참석한 뮌헨회담에서 독일은 영국과 프랑스의 양보를 받아 내어 이를 실현했다. 영국과 프랑스가 독일에 대해 유화적인 태도를 취한 것은 제1차 세계대전에서 경험한 참상을 되풀이하지 않으려는 의도와 독일의 관심을 소련으로 향하게 하려는 의도가 있었기 때문이다. 1939년 3월 독일이 체코슬로바키아 서부 지역을, 그리고 4월에는 이탈리아가 알바니아를 점령했다. 그리고 5월에는 독일과 이탈리아가 군사동맹을 맺었다.

유럽의 정세는 일본에도 영향을 끼쳤다. 영국, 프랑스 그리고 소련을 양쪽에서 상대하고 있던 독일은 일본과 맺고 있던 방공협정을 강화해서 군사동맹으로 발전시키려는 움직임을 보였다. 일본에서는 육군이 이에 응하려고 했으나, 경제적으로 영국과 미국에 의존하고 있는 현실을 중시해서 이들과의 관계 악화를 두려워한 천황의 측근과 해군ㆍ외무성이 소극적인 태도를 보였다. 중일전쟁이 교착 상태에 빠지고 군사동맹 문제로 내각 내부가 대립하여 1939년 1월 고노에 내각은 총사퇴하고 히라누마 기이치로 내각이 성립했다.

한편 중일전쟁의 확대는 영국과 미국이 중국에서 얻는 경제적 이익에 타격을 주었기 때문에 일본과 이 두 나라와의 관계 또한 차츰 악화되었다. 1939년 6월 육군은 톈진의 영ㆍ불조계(英佛租界)가 반일의 거점이 되어 있다는 이유로 조계를 봉쇄했다. 그러

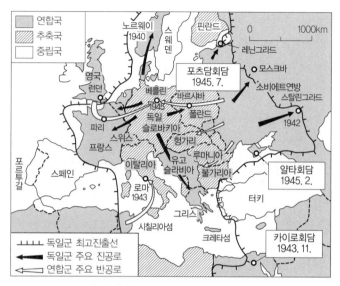

제2차 세계대전 중의 유럽(이와나미서점 제공)

자 7월 미국이 미·일통상항해조약의 폐기를 통고해 왔다. 조약 갱신이 이루어지지 않고 6개월 후 이 조약이 무효가 되면 주요 군수물자 대부분을 미국 수입에 의존하고 있는 일본으로서는 매우 커다란 타격을 입을 수밖에 없었다.

한편으로 소련과의 관계도 긴박해졌다. 1938년 7월 일본은 극동소련군이 일본에 대한 참전 가능성을 떠보기 위해서 소련·만주·조선의 국경이 만나는 장고봉(張鼓峰)에 조선군을 출동시켜서 이른바 장고봉사건을 일으켰으나, 소련군과의 충돌에서 패배하고 말았다. 이 쓰라린 경험에도 불구하고 관동군은 강경책을 택하여 1939년 5월 만주와 외몽고의 국경인 노몬한에서 국경분쟁이라는 이유를 들어 소련군과 충돌했다. 이 충돌은 전차와 전투기까지 동원하는 본격적인 전투로 발전하여 3개월 동안 이어졌는데, 일본군은 점차 소련의 화력과 기동력에 압도되어 1만 명 이상의 사상자를 내고 크게 참패하고 말았다.

이 노몬한사건이 한창이던 1939년 8월 23일 갑자기 독소불가침조약이 체결되어 세계는 충격을 받았다. 유럽에서는 반파시즘 저항을 벌이던 지식인과 민중에게 깊은 절망감을 안겼다. 나중에 알려진 사실이지만, 이 조약에는 나치독일과 소련이 폴란드를 분할해서 점령한다는 비밀조항이 약속되어 있었다. 영국과 프랑스의 나치독일에 대한 유화정책 때문에 독일이 소련을 침략할 위험이 존재하고 극동에서는 일본이 소련을 침략할 수 있다는 위험 속에서 소련은 독일과 불가침조약을 맺는 길을 선택하였는데, 여기에는 스탈린 독재하에서 진행되는 소련의 팽창주의가 각인되어 있었다.

소련에 대항할 목적으로 독일과 동맹을 강화하고 게다가 노몬한에서 소련군과 싸우고 있던 히라누마 수상은 유럽 정세가 복잡기괴하다는 성명을 내고 총사퇴했다. 일본이 혼미 상태에 빠져 있음을 말해 주는 대목이다.

1939년 9월 1일 독일은 갑자기 폴란드를 침공했다. 그 직전에 폴란드와 상호원조조약을 맺은 영국과 프랑스는 독일에 선전포고를 했고, 제2차 세계대전이 발발했다. 17일에는 소련도 폴란드에 침입해 독일과 소련은 폴란드를 분할했다. 선전포고는 이루어 졌으나, 서부전선에서는 영국과 프랑스·독일은 서로 노려보기 만 하고 전투가 벌어지지 않은 '기묘한 전쟁' 상태가 이어졌다.

이 기묘한 전쟁 상태는 이듬해인 1940년 4월, 독일이 대량의 항공기와 전차를 앞세운 '전격작전'을 전개하면서 깨졌다. 독일은 덴마크와 노르웨이를 제압하고 5월에는 중립국인 벨기에, 네덜란 드, 룩셈부르크를 침범하여 마지노선을 돌파하여 영·프연합군 을 던케르크에서 격파하고, 6월 14일에는 파리를 함락시켰다. 바로 며칠 전인 10일에는 이탈리아도 영국과 프랑스에 선전포고를 했다. 본토에 갇힌 신세가 되어 고립된 영국에 대해 독일은 영국 본토 상륙을 위해서 런던 등 중요 지점에 격렬한 폭격을 가했다. 처칠 수상의 전시 내각하에 영국 국민은 이 맹폭을 견뎌 냈다.

남진 결정과 삼국동맹 체결

동남아시아를 지배하던 영국, 프랑스, 네덜란드의 패배는 일본 에 중대한 영향을 끼쳤다. 일본은 동남아시아의 풍부한 자원을 손에 넣어 총력전체제를 강화하고 교착상태에 빠진 중일전쟁을 타개하려 했다. 일본 내에서는 고노에 후미마로를 중심으로 '신체 제(新體制)'를 수립함으로써 장기화된 전쟁으로 생긴 문제를 해결 하려고 했다. 군부, 우익, 정당 등이 제각기 의도를 가지고 고노에 에게 접근했다. 7월 17일 고노에에게 내각을 조각하라는 칙명이 내려졌고, 22일에는 도조 히데키(東條英機) 육군대신과 마쓰오카 요스케(松岡洋右) 외무대신을 포함한 제2차 고노에 내각이 성립되었다.

1940년 7월 26일 고노에 내각은 「기본국책요강」을 결정했는데 '국시(國是)는 팔굉(八紘)을 일우(一宇)로 하는 조국(肇國)의 대정신'(국가의 기본 방침은 전 세계(八紘)를 하나의 집(一宇)으로 하는 진무(神武)천황 건국 대정신)[63]에 입각하여 "일(日)·만(滿)·지(支)의 견고한 결합을 근간으로 하는 대동아의 신질서를 건설하는 데 있다"고 했다. 1938년 제1차 고노에 내각은 '대동아신질서'를 제창했으나 이는 지역상으로 '일·만·지'를 가리키는 것이었다. 그런데 이번 대동아신질서는 동남아시아까지 포함하는 광대한 지역으로 확대되었고 그만큼 일본의 야망 또한 커진 것이다. 마쓰오카 외무대신은 이를 두고 '대동아공영권'이라 불렀고 이후 이 말이 널리 통용되었다.

1940년 7월 27일에 열린 대본영정부연락회의에서는 육해군이 책정한 「세계 정세의 추이에 따른 시국처리요강」이 그대로 결정되었다. 이는 "중일전쟁의 해결을 촉진함과 동시에 좋은 기회를

---

63 1940년 7월 26일 강력한 신정치체제의 확립과 대동아신질서의 확립을 목적으로 제2차 고노에 내각에 의해 결정된 정책 방침. 일본은 후에 이것을 기반으로 대동아공영권의 건설정책을 세우게 되는데, 내용은 다음과 같다. "황국의 국시는 팔굉을 일우로 하는 조국의 대정신에 근거해 세계 평화의 확립을 초래하는 것을 근본으로, 먼저 황국을 핵심으로 일·만·지의 강고한 결합을 근간으로 대동아의 신질서를 건설하는 데에 있다. 이것을 위해 황국 스스로 빨리 신사태에 즉응하여 불발의 국가 태세를 확립해 국가의 총력을 다하여 우국 시의 구현에 매진한다."

포착해 남방 문제를 해결한다"는 것을 기본 방침으로 하고, 구체적으로는 '독일·이탈리아와 정치적 결속을 강화'하며, 남방 문제 해결에 무력을 행사할 경우에는 가능한 한 전쟁 상대를 영국으로 한정하나 미국과의 전쟁 준비에도 충분히 힘을 쏟는다는 내용이었다. 「기본국책요강」과 「시국처리요강」은 그후 일본의 진로를 결정하는 중요한 방침이 되었다.

이 두 방침은 바로 실행에 옮겨졌다. 먼저 첫 번째로 북부 인도차이나(하노이와 하이퐁을 중심으로 하는 프랑스령 인도차이나)에 대한 무력 침공이었다. 이미 이전부터 육군은 남방 진출을 위한 군사기지 확보와 원장(援蔣)루트 차단을 목적으로 북부 인도차이나 침공을 획책하고 있었다. 원장루트란 미국과 영국 등이 중심이 되어 장제스정권에 원조물자를 수송하기 위한 루트이며, 인도차이나루트·미얀마루트·중국연안루트와 소련에서 들어가는 서북루트의 총 네 가지가 있었다. 이 중 대부분의 원조물자가 인도차이나 루트를 통해 들어온 것으로 추정되고 있다. 일본군과 프랑스의 인도차이나총독과의 현지 교섭, 도쿄에서 마쓰오카 외무대신과 앙리 프랑스 대사와의 교섭에 의해서 협정이 성립되었음에도 불구하고 9월 23일 일본군은 협정을 무시하고 중국·인도차이나 국경을 무력으로 돌파해서 남진의 첫걸음을 내딛기 시작했다.

이와 동시에 일본, 독일, 이탈리아는 삼국동맹 체결을 위한 교섭을 진행하고 있었다. 9월 7일 히틀러의 특사 슈타머(Heinrich

Georg Stahmer)가 일본으로 와서 교섭은 급속도로 진행되었다. 당시 독일은 영국을 굴복시킬 수 있는 가능성을 잃은 상태였으며 전쟁이 장기화될 가능성이 커지고 있었다. 게다가 미국이 영국에 대한 원조에 적극적인 자세를 보이고 있었다. 이러한 이유로 독일은 미국의 참전을 저지할 목적으로 일본과의 협력을 원했다. 일본은 독일·이탈리아 양국과의 제휴를 강화하여 남방 진출을 위한 발판을 다질 수 있기를 바라고 있었으나, 해군은 이 동맹이 미국을 자극할 것을 우려해 미국과 개전할 경우에는 자동적으로 참전의무를 지는 것이 아니라 각국이 자주적으로 결정한다는 조건으로 동의했다.

9월 27일 베를린에서 일본, 독일, 이탈리아의 삼국동맹이 체결되었다. 조약은 유럽에서 독일, 이탈리아 그리고 아시아에서 일본의 '지도적 지위'를 상호 간에 승인하고 만약 유럽전쟁과 중일전쟁에 참전하지 않는 한 나라(암묵적으로 미국을 가리켰다)에 의해 공격을 당할 경우에는 삼국이 정치적·경제적·군사적 방법으로 서로 원조한다는 것을 약속했다.

일본, 독일, 이탈리아 삼국동맹은 기존의 영미 주도의 베르사유체제[64]와 워싱턴체제[65]를 대체하는 유럽의 신질서와 대동아의

---

64 제1차 세계대전 후 맺어진 베르사유조약의 결과로 연합국이 패전국인 독일과 맺은 일련의 강화조약에 기초를 둔 국제질서체제. 이때 맺어진 조약들은 윌슨이 제안한 14개 조의 무병합·무배상의 평화원칙과 국제연맹의 설치, 각종 평화회의나 군축회의 개최 등 국제 평화 협력을 기초로 작성되었다. 그러나 실제로는 연합국 측의 이익을 우선시하여 독일에 전쟁 책임

신질서 건설로 세계를 재분할한다는 것을 선언하는 셈이었다. 이렇게 해서 일본, 독일, 이탈리아 삼국에 의한 추축(樞軸)이 형성되었다.

일본의 북부 인도차이나 진주와 삼국동맹 체결에 미국 정부는 강하게 반발했다. 미국은 7월에 석유와 설철(屑鐵)의 수출을 허가제로 바꾸고 그에 더해서 항공용 가솔린의 일본 수출 금지 등 일본에 대한 경제제재를 강화했고 9월에는 설철 수출을 전면 금지했다. 이는 석유와 설철의 대부분을 미국 수입에 의존하고 있던 일본에 커다란 타격이었다. 12월 루스벨트는 미국을 민주주의국가의 병기창으로 한다는 취지를 천명하고, 이듬해 3월에는 의회에서 무기대여법을 성립시켜서 중국과 영국에 대한 원조를 강화했다. 이로 인해 일본과 미·영 간의 대립은 한층 깊어졌다.

을 모두 떠넘기는 것이었다. 1930년대에 나치독일이 대두할 무렵 일본의 대륙침략정책의 영향도 있어서 이 체제는 붕괴되었다.

65 1921년 11월 12일부터 1922년 2월 6일까지 미국 워싱턴에서 열린 국제회의에서 맺어진 조약을 기초로 둔 국제 질서체제이다. 워싱턴회의에서는 '해군군비제한위원회'와 '태평양과 극동문제위원회'로 나뉘어 토의를 진행했다. 그 결과 여러 조약과 결의가 나왔고, 이를 기반으로 성립된 워싱턴체제는 1931년 만주사변이 일어날 때까지 근 10년 동안 동아시아의 국제정치질서를 규정했다. 워싱턴체제의 성립은 열강들이 동아시아에서의 팽창주의와 제국주의 확산을 포기하고 다국 간 협조체제를 구축하겠다는 내용의 조약을 맺는 데에 의미가 있었다. 이는 미국에게는 커다란 성과였으나, 영국으로서는 '동아시아의 현상 유지'를 다짐받는 것에 불과했다.

대정익찬회의 설립

대동아신질서 건설을 대외 목표로 내건 고노에 후미마로 내각은 그에 호응하는 국내 정치체제 만들기에 착수했다. 고노에와 그의 측근들은 벽에 부딪힌 정동운동을 타개하고 자발성에 의해 국민을 재조직해서 국방국가체제를 만들어 내려 했다. 그런데 이러한 고노에의 계획에 대해서 군부는 나치와 유사한 일국일당(一國一黨)체제를 원했고, 정권 참여의 기회를 찾던 정우회와 민정당을 비롯한 모든 정당이 당을 해당하고 고노에에게 접근해 왔다.

1940년 10월 12일 대정익찬회(大政翼贊會)가 결성되었다. 이 대정익찬회는 고노에 후미마로 수상의 의도와는 크게 동떨어진 조직이었다. 총재인 고노에 수상은 발회식 인사에서 대정익찬회 강령은 "오로지 대정익찬과 신도실천(臣道實踐)을 위한다"고 말했고 그 뜻은 "천황(上御一人)을 받들어 주야로 각자의 자리에서 봉공의 정성을 다한다"는 뜻이라고 설명했다.

대정익찬회는 그후 조직 개정을 거듭하면서 점차 내무성과 경찰이 주도하는 행정 보조 기관이 되어 갔다. 총재 자리에는 수상이 취임하고, 도·부·현에 둔 지부장에는 지사가 임영되고, 시·정·촌 지부에는 각 시·정·촌장 또는 시·정·촌회의 회장이 임명되었다. 즉 이러한 행정 루트를 통해서 '상의하달(上意下達)'식으로 운영되는 기관이 된 것이다.

그런데 대정익찬회는 시·정·촌의 하부에 다시 부락회(部落會. 농촌부), 정내회(町內會. 도시부)를 두고, 그 밑에 10호(戶) 내외

펌프와 양동이를 이용한 도나리구미의 방공 연습
(1943)(마이니치신문사 제공)

로 구성된 린포한(隣保班),[66] 도나리구미(隣組)를 조직함으로써 말 그대로 전 국민을 망라하는 획일적인 국민 조직이 되었다.

부락회·정내회 및 도나리구미는 정동운동과 병행해서 각 지

---

66 린포(隣保)는 이웃한 집 또는 그 사람들로, 상부상조와 상호 감시의 두 가 지 기능이 있다. 여기에서는 린포를 담당하는 '도나리구미' 정도로 해석할 수 있다. 린포단결, 즉 이웃 간에 단결함으로써 지방 공동의 임무를 수행 하고 국책을 국민에게 침투시키며 지역경제 통제를 위한 단위로 사용되 기도 한 것이며, 구체적으로는 10호 내외 단위로 린포한이 조직되었다.

역에 만들어졌는데, 1940년 9월 내무성은 이들에 대한 「정비요강」을 전국 각 도·부·현에 통첩했다. 그 결과 전국에서 1만 9천의 정내회와 부락회 그리고 20만의 도나리구미가 정비되어 일본 전국을 망라했다. "톤톤톤 가라리 도나리구미 / 미닫이문을 열면 낯익은 얼굴 / (이웃집으로) 돌려주세요, 알림판 / 알림판을 받았어요, 알림판을 돌렸어요"[67] (만화가 오카모토 잇페이(岡本一平) 작사)라는 '국민가요'가 대유행했는데, 그 실태는 노래처럼 목가적인 분위기의 것이 아니었다. 전국 방방곡곡의 정내회·부락회·도나리구미를 통해서 정부의 국책을 철저하게 침투시키고 출정 병사의 배웅, 방공 연습, 국채의 할당 소화, 저축 장려, 귀금속 회수 그리고 세금 징수 업무의 일부에 이르기까지 세세한 영역까지 도나리구미가 그 실무를 담당했다. 또한 도나리구미는 반전, 반군 관련 언동을 하는 자를 경찰에 밀고할 것을 강요하고 있었기 때문에 국민에 의한 국민의 상호 감시 기관이기도 했다. 더욱이 일상 생활에 사용되는 물자의 부족이 심각해져서 식품과 의료, 연료 등이 배급제(처음에는 표를 나누어 주는 방식이었으나 후에 현물배급으로 바뀌었다)가 되었고 부락회, 정내회, 도나리구미가 배급 경로로 사용되었기 때문에 도나리구미는 국민 개개인의 생사를 결정짓

---

67 '톤톤톤 가라리'는 우리말 '똑똑똑 드르륵'과 같은 의성어이며, 도나리구미에 들어가기 위해 미닫이문을 여는 소리를 표현한 것이다. 원문은 다음과 같다. トントントンカラリと隣組 / 格子を開ければ顔馴染 / 廻してちょうだい回覧板 / 知らせられたり 知らせたり。

는 조직으로 발전했다. 도나리구미를 가장 말단으로 하는 대정익
찬회는 국민을 전쟁에 동원하고 국민의 사상을 감시하면서 획일
화하는 파쇼적인 조직이었다.

1940년 12월 일본 정부는 언론통제와 거국일치의 여론 형성을
목적으로 종래의 내각정보부를 개편·확충해서 정보국을 설치했
다. 다음 해 1월에는 「신문지 등 게재제한령」[68]을 공포하고 군사
및 외교상의 기밀, 총동원과 군용 자원과 같은 비밀사항 게재를
금지하고 3월에는 치안유지법[69] 개정과 국방보안법 제정 등을 감
행하여 언론탄압체제를 한층 강화했다.

한편 문부성은 천황을 중심으로 하는 국체론을 강조해서 "우
리는 사생활 속에서도 천황에게 귀일(歸一)하여 국가에 봉사한다
는 마음을 잊어서는 안 된다"(『신민의 길』, 1941, 문부성)고 말하면
서 천황과 국가를 향한 충성을 국민에게 요구했다. 도쿄제국대학
교수인 역사학자 히라이즈미 기요시(平泉澄)의 황국사관이 사상

---

68 1941년 1월 10일 일본이 인적·물적 자원의 총동원을 위해 공포한 전시
    통제의 기본법인 「국가총동원법」 제20조에 속하는 집행명령이다. "정부
    는… 신문지, 기타 출판물의 게재에 대하여 제한 또는 금지를 행할 수 있
    다"는 내용을 담고 있다.
69 1923년 관동대지진 직후 공포된 치안유지법을 기본으로 1925년에 반정
    부·반체제운동을 탄압하기 위해 제정한 법률로 일제강점기의 대표적인
    사상통제법이다. 단순히 집회를 단속하고 처벌하는 것이 아니라 무정부
    주의와 공산주의운동을 비롯한 모든 사회운동을 조직하거나 선전하는 자
    에게 중벌을 가하도록 만든 사회운동취체법이다. 식민지 조선에도 그대
    로 적용하여 일제의 식민통치체제를 유지하고 민족해방운동을 탄압하는
    데 적극적으로 활용되었다.

계와 교육계를 석권했다. 또한 1940년에는 『고사기(古事記)』・『일본서기(日本書紀)』의 문헌학적 비판을 통해 일본고대사 연구에 획기적인 신국면을 연 역사학자 쓰다 소키치의 『신대사의 연구(神代史の研究)』 등 저서 네 권이 황실의 존엄을 모독했다는 이유로 발행금지가 되었고, 쓰다는 발행인인 이와나미서점(岩波書店)의 이와나미 시게오(岩波茂雄)와 함께 기소되어 1심에서 유죄판결을 받았다(항소심에서 시효에 의해 면소).

1941년 3월 국민학교령이 공포되었다. 이로 인해서 '소학교'라는 명칭이 '국민학교'로 바뀌었다. 문부성은 국민학교의 교육 목적은 '개인의 발전 완성'이 아니라, 교육칙어를 받들어 '황국이 가야 할 길에 따라 국민을 연성(練成)하고 황운(皇運)을 무궁히 부익'하는 데에 있다고 했다. 학교는 개인의 개성이나 능력을 개발하는 장(場)이 아니라 천황과 국가를 위해 힘쓰는 인간을 만드는 '수련 도장'이라고 말하고 있다.

국민학교 교과서 편찬에는 공공연히 군인이 개입했으며, 그 결과 교과서 내용은 국체의 관념과 군국주의 색채가 한층 진해졌다. 한 교과서 감수관은 예능과(음악, 미술) 교육은 "미적 감격을 그 대상이 되는 예술 작품에서 찾는 것이 아니라… 생산과 전쟁에 떳떳하게 죽고, 아름답게 죽는 아름다움이어야 한다"고 말했다. 살아서 삶의 의미를 가르치는 교육이 천황과 국가를 위해 병사로서 죽는 것을 가르치는 교육으로 바뀌고 만 것이다.

3. 아시아 · 태평양전쟁

미 · 일 개전으로 가는 길

1941년 초 일본과 미합중국 쌍방에서 양국 관계를 조정하려는 움직임이 나타났다. 일본은 미국으로부터 전쟁에 필요한 물자 수입을 원했고, 미국은 일본의 무력 남진을 가능한 한 지연시키려 했다. 이러한 필요성에 의해서 같은 해 4월 신임 주미 대사 노무라 기치사부로(野村吉三朗)와 코델 헐(Cordell Hull) 미 국무장관 사이에 미 · 일교섭이 시작되었다.

교섭의 기초가 된 것은 미 · 일의 민간 차원에서 작성된 「미 · 일 양해안(日米諒解案)」이었다. 그 내용은 ① 중국의 만주국 승인, ② 장 제스 · 왕자오밍 두 정권의 합류, ③ 일본군의 중국 철수를 조건으로 하는 미국에 의한 중 · 일 평화의 중재, ④ 미 · 일통상조약의 체결, ⑤ 일본의 남방 자원 획득에 대한 원조 등이었다. 헐은 영토와 주권의 존중, 내정불간섭, 통상에서의 기회 균등, 태평양의 현상 불변경이라는 미국이 종래 주장해 온 4원칙을 일본이 승낙한다면 「미 · 일양해안」을 교섭의 기초로 해도 좋다고 말했다. 한편 노무라 대사는 「미 · 일양해안」을 미국 측의 제안으로 잘못 알고 해당 내용을 일본에 유리하게 만들려 했다. 일본 · 독일 · 이탈리아 삼국동맹을 견지하면서 미국과 교섭을 한다는 것은 양립시키기가 어려운 일인 데다가, 미국과 일본 쌍방 모두 「미 · 일양해안」을 상대국 제안으로 오해하고 있었기 때문에 교섭은 난항을 겪었다.

같은 해 4월 독일을 방문한 마쓰오카 요스케 외무대신은 귀국 길에 모스크바에서 스탈린을 만나 소·일중립조약을 체결했다. 마쓰오카의 의도는 일본, 독일, 이탈리아 삼국동맹에 소련을 더한 사국협상을 체결하여 미국을 견제해서 일본의 남방 진출을 추진하려는 속셈이었다. 한편 소련은 독일의 침공이라는 위험에 직면하고 있었기에 극동에서 평화가 유지되기를 원했다. 소·일중립조약[70]을 맺고 의기양양하게 귀국한 마쓰오카는 미국에 대해 보다 강하게 요구할 것을 주장했다.

그런데 6월 22일 갑자기 독일이 소련 침공을 강행하면서 독소전쟁이 시작되었다. 허를 찔린 소련군은 후퇴를 거듭했다. 히틀러는 "2개월 안에 소련을 굴복시키겠다"고 호언했다. 독소전쟁의 개시는 일본도 예기치 못한 사건이었으며, 이는 소련을 영미 측과 연합하게 만들었다. 게다가 일본·독일·이탈리아 삼국동맹과 소·일중립조약은 서로 모순되는 내용을 담고 있었다.

독소전쟁이 시작되자 연일 대본영정부연락회의가 열렸다. 회의석상에서 마쓰오카 요스케 외무대신은 직접 소·일중립조약을 맺었으면서도 소련과의 개전을 주장했다. 또한 노몬한 패전의 쓰라린 경험을 가진 육군의 일각에서는 남부 인도차이나 진주를 우선시할 것을 주창했고, 다른 일각에서는 북진과 남진 모두 가능

---

70 1941년 양국의 영토 보전과 불가침을 위해 맺어진 조약. 1945년 2월 얄타회담에서 미국과 영국이 소련에 대해 대일 참전을 요청하고 소련이 일본에 선전포고를 함으로써 이 조약은 파기된다.

하도록 준비해야 한다고 했다. 결국 7월 2일에 열린 어전회의에서 「정세의 추이에 따른 제국국책요강」이 결정되었다. 그 내용은 "남방 진출을 추진하고 또한 정세의 추이에 따라 북방 문제를 해결한다"는 이른바 남북 병진이었다. 남방 진출 태세를 강화하고 "목적 달성을 위해 대(對)영미전을 마다하지 않는다"는 한편, 북방에 대해서는 "은밀히 소련에 대한 무력적 준비를 갖춘다" 즉 독소전쟁이 일본에 유리하게 전개되면 개전한다는 것이었다.

이 결정은 바로 실행으로 옮겨졌다. 7월 7일 육군은 관동군특종연습(關東軍特種演習)이라는 이름으로 대동원을 명했다. 이는 육군이 창설된 이래 최대 규모의 동원이어서 70만 명의 군대와 육군 항공 병력의 반, 전차부대 대부분이 소련과 만주 국경에 배치되었다.

한편 일본의 남진은 프랑스 비시정부와 교섭하여 7월 28일 이후 남부 인도차이나에 약 4만 군대를 파견하고, 사이공과 캄란 두 군항과 그 주변 8곳에 비행장을 확보했다. 그 결과 영국의 근거지 싱가포르와 미국 지배하에 있었던 필리핀의 마닐라 등이 일본군의 폭격 사정권에 들어갔다. 미국은 바로 대항 조치를 취했으며, 일본인 보유 미국 내 자산의 동결과 일본에 대한 석유 수출 전면 금지를 결정했다. 영국과 네덜란드도 이에 따랐다.

미국의 석유 수출 전면 금지는 일본이 추구하는 전쟁체제에 심각한 타격이 되었다. 왜냐하면 당시 일본은 대부분의 석유를 미국 수입에 의존하고 있었고, 석유비축량은 거의 2년 치밖에 없었기 때문이다. 나가노 오사미(永野修身) 군령부총장은 "개전 상태가 되면 1년 반 만에 완전히 소진되니 오히려 이번 기회에 공격으로 전환해서 치고 나갈 수밖에 없다"고 천황에게 진언했다.

미·일교섭은 난항을 겪었다. 대미강경론을 펼치는 마쓰오카 외무대신을 사임시키기 위해 고노에 후미마로 내각은 일단 총사퇴를 하고, 7월 18일 도요다 데이지로(豊田貞次郎) 해군대장을 외무대신으로 임명하여 제3차 고노에 내각을 발족시켰다. 미·일교섭 타개를 위해 고노에 수상은 루스벨트 미국 대통령과의 수뇌회담 개최를 요구했다. 그러나 당시 루스벨트는 영국의 처칠 수상과 대서양에서 회담 중이었다. 8월 14일 루스벨트와 처칠은 「대서양헌장」[71]을 발표하고 파시즘과의 전쟁을 선언했다. 결국 헐 장관 등의 소극적인 자세도 있고 해서 미·일수뇌회담은 실현되지 않았다.

이 동안에도 일본 육해군에 의한 남방작전 준비는 진행되고 있었다. 9월 6일 어전회의에서 「제국국책수행요령」이 결정되었다. 이는 대미국전 준비를 10월 하순까지 마치고 10월 상순까지 일본의 요구가 관철되지 않을 경우에는 즉시 미국, 영국, 네덜란드와

---

71 제2차 세계대전 당시인 1941년 8월 14일 미국 대통령 루스벨트와 영국의 처칠 총리가 대서양 해상의 영국 군함 프린스 오브 웨일스호에서 회담한 후 발표한 공동선언. 전후 세계질서와 처리에 대한 8개 조의 평화조항 구상을 발표하고, 그 지도 원칙을 명시하고 있다. 이 원칙은 연합국의 공동선언에 채택되어, 소련을 위시한 33개 국가가 승인하고 연합국 공동 목표의 기초가 되었을 뿐만 아니라 국제연합 헌장에도 계승되었다.

의 전쟁을 결의한다는 내용이었다. 고노에 수상은 해군으로부터 대미국전을 회피하고 싶다는 언질을 받고 육군의 강경론을 잠재우려 했다. 그러나 해군은 책임지기를 꺼려하여 '수상일임(首相一任)'이라는 태도로 일관했다. 육군도 해군의 태도를 살피면서 강경론을 밀고 나갔다. 게다가 천황은 최고통수권자로서 명확한 태도를 보이지 않은 채 분위기는 점차 개전 쪽으로 기울어 갔다. 10월 16일 결국 고노에 내각은 총사퇴했다.

다음 수반으로 지목된 것은 고노에 후미마로 내각에서 주전론자였던 육군대신 도조 히데키였다. 내각 조각과 관련해서 천황은 도조 수상에게 「제국국책수행요령」의 재검토를 명했으나, 기본 정책은 바뀌지 않았다. 11월 5일에 열린 어전회의에서는 「제국국책수행요령」을 결정하고, 대미교섭이 12월 1일까지 성공하지 못할 경우 무력 발동을 단행하기로 했다. 그와 동시에 갑과 을 두 가지 교섭 대안을 준비하고, 노무라 대사를 보좌하기 위해 구루스 사부로(來栖三郎) 대사를 급거 미국에 파견했다. 갑을 두 안 모두 종래 미국의 주장과는 거리가 먼 것으로, 교섭이 성립될 가능성은 희박했다. 이에 대해 헐 장관은 11월 26일 이른바 「헐 노트」를 제시하고 종래의 4원칙에 입각해서 중국 및 인도차이나반도에서 일본군 전면 철수, 장제스정권을 중국 유일의 정부로 인정하는 등 모든 상황을 만주사변 이전으로 돌아갈 것을 요구했다.

12월 1일에 열린 어전회의는 「헐 노트」를 실질적인 최후통첩으로 받아들였고, 미국에 대한 개전을 결정했다.

서전의 승리

1941년 12월 8일 오전 2시 15분 일본군은 영국령 말레이반도 코타바루에 기습상륙을 강행했고, 같은 날 3시 25분 일본 해군 기동부대는 하와이 진주만에 정박 중이던 미국 태평양함대에 대한 기습공격을 강행해서 전함 격침 4척, 격파 4척, 비행기 파괴 479기라는 전과를 거두었다. 그런데 전문(電文) 해독이 늦어지면서 노무라 기치사부로와 구루스 사부로 두 대사가 헐 장관에게 최후통첩을 건넨 시점은 진주만 공격에서 1시간 이상이 지난 후였다. 그래서 미국 측은 이를 두고 일본의 '비열한 공격'이라고 비난하면서 "진주만을 기억하라(Remember, Pearl Harbor)"라는 구호를 내걸고 미국 국민을 전쟁을 향해 결속시켰다.

이날 싱가포르, 필리핀, 홍콩 등에 대해서도 기습 공격이 감행되었다. 스기야마 하지메(杉山元) 참모총장이 말한 것처럼 기습공격은 남방작전 전반을 관통하는 육해군의 근본 방침에 의한 것이었다.

일본의 미국과 영국을 상대로 개전한 사흘 후에 독일과 이탈리아도 미국에 대해 선전포고를 하였는데, 그 결과 유럽과 아시아의 전쟁은 하나로 이어져서 말 그대로 제2차 세계대전이 되었다. 지구상 대부분의 지역과 국가 그리고 민족을 끌어들인 제2차 세계대전은 인류 역사상 최대의 전쟁으로 확대되었다.

4년 이상 지속되어 수렁에 빠진 중일전쟁은 전쟁의 목적조차 모호한 채 일본 국민의 생활을 압박하고 있었다. 일본 국민의 대

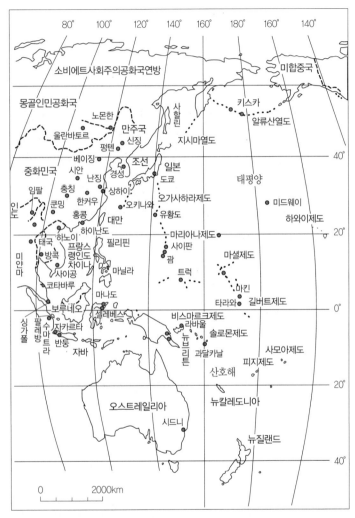

아시아・태평양전쟁 관계 지도(이와나미서점 제공)

다수는 중국이 항복하지 않는 이유가 그 배후에 있는 영미의 후원 때문이라고 생각했기에 대영미 개전에 의해서 머리 위를 답답하게 뒤덮고 있던 암운이 걷히는 기분을 느꼈다. 그러나 소수였지만 일본의 침략주의, 팽창주의의 본질을 꿰뚫어 본 사람들은 전쟁의 장기화가 일본의 멸망으로 가는 길이라는 것을 예감하고 있었다.

대본영정부연락회의는, 이 전쟁을 백인 제국주의로부터 아시아를 해방시키고 대동아공영권 건설을 목적으로 벌인 전쟁으로서 중일전쟁을 포함하여 '대동아전쟁'으로 부르기로 결정했다.

이에 대해 연합국 측의 전쟁 목적은 1941년 8월 루스벨트와 처칠이 대서양에서 연 회담 결과로 발표한 「대서양헌장」에 명시되어 있었다. 헌장에서는 영토 불확장, 각 국민의 민족자결과 정체(政體) 선택의 자유, 그리고 파시즘 지배의 근절 등을 선언했다. 개전 후인 1942년 1월 「대서양헌장」을 기초로 마련한 공동선언에 소련 등 연합국 26개국이 서명하면서 반파시즘, 민주주의 옹호의 대연합이 성립되었다.

서전(緒戰)은 일본군의 압도적인 승리였다. 일본군은 1942년 1월 2일 필리핀의 수도 마닐라를 점령하고, 2월 15일 영국의 최대 거점 싱가포르를 공략했다. 3월에는 자바섬의 네덜란드군을 항복시켜 마닐라만 내의 코레히도르섬에서 농성을 벌이던 미국의 극동방면군까지 항복시켰다. 이때 사령관 맥아더(Douglas MacArthur)는 오스트레일리아로 퇴각했다. 개전 6개월 만에 일본군은 동쪽으로는 마셜제도부터 길버트제도, 서쪽으로는 미얀마, 남쪽으로는 솔로몬제도·뉴기니 북안·자바섬·수마트라섬, 북쪽으로는 알류샨열도까지 태평양을 따라 광대한 지역을 점령했다. 서전에서 일본군이 승리할 수 있었던 원인은 아시아라는 지정학적 유리함과 일본군의 우세한 병력과 기습작전에 의한 제공권, 제해권의 확보에 있었다. 또한 연합국 측이 나치독일 타도를 전쟁의 첫 번째 목적으로 삼고, 태평양 지역에서는 방위적 전략에 그쳤다는 점도 크게 작용했다.

그런데 일본의 정부와 대본영은 모두 서전에서 거둔 승리를 과대평가하면서 미국과의 전쟁 능력 격차를 무시하고 작전 구역을 더욱 확대하려 했다. 개전 당시 미국의 국민총생산(GNP)은 일본의 11.8배, 조강 생산은 12.1배, 항공기 생산은 5.2배, 선박 건조는 5배였으며 이 격차는 전쟁이 진행되면서 더욱 벌어졌다.

일본 군부는 연합국군의 대규모 반격은 1943년 이후에나 시작될 것이라 예상하고 반격 거점이 될 오스트레일리아를 미국 대륙에서 차단하기 위한 작전을 실시했다. 1942년 5월 포트모르즈비, 이어서 6월에는 미드웨이, 그리고 7월에는 피지·사모아공략작전을 계획했다. 그러나 포트모르즈비작전은 산호해 해전에서 '항모 대 항모'의 해전이 무승부로 끝난 결과 좌절되었다. 함 대 함 결전으로 조기에 전쟁을 종결시키려 한 미드웨이해전에서도 사전에 미국 함대에 정보를 해독당한 일본의 연합함대는 주력 항공모함 4척을 격침당했고, 모든 함재기와 숙련된 조종사 다수를 잃었다. 그 결과 태평양에서 미국과 일본의 해군력이 역전되었다.

한편 중국전선에서는 남방군 11개 사단에 대해서 지나파견군은 두 배 이상의 대병력을 배치하고 있었으나, 결정적인 타격을 주지는 못했다. 특히 화베이의 공산 세력에 대해서는 1940년 이래 "남김없이 태우고, 모두 죽이고, 모두 빼앗는다"라는 이른바 삼광(三光)작전을 전개하여 중국 민중에게 잔학 행위를 반복했으나 중국의 항전 의지를 꺾지는 못했다.

1942년 7월 일본군은 중부 솔로몬제도의 과달카날섬에 비행장을 건설했다. 미국과 오스트레일리아 간의 보급선이 차단될 것을 우려한 미군은 8월 과달카날섬에 상륙해서 이를 점령했다. 그로부터 반년 동안 이 섬을 둘러싸고 미국과 일본 양국군 사이에 사투가 벌어졌다. 일본은 계속해서 병력을 투입했으나 탈환에 실패했다. 11월 중순의 제3차 솔로몬해전에서 타격을 받은 일본은 제공권과 제해권을 잃고 야간에 잠수함으로 군대와 보급물자를 보낼 수밖에 없게 되자 3만 일본군은 아사 직전으로 몰렸다. 일본군은 2만 5천 명의 전사자와 아사자를 냈고 결국 1943년 2월 초순에 철수했다. 대본영은 이것을 '전진(轉進)'이라 불렀으나 완전한 패배였다.

일본군이 과달카날섬에서 철수함으로써 태평양전선의 주도권이 연합국군에게 넘어왔다. 같은 시기 1942년 11월 북아프리카에서는 영미연합군이 상륙해서 독일군을 일소했고, 유럽 동부전선에서는 스탈린그라드공방전에서 소련군이 독일군에게 큰 타격을 가했고, 1943년 2월 독일군은 항복했다. 이처럼 같은 시기에 동서에서 연합군이 전쟁의 주도권을 쥐었고, 그 결과 제2차 세계대전은 커다란 전환 국면을 맞이하게 되었다.

대동아공영권의 실태

개전 6개월 만에 일본군은 동남아시아 전역을 점령했고 이미 식민지로 지배해 오던 조선과 대만, 그리고 일본이 그들의 괴뢰 국가로 세운 만주국과 왕자오밍의 중화민국을 합친 '대동아'를 손에 넣었다. 그러나 이 지역들에서 일본이 행한 정책은 과연 대동아공영권에 어울릴 만한 것이었는가?

개전 직전 대본영정부연락회의는 「남방점령지 행정실시요령」을 결정했다. 이 「남방점령지 행정실시요령」은 첫째로 중요 국방 자원의 급속 획득, 둘째 일본군의 현지 자활, 셋째 현지 주민의 일본군에 대한 복종과 독립운동의 억압을 내걸었다. 이 내용들은 일본이 전쟁 목적으로 내건 '대동아공영권 건설'이나 '아시아 해방을 위한 성전'과는 거리가 먼 것이었다.

동남아시아 점령지에서는 일본이 접수한 미국·영국·네덜란드의 기업과 시설이 일본에 의해 접수되었으며, 일본의 재벌계 기업이 진출해서 현지 노동자를 값싼 임금으로 사역시켜 석유·보크사이트·생고무 등의 군수물자를 일본으로 수송했다. 그러나 전국이 악화되자 본국으로의 수송이 어려워지고 공급량이 떨어졌다. 또한 현지 자활 방침에 따라서 일본군은 쌀과 기타 식량을 약탈 또는 강제 제공을 강요했기 때문에 현지 주민은 심각한 식량 부족에 시달려야 했다.

한편 현지 주민을 전쟁에 협력시키기 위한 '황민화'정책이 강행되었다. 그 하나는 아마테라스 오미카미(天照大神)와 메이지천황을 제신으로 모시는 신사를 각지에 세워서 현지 주민에게 신사참배를 강제하는 것이었다. 다른 하나는 영어와 네덜란드어 사용을 금지하고 일본어 학습을 의무화했다. 일본어 학습은 일상적인 커뮤니케이션 수단뿐 아니라 일본어 학습을 통해서 천황 숭배와 '팔굉일우'의 황국사상을 주입하는 데에 목적이 있었다.

그 이상으로 일본의 점령정책에서 두드러지는 점은 현지 주민의 학살과 강제노동이었다. 1942년 1월에 마닐라를 점령한 직후, 일본군은 반일분자라는 이유로 많은 마닐라 시민을 폭행하고 학살해서 필리핀인의 반감을 샀다. 또한 바타안반도에서 항복한 미국 병사와 필리핀 병사를 염천 더위 아래 110킬로미터나 걷게 해서 많은 병사를 죽게 만들었다(죽음의 바타안행진). 그리고 말레이반도와 싱가포르에서는 확실한 증거도 없이 항일분자라는 이유로 많은 화교를 학살했다.

네덜란드의 지배에 시달리던 인도네시아에서는 처음에는 일본에 대한 기대가 컸다. 일본은 네덜란드 당국에 의해 투옥되어 있던 독립운동 지도자 수카르노를 석방하고 그를 이용해서 일본 군정에 협력하도록 했다. 그러나 일본군의 강제 식량 공출에 불만을 가진 민중은 식량폭동을 일으켰다. 전쟁 말기에는 셀레베스, 수마트라, 보르네오 등지에서 진지 구축을 위해 20만 명 또는 30만 명으로 알려진 사람들이 '노무자(勞務者. 일본어 '로무샤'라는 말은 지금도 인도네시아에 남아 있다)'로서 강제노동에 종사해야 했다.

일본군은 현지 주민은 물론이고 연합군의 포로까지 중노동에 종사시켰다. 그 전형적인 예는 '태면철도(泰緬鐵道)' 건설이었다. 태면철도는 태국에서 미얀마로 이어지는 콰에노이(콰이)강을 따라 정글 지대를 관통하는 전체 415킬로미터 길이의 철도였다. 난공사가 많았던 철도 건설은 1942년 7월 착공되어 다음 해 10월, 즉 불과 1년 3개월 만에 완성되었다. 공사에는 미국·영국·네덜란드·오스트레일리아 연합군 포로 약 6만여 명, 태국·말레이시아·인도·인도네시아 등 주민 약 18만여 명이 동원되었다. 이들은 가혹한 노동에 식량 부족에 따른 영양실조, 말라리아와 콜레라 등의 질병으로 많은 사망자를 냈다. 그 수는 포로 1만 3천 명, 아시아계 노동자는 4만 명이라고도 7만 명이라고도 추정되고 있다.

과달카날 철수로 인해 수세에 몰린 일본은 1943년 5월 어전회의에서 「대동아정략지도대강(大東亞政略指導大綱)」을 결정했다. 그 방침은 아시아 여러 민족을 전쟁에 협력시키기 위해 미얀마와 필리핀은 독립시키지만 말레이, 수마트라, 보르네오, 셀레베스는 일본 영토로 한다는 것이었다. 그 결과 8월에는 미얀마, 10월에는 필리핀의 독립을 인정하고 동맹조약을 체결했다. 그러나 도조 히데키 수상은 조약이 서면상으로는 대등하게 서술되어 있어도 실제 지배권은 일본이 쥐고 있다고 설명했다.

식민지 조선과 대만에서는 일본의 황민화정책이 보다 철저하게 수행되었다. 조선과 대만에 일찍이 신사를 세워서 참배를 강요했다. 1938년에는 조선어 사용이 사실상 금지되었고, 이듬해 1939년에는 조선과 대만 모두 일본식으로 성명을 고치는 '창씨개명'이 강제되는 등 민족성을 말살하는 동화정책이 강행되었다. 또한 조선의 국민총력연맹과 대만의 황민봉공회(皇民奉公會)처럼 대정익찬회를 본뜬 조직을 만들어서 황민화와 전쟁 협력을 추진했다.

병력 동원이 일본 본국만으로는 부족해지자 처음에는 지원제를, 나중에는 징병제를 실시하여 조선과 대만의 청년들을 대거 전쟁터에 투입해서 많은 전사자를 냈다. 또한 1939년부터는 조선인 노동자를 강제연행해서 광산이나 댐 건설 등 위험한 직장에서 일을 시켰다. 그 수는 일본 국내에서만 약 70만~80만 명에 이르는 것으로 추정되고 있다. 그리고 1942년부터는 중국인에 대한 강제연행도 시작되어 조선인처럼 위험한 현장에서 중노동에 동원되었다. 이처럼 수많은 조선인, 중국인은 가혹한 노동과 영양실조에 시달리다 목숨을 잃었다.

또한 1937년에 일어난 난징대학살 이후 조선의 여성을, 나중에는 대만과 중국 본토 그리고 필리핀을 비롯한 동남아시아 각지의 여성을 위안부로 전선에 내보내서 '성적 노예'로 삼아 무한한 고통을 겪게 했다.

대동아공영권 건설의 본질은 서구의 식민지 지배로부터의 해방이 아니라 서구 국가를 대신해서 일본이 아시아 전역을 식민지로 지배하려던 것이었다. 제2차 세계대전 후의 아시아 각국의 잇따른 해방과 독립은 이러한 일본의 군사 지배와 전후에 구 식민지를 다시 지배하려는 영국, 프랑스, 네덜란드 등과의 투쟁을 통해 얻어 낸 것이었다.

4. 대일본제국의 붕괴

전선의 축소와 전쟁경제의 붕괴

1943년 2월의 과달카날섬 철수 이후 일본군은 방어에 급급했다. 연합군은 뉴기니 북안을 지나 북진하는 코스와 중부 태평양 제도를 거쳐 서진하는 코스를 택해, 필리핀의 루손섬을 목표로 삼고 진격한 결과 10월 뉴기니 북안을 제압했다.

이에 대해 일본은 9월 어전회의에서 전선을 축소하고 연합군의 반공에 대처하기 위해 쿠릴열도, 오가사와라제도(小笠原諸島), 내남양(內南洋. 중서부) 및 서부 뉴기니, 순다열도, 미얀마를 포함하는 지역을 '절대국방권'으로 설정하는 구상을 세웠다. 그 결과, 동부 뉴기니와 라바울을 중심으로 30만 일본군이 연합군의 후방에 고립되었다. 고립된 일본군은 농경으로 자활하고 굶주림과 병에 시달리면서 전력으로서의 기능을 상실해 갔다.

그러나 절대국방권은 순식간에 무너져 11월에는 길버트제도의 마킨, 타라와 두 섬의 일본 수비대가 전멸하고 1944년 2월에는 마셜제도의 태평양 최대 해군기지인 트럭섬이 기습당해 막대한 피해를 입고 버려졌다. 같은 해 6월에는 연합군이 마리아나제도를 공격하고, 7월에는 사이판섬에서 일본군 3만여 명이 전멸했으며 그곳에 있던 일본 민간인 다수는 자결했다. 마리아나제도의 함락으로 일본 본토가 직접 미군의 폭격권 내에 들어가게 되었다.

일본의 전쟁경제를 위해서는 남방 점령지의 자원을 내지로 수송하고 전력화하는 것이 결정적으로 중요했다. 그런데 과달카날 전투에 선박을 대량으로 징용해서 민수(民需) 수송이 격감해 버린 것이다. 게다가 제공권과 제해권을 잃은 일본은 연합군의 잠수함과 항공기 공격으로 선박의 손실이 계속 늘었다.

1944년에 들어서 절대국방권이 붕괴되자 선박, 항공기의 손실은 점점 더 커져 남방항로를 잇달아 포기할 수밖에 없었다. 7월 사이판이 함락하자 일본의 전쟁경제는 붕괴 단계에 접어들었다. 남방으로부터 들어오는 자원은 거의 끊겼고, 무기 생산은 감소하기 시작했다. 이 상태는 11월부터 시작된 미군의 본토 폭격으로 더욱 심각해졌다. 1944년 후반부터 일본의 전쟁경제는 붕괴했다고 말할 수 있다.

총동원과 국민 생활

중일전쟁 개시와 함께 늘어나기 시작한 일본의 병력은 1941년

아시아·태평양전쟁이 시작된 시점에 239만 명에 달해 있었다. 아시아·태평양전쟁의 판도가 역전된 1943년에는 337만 명이었고, 1944년 10월에는 504만 명이었다. 이는 당시 남성 인구의 14.6퍼센트에 해당되는 것으로, 병력 동원의 한계를 훨씬 뛰어넘은 수치이며 말 그대로 '총동원'이었다. 일본은 병력 확보를 위해 1943년 징병 연령을 19세로 낮추었고 학생에 대한 징병유예도 거의 전면적으로 정지시켰다.

1943년 10월 21일 차가운 비가 내리는 속에 메이지신궁 외원(外苑)에 있는 육상경기장(현재의 국립경기장. 2020년 도쿄올림픽 준비를 위해 2015년에 해체)에서 문부성이 주최하는 출진학도장행회(出陣學徒壯行會)가 열렸다. 도쿄 및 도쿄 근린 현에서 모인 출진학도들은 도조 히데키 수상의 열병과 격려를 받고 장내를 행진했다. 관중석을 가득 메운 6만 5천 명의 가족, 급우, 여학생 들이 그들을 배웅했다. 출진 학도들은 나라의 앞날을 걱정하고, 부모를 비롯한 가족과 연인을 향한 애정, 포기할 수 없는 학문에 대한 열정 등 온갖 생각과 아픔을 품은 채 전쟁터로 향했다. 그 수는 13만 명이라고도 20만 명이라고도 추정되고 있다. 전사한 학도의 수는 아직도 정확하게 확인되지 않고 있다. 학도병들이 죽음을 마주하며 남긴 수기 『들어라, 바다의 목소리를(きけわだつみのこえ)』(현재 이와나미문고에 수록되어 있다)는 지금도 많은 사람에게 읽히고 있으며, 전쟁의 의미에 대해 생각하게 하고 있다.

전사자 수도 과달카날전투 이후 급증하여 1943년 10만 명,

1944년 10월 14만 6천 명, 그리고 패전한 1945년에는 112만 7천 명에 이른다. 전사자는 전쟁이 절망스러운 단계에 들어서면서 급증했다. 사회적으로는 '명예로운 전사'라고 불리고 있지만 실제로는 많은 이가 정글에서 굶주림과 병으로 죽어 갔다.

많은 젊은이를 군대에 동원하고 전쟁 수행을 위해 군수공장의 노동자 수요가 늘자 노동력 부족이 점점 심각해졌다. 1939년 국민징용령으로 평화산업에 종사하는 사람과 상점을 경영하다가 전업하거나 폐업한 자 그리고 농촌 인력이 군수공장에 동원되었다. 아시아·태평양전쟁이 시작되자 징용이 더욱 강화되어 '국민 중에 일하지 않는 자, 유한계급, 무직자는 단 한 사람도 없는' 상태를 목표로 14~40세의 남성, 14~25세의 미혼 여성으로 근로보국대(勤勞報國隊)를 조직해서 무보수로 일을 시켰다. 1943년에는 국민징용령이 개정되어 징용 기간 연장과 함께 의무가 강화되었다. 또한 여자근로정신대가 편성되었는데, 이는 처음에는 정부가 지도와 장려를 하는 정도였으나 점차 강제성을 띠게 되어 많은 여성이 직장에 나가야 하는 상태가 되었다.

1943년 6월 각의결정에 의해 학도병 동원이 전면적으로 실시되었다. 그전까지 임시 혹은 계절에 따라 하던 근로봉사가 이후 '근로 즉 교육'이라는 당국의 일방적이고 편의주의적 이념하에서 대학, 전문학교, 중등학교에 다니는 모든 학생에 대해 정규학업 대신 군수공장이나 농촌에서 강제로 근로봉사를 시키는 것으로 바뀌었다.

전방과 후방 할 것 없이 총동원이 강제되자 국민의 일상생활은 급속하게 악화되었다. 첫째로 식량 위기였다. 중일전쟁이 시작된 후 농촌에서는 2백만 명의 남성이 군대에 끌려갔고 징용 외 기타 명목으로 2백만 명이 군수공장에 동원되었다. 이로 인해서 농촌은 주요 일꾼을 잃어 심각한 인력 부족에 빠졌다. 게다가 화학비료와 농기구 부족으로 이미 1939년 이후 식량 생산은 감소하기 시작했다.

식량 생산이 감소됨에 따라 국민의 생활수준도 저하되었다. 1934~1936년의 국민 1인당 식량을 100이라면 1941~1945년은 각각 92, 87, 83, 75, 60으로 급감했다. 마찬가지로 의류는 65, 64, 38, 13, 4가 되었고 양복과 속옷을 비롯한 수건, 양말, 장갑 등의 일용품은 완전히 모습을 감추고 말았다. 1941년 4월부터 6대 도시를 시작으로 할당통장제도에 의한 쌀 배급이 실시되었으며, 11~60세 남녀에 대한 1일 배급량은 약 330g(당시 일본인의 소비량은 1인당 1일 평균 450g)이었다. 이 쌀 배급도 나중에는 보리, 잡곡, 고구마, 감자, 두박(콩깻묵) 등 대용식이 늘어났다. 생선과 고기 등 부식 또한 해마다 줄었다. 일본 국민의 영양섭취량은 필요 최저량을 크게 밑돌아서 만성적인 기아 상태가 시작되었다. 도시 사람들은 농촌으로 식량을 구하러 다니면서 겨우 최저 생활을 유지했는데 이 때문에 통제경제 위반 혐의로 체포되는 사람이 끊이지 않았다.

식량 사정의 악화와 노동조건의 악화는 국민의 건강을 해하였

고 그 결과 사망률이 상승했다. 특히 결핵 환자가 늘어서 패전한 해인 1945년만 보더라도 20만 3천 명이 사망했다. 총체적으로 볼 때 이 시기의 국민 체위의 저하는 전쟁을 수행함에 있어서 중대한 문제였다. 1941년 일본 정부는 이와 관련해서 정책을 하나 결정했는데, 그 내용인즉 내지인 인구 1억 명을 목표로 "낳아라, 불려라(産めよ殖やせよ)", "결혼보국(結婚報國)"과 같은 표어를 내걸고 부부 한 쌍당 5명 이상의 자녀를 출산하도록 장려하거나 결혼 연령을 앞당기는 것이었다. 그러나 한편으로는 나치독일의 단종법(斷種法)[72]을 따라서 유전적인 질병을 가진 자에 대한 단종수술을 시술할 것을 규정한 국민우생법(國民優生法)을 공포했다. 또한 모든 국민을 보험에 가입시키는 국민개보험(國民皆保險)정책을 시행하여 건강보험조합을 설립하고 국민에게 가입을 강제했다. 모성보호와 영유아보호정책도 실시했으나 출산율 저하와 영유아의 사망이 현저하게 증가하였다. 그 원인은 첫째 영양 불량, 이어서 과로와 질병을 들 수 있다. 이러한 상황은 전시하의 모친과 영유아가 처한 가혹했던 상황을 보여 주고 있다.

절망적 항전—본토 공습과 오키나와전

1944년 7월 마리아나제도 특히 사이판의 함락은 일본의 전쟁

---

72 우생학적 입장에서 유전성 지적 장애인 등의 생식능력을 없애는 일에 대하여 규정한 법률. 미국에서 최초로 입법화되었고 그후 독일, 스웨덴, 노르웨이 등지에서도 제정되었다.

지도체제를 동요시켰다. 도조 히데키 수상은 이전부터 수상의 권한을 강화하여 육군대신과 참모총장을 겸임하면서 천황의 권위를 독차지하고 헌병을 동원해서 반도조 세력의 움직임을 억눌러 왔다.

그러나 고노에 후미마로, 오카다 게이스케, 히라누마 기이치로 등 수상을 역임한 경험이 있는 중신들에 의한 반도조 움직임은 하루하루 거세져서 결국 도조 내각은 마리아나에서의 패전에 대한 문책으로 총사퇴했다.

그 뒤를 이어 7월 22일 육군대장이자 조선총독인 고이소 구니아키(小磯國昭) 내각이 출범하였다. 고이소 수상은 기존의 대본영 정부연락회의를 대신해서 최고전쟁지도회의를 설치하여 국무와 통수(統帥)의 일치를 꾀하였으나 문제는 해결되지 않았다. 8월에 열린 최고전쟁지도회의에는 천황도 참석해서 앞으로의 전쟁 지도 방침을 결정했으나, 그 방침은 일본의 국력과 전력은 계획성을 점차 잃게 되어 일정 기간 적의 행진을 저지할 정도밖에 안 될 것이라는 것이었으며, 승리에 대한 전망은 전혀 없었다.

1944년 10월 맥아더 휘하의 미군이 필리핀 레이테섬에 상륙했다. 루손섬 결전을 예상했던 대본영은 서둘러 병력을 이동시키고 일본의 연합함대도 전력으로 레이테만으로 돌입하려 했지만, 압도적으로 우세한 미국의 항모함대에 의해 괴멸되고 말았다. 이 해전에서 제1항공함대사령 오니시 다키지로(大西瀧治郎) 중장은 이른바 '가미가제특공대(神風攻擊隊)'라 불리는 신풍특별공격대를 구성해서 적 함대에 육탄 공격을 감행했으나 열세를 만회하지는 못했다. 살아서 돌아오지 못하는 비인간적인 특공전법은 이후 육군으로 확대되었고 안타깝게도 많은 젊은 목숨을 잃게 하였다. 특공대 전사자 수는 패전까지 4,400명에 달했다.

전쟁은 레이테부터 민도로, 루손섬까지 확대되었다. 필리핀에서의 전투는 이미 다음 작전 준비를 위한 시간 벌기에 불과했기에 루손섬에 있던 30만 일본군의 대부분은 산속 사방으로 흩어졌다. 그들은 필리핀 주민에 의한 저항이 있는 데다가 식량과 탄약도 바닥난 상태였기에 숲 속에서 굶어 죽거나 말라리아 등에 걸려 병사하였다.

마리아나제도를 점령한 미군은 비행장을 건설해서 1944년 11월에는 장거리 폭격기 B29로 일본 본토 공습을 시작하였다. 처음에는 주로 도쿄와 나고야 등에 있는 군수공장과 군사 시설을 목표로 하였으나, 이듬해 2월 이후로는 목표를 시가지로 돌려서 집도 사람도 모두 태워 버리는 소이탄에 의한 무차별 융단폭격을 가하였다.

1945년 3월 9일과 10일 이틀 동안 도쿄 시내를 폭격한 도쿄대공습은 소실 가옥 25만 9천 호, 사망자 8만 3,070명, 중경상자 11만 명, 이재민 89만 명이라는 피해를 냈다. 도쿄대공습이 있은 3월 이후 공습은 오사카·나고야·고베 등 다른 대도시와 지방 도시로 확대되었고, 패전 직전에는 미국 군함에 의한 연안 도시에 대한 함포사격도 가해졌다. 이 피해 규모는 전국에서 전소 219만

호, 사망자 약 43만 명, 이재민은 1천만 명에 이르렀다.

본토 공습은 일본 국민의 전의에 큰 영향을 끼쳤다. 장기화된 전쟁으로 인한 피로, 식량을 비롯한 일상생활에 필요한 물자의 결핍은 물론 연일 계속되는 공습 속에 일본 국민은 승리에 대한 희망을 잃고 빠른 속도로 전의를 상실해 갔다. 이러한 국민의식은 '유언비어'에도 나타났는데 내무성 경보국(警保局) 조사에서 천황에 대한 불경 언행이나 반전과 반군 관련 언사가 날이 갈수록 늘고 있음을 알 수 있다.

1945년 1월 최고전쟁지도회의는 일본군이 필리핀, 대만, 오키나와 방면에서 가능한 한 적에게 타격을 주면서 일본 본토에서 마지막 결전을 준비한다는 방침을 결정했다. 이 무렵부터 전쟁의 판도에 불안을 느끼기 시작한 쇼와천황은 2월에 히라누마 기이치로, 고노에 후미마로, 히로타 고키, 와카쓰키 레이지로, 도조 히데키 각 중신의 의견을 구했다. 이들 중에서 조기화평을 진언한 사람은 고노에뿐이었다. 고노에는 보수적 자유주의 그룹과 의논하여 상주문(上奏文)을 준비했다. 고노에는 패전이 불가피하다는 이유로 '국체호지(國體護持)의 명분보다 가장 우려해야 할 것은 패전보다도 패전이라는 결과로 일어날 수 있는 공산혁명'이라고 하면서 국체호지를 위해서 하루라도 빨리 전쟁 종결을 준비해야 한다고 진언했다.

천황은 육해군의 의견에 기대를 걸고 한 번 더 큰 전과를 올려서 보다 유리한 강화 조건을 얻고 싶다는 뜻을 밝히며 고노에의 의견을 기각했다. 이렇게 해서 승리할 가망성이 전혀 없는 전쟁은 계속된 것이다. 그런데 이때야말로 전쟁터에서 그리고 맹폭격을 당하고 있는 일본 국내에서 사상자가 급증한 시기였다. 4월 5일 거의 지도력을 발휘하지 못한 고이소 구니아키 내각이 총사퇴하고 이틀 후인 7일 해군 출신인 스즈키 간타로(鈴木貫太郎) 내각이 출범했다.

스즈키 내각으로 정권이 교체되기 직전인 4월 1일 미군은 함선 1,500척, 병력 18만이라는 대군을 이끌고 오키나와에 상륙했다. 오키나와수비대 제32군 10만 명은 본토결전을 위한 방패막이 역할을 수행하도록 명받았기 때문에 미군의 전력을 소모시키기 위해 지구전 태세를 갖추었다. 이 임무를 수행하기 위해서 오키나와 주민을 보호할 조치를 취하지 않고, 오히려 주민의 노동력과 주민 소유의 자재를 동원하였다. 일본군은 전투력을 보조하기 위해 중학생과 여학생을 동원해서 전투원 또는 간호원으로 편성했는데, 바로 이것이 '철혈근황대(鐵血勤皇隊)'[73]와 '히메유리부대(ひめゆり部隊)'[74]다. 동굴에 들어가서 끝까지 저항하는 일본군에게

---

73 아시아·태평양전쟁 말기 오키나와전투에 동원된 14~17세의 남자 중학생을 말한다. 일본군이 강제로 징집하여 총검술을 가르친 뒤 미군과의 실전에 투입하였으나 전멸했다.

74 아시아·태평양전쟁 말기 오키나와현립 제1여자고등학교와 오키나와사범학교 여성부의 학생과 교직원으로 조직된 종군간호부대를 말한다. 오키나와사범학교의 교지 이름이 시라유리(백합), 현립 제1여자고등학교의 교지 이름이 오토히메(아가씨)였기 때문에 이 둘의 이름을 따서 '히메유리'라 불렸다.

미군은 군인, 민간인을 가리지 않고 무차별로 공격을 가했다. 한편 일본군은 민간인에게 직간접적으로 집단자결을 강요했고, 간첩 혐의로 주민을 학살하는 사건도 일어났다. 일본군의 조직적인 저항은 우시지마 미쓰루(牛島滿) 군사령관이 자결한 6월 23일에 끝났으나, 산발적 저항은 패전 후 9월 중순까지 계속되었다. 그사이 일본군의 전사자는 8만 5천여 명이었고, 오키나와 주민의 사망자는 그보다 많은 9만 4천 명이었다.

오키나와전이 한창인 6월 어전회의는 '국체를 호지하고 황토(皇土)를 보위'하기 위한 본토결전을 결정하고 해상, 해안가, 지상의 모든 곳에서 '전군 맞찔러 죽이기 전법(全軍刺違の戰法)'을 취하기로 했다. 또한 대정익찬회와 산하 단체들을 해산시키고 국민의 용대로 재조직해 군대의 지휘하에 두었다. 이것이 바로 천황을 정점으로 하는 파시즘 지배의 극한적인 모습이었다. 그러나 일본 국민의 전의는 불타오르지 않았으며, 동원한 군대 자체가 싸울 무기도 없는 대병수잡군화(大兵數雜軍化. 대병력이나 잡군이 되었다는 뜻으로 가와베 도라시로(河邊虎四郎) 참모차장이 한 말) 상태에 있었다.

패전—원폭 투하와 포츠담선언 수락

일본이 절망적인 본토결전을 준비하던 1945년 2월 4일부터 1주일간, 연합국의 수뇌 미국의 루스벨트 대통령, 영국의 처칠 수상, 소련의 스탈린 수상 3인은 크림반도의 얄타에서 회담을 가졌

원폭 투하 직후 히로시마 시내. 1945년 8월 6일 오전 8시 15분 미 공군 B29 폭격기에서 원자폭탄이 투하되어 히로시마 7만 6천 호의 92퍼센트가 한순간에 파괴되었다. 이 사진은 폭심지(爆心地)에서 2.3킬로미터 떨어진 미유키바시(御幸橋)에서 촬영된 것이다(松重美人 촬영·제공).

다. 이 얄타회담에서는 독일 항복 후 유럽 문제 처리와 소련의 대일 참전과 이를 위한 조건이 논의되었다. 이때 체결된 비밀협정에서는 독일 항복 후 2~3개월 뒤에 소련이 일본에 참전하는 조건으로, 첫째 중국 동북부(만주)에서 러시아의 옛 권익(뤼순과 다롄 두 항구와 둥칭·만철) 회복과 남사할린 반환, 둘째 쿠릴열도를 소련에 양도한다는 내용이 결정되었다. 전자는 러일전쟁에 대한 보복이고, 후자는 일본 영토의 할양인데 이는 연합국의 영토불확장 원칙을 어기는 것이었다. 가능한 미국인의 피를 흘리지 않고 일본을 항복시키고 싶었던 루스벨트는 이 조건을 승낙했다.

얄타회담 2개월 후 루스벨트가 병사하자 부통령 트루먼이 대통령으로 취임했다. 4월 30일 히틀러 총통이 자살하고, 5월 7일 독일은 무조건항복을 했다. 4~6월에 걸쳐 샌프란시스코에서 연합국 50개국이 참가해서 국제연합(國際聯合, United Nations) 설립을 결정했다. 일본은 연합국의 포위망 속에 완전히 고립되고 말았다.

쇼와천황이 화평의 길을 모색하기 시작한 것은 6월에 들어서면서부터였다. 내대신 기도 고이치(木戶幸一)의 '국체를 호지하는 지상의 목적(國體の護持てふ至上の目的)'을 달성하기 위해서는 천황의 용단으로 전국(戰局)을 수습하는 것 외에 다른 길이 없다는 진언을 받아들인 것이다. 그 결과 스즈키 내각은 소련을 중개로 화평교섭을 진행하기로 하고, 도쿄와 모스크바에서 외교 당국자 간 교섭을 시작했다. 그리고 고노에 후미마로를 천황의 특사로 모스크바에 파견할 계획을 세웠다. 그러나 어느 하나 실현되지 못한 채 스탈린이 7월 17일부터 삼국수뇌회담에 참석한 것이다.

7월 17일부터 베를린 교외 포츠담에서 열린 트루먼, 처칠, 스탈린의 삼국수뇌회담은 트루먼에게 소련의 대일 참전에 대한 확실한 약속을 받아 내는 것이 하나의 중요한 과제였다. 회담 첫날 스탈린은 소련이 8월 15일 참전한다는 점을 분명히 밝혔다. 그런데 다음날 트루먼은 원폭 실험이 성공했다는 본국의 보고를 받았다. 이때 트루먼을 비롯한 미국의 지도자들은 소련의 참전에 의해서가 아니라 원폭으로 전쟁을 종결시킬 수 있다고는 확신을 가

1945년 8월 15일 도쿄 유라쿠초(有樂町)에 있던 마이니치신문 도쿄 본사 편집국에서 옥음방송을 청취하는 사람들. 8월 15일 정오 천황의 목소리가 라디오에서 흘러나와 일본 국민은 길고 길었던 전쟁이 이윽고 끝난 사실을 알게 되었다(마이니치신문사 제공).

졌다. 미국은 얄타회담에서 약속한 소련의 극동 진출을 막고, 전후 세계의 지도권을 확보하기 위해서 원폭의 위력을 효과적으로 이용하기로 했다.

원폭 실험의 성공은 미국이 준비 중이던 포츠담선언에 영향을 미쳤다. 일본을 향한 선언문안은 일본의 항전은 멸망의 길이라는 점을 전반부에서 경고하고, 후반부에서는 항복을 독촉하는 여러 조건을 열거했다. 그 조건이란 군국주의의 제거, 영토를 혼슈·홋카이도·시코쿠(四國)·규슈와 부속 도서로 제한하고, 군대의 무장해제, 전쟁범죄자의 처벌, 민주주의의 부활 강화, 경제의 비군사화 그리고 이상의 목적을 달성하기까지 일본 영토 점령이었다.

초안에서는 이 조건들과 함께 점령군의 목적이 달성되고 책임 있는 정부가 수립될 때에는 점령군은 바로 철수한다고 하고, 이 책임 있는 정부에는 '현 황통(皇統)하의 입헌군주제'가 포함되어 있었다. 즉 천황제의 존속을 시사한 것이다. 그러나 원폭 실험이 성공하자 이 부분은 삭제되었고, 7월 26일 포츠담선언은 미국·영국과 중국 이름으로 발표되었다(소련은 아직 참전하지 않았다).

7월 27일 포츠담선언을 알게 된 일본 정부는 이를 천황과 최고 전쟁지도회의에 보고했다. 포츠담선언은 다음날인 28일 각 신문에 발표되었고, 스즈키 수상은 일본 정부는 이를 중요하게 여기지 않으며 묵살한다는 담화를 발표했다. 연합국은 이 담화를 포츠담선언을 거부하는 회답으로 받아들였고, 미국은 이를 원폭 투하의 구실로 삼았다.

8월 6일 히로시마에 첫 번째 원폭이 투하되었다. 순식간에 시가지 대부분이 불타고 폭풍으로 파괴되었다. 그해 연말, 사망자는 14만 명 이상에 달했다. 사망자는 해를 거듭할수록 증가했고 원폭 후유증으로 고통 받는 사람들의 긴 여정이 시작되고 말았다. 일본 전쟁 지도자들은 충격을 받았으면서도 전쟁 종결을 위한 행동은 취하지 않았다.

원폭 투하는 소련의 참전을 앞당겼다. 예정보다 1주일 빠른 8월 8일 소련은 일본의 포츠담선언 거부를 이유로 대일 참전을 선언하고 남사할린과 만주에 대한 공격을 일제히 시작했다. 다음날 오전 최고전쟁지도회의가 열렸고, 이어서 오후부터 저녁까지 각료회의가 열렸다. 외무대신 도고 시게노리(東鄕茂德)는 천황제 존속=국체호지를 유일한 조건으로 포츠담선언을 수락할 것을 주장했다. 이에 대해 육군대신 아나미 고레치카(阿南惟幾)는 육·해 통수부장(統帥部長)과 함께 국체호지 그리고 그 외에 군대의 자주적 철수(무장해제 반대), 전쟁범죄자를 자국에서 처리, 점령은 하지 않는다는 네 조건으로 포츠담선언 수락을 주장했다. 양자의 의견이 대립한 채 논의가 반복되던 8월 9일 두 번째 원폭이 나가사키에 투하되어 약 7만 명이 사망했다. 이날 심야에 열린 어전회의에서 군부는 위 네 가지 조건을 계속 주장했으나, 스즈키 수상이 "성단(聖斷. 천황의 결단)을 받들어야 한다"는 발언에 의해 천황이 국체호지를 유일한 조건으로 포츠담선언을 수락하기로 결단을 내렸다.

그러나 국체의 호지에 불안감을 느낀 일본 정부의 문의에 미국 정부는 항복하는 시점부터 천황과 일본 정부의 통치권한은 연합국 최고사령관에 종속된다고 회답하는 한편, 일본 정부의 형태는 일본 국민이 자유롭게 표명하는 의사에 의해 결정된다고 회답했다. 이 회답에 대해서 8월 14일 열린 어전회의에서 군부 강경파는 전쟁을 계속할 것을 주장했으나 "국체에 대해서는 적도 인정하는 것으로 판단된다. 전혀 문제없다"는 천황의 '성단'에 의해 포츠담선언 수락이 결정되었다.

다음날인 1945년 8월 15일 정오 라디오를 통해 쇼와천황은 「종

전조서(終戰の詔書)」를 방송했고, 이로써 아시아·태평양전쟁은 일본의 무조건항복으로 종결되었다. 동시에 이는 제2차 세계대전의 종결이기도 했다.

제4장 점령과 전후 개혁

1. 점령 개시와 구체제의 붕괴

패전과 국민

1945년 8월 15일 정오 '옥음방송(玉音放送)'[75]에서 일본 국민 대

---

75 1945년 8월 15일 정오 그동안 신격화되어 있던 천황이 라디오를 통해서
    육성으로 아시아 · 태평양전쟁에서 일본이 무조건 항복한다는 사실을 일
    본 국민에게 알린 방송을 말한다. "본인은 세계 정세와 일본의 현황에 대
    해서 깊이 생각한 끝에 비상조치를 취함으로써 지금의 국면을 수습하고
    자 생각하며, 하여 충의롭고 선량한 너희 국민에게 이를 전한다"는 말로
    시작하는 「대동아전쟁 종결의 조서」에는 "나는 일본 정부에게 미국, 영국,
    중국, 소련 4개국에 대해서 포츠담선언을 수락할 것을 통고했다"는 말과
    함께 "나는 일본과 함께 시종 동아시아제국의 해방에 협력해 준 동맹 제
    국에 유감의 뜻을 표하지 않을 수 없다. 일본 국민으로서 전쟁터에서 전몰
    하고 직책을 수행하다가 사망하고 전재로 생명을 잃은 사람들과 그 유족
    에 대한 생각을 하면, 이 몸의 마음이 찢어진다. 그리고 전상(戰傷)을 입고
    전화를 당하고, 직업과 재산을 잃은 사람들의 생활 재건에 대해서 본인은
    가슴 아파하고 있다. …바로 나라를 들어서 하나의 집(一家)으로서 단결
    하고 이를 자손에 계승하여 신국일본(神國日本)의 불명을 굳게 믿으며, 그
    임무는 무겁고 갈 길은 멀다고 자각하며, 장래 건설을 총력을 위해서 쏟아
    붓고…"라는 내용을 어떻게 이해할 것인가가 전후 일본의 전쟁 청산, 책

부분은 처음으로 패전 소식을 듣게 되었다. 공습으로 집이 불타고 육친을 잃은 사람들은 오키나와전의 패배, 히로시마와 나가사키의 원폭 투하, 소련의 참전이라는 격변하는 상황에서 항전할 의지를 잃었다. 개중에는 일억옥쇄(一億玉碎)[76]의 결의로 끝까지 싸울 의지를 가진 사람도 있었다. 천황은 국민에게 포츠담선언의 수락을 알리고, "짐은 여기에 국체를 호지하고 충량한 너희 신민의 적성(赤誠)을 신의(信倚)하며 언제나 너희 신민과 함께한다"는 「대동아전쟁 종결의 조서」를 처음으로 육성으로 전했다. 억울함과 놀라움, 전쟁이 끝났다는 안도감과 이제부터 시작되는 점령에 대한 불안감이 교차하면서 많은 국민은 망연자실한 상태에 있었다.

8월 15일에 모든 전쟁이 끝난 것은 아니었다. 오키나와에서는 패전 후에도 각지에서 게릴라 항전이 계속되어 9월 7일에 사키시마(先島) 군도사령관과 아마미(奄美) 군도사령관 등이 미군에게 무조건 항복하면서 전쟁이 끝났다. 그사이 많은 섬 주민이 목숨을 잃었다. 8월 11일 소련군이 남사할린에 침공함으로써 전투가

임 문제와 무관하지 않다고 생각한다.

76 '옥쇄'라는 말은 옥처럼 아름답게 부서진다는 뜻으로, 대의나 명예를 위한 깨끗한 죽음을 의미한다. 이것은 일본의 전 국민이 모두 옥쇄(사망)하는 한이 있더라도 마지막 한 명까지 끝까지 싸워서 황실을 지켜야 한다는 입장에서 내건 슬로건이다. 천황의 군대가 절대 항복은 해서는 안 되며 황군(皇軍)의 명예를 위해서 차라리 숭고한 죽음을 택하라고 한 것과 일맥상통한다. 참고로 1945년 당시 일본의 인구는 약 7,200만 명이며 '1억'이라 할 때는 식민지의 이른바 신민도 포함된다.

시작되었고 일본군이 무장해제된 것은 28일이었다. 쿠릴열도에서는 9월 1일까지 전쟁이 계속되었다.

만주에서는 8월 8일 선전포고와 동시에 소련의 공격이 시작되었다. 관동군은 거의 저항도 하지 못하고 고급 장교와 관리는 재빨리 일본으로 도망갔으며, 군대는 개척단 농민과 민간인을 방치한 채 남하했다. 산발적인 항전은 8월 말에 끝이 났다. 이 기간 동안 개척단원과 민간인은 소련군의 폭행과 약탈에 시달리다가 고난의 귀국길에서 굶주림이나 병으로 사망했으며, 어려운 여건 속에서 아이를 버리고 오거나 중국인에게 맡기거나 할 수밖에 없었다. 만주 거주 민간인 약 155만 명 중 희생자는 17만 6천 명이라고 한다. 그리고 오늘날까지 여전히 문제가 되고 있는 3천 명이 넘는 중국 잔류 일본인 고아가 생겨났다.

또한 항복한 관동군 병사와 사할린과 쿠릴의 포로 57만 명은 시베리아와 중앙아시아에 연행되어 억류당하고 강제노동에 동원되다가 약 6만 2천 명이 사망했다. 중국 대륙에서는 중공내전이 재발함에 따라 국민정부군에 편입되어 사망한 일본군도 적지 않다. 이처럼 해외에서의 전쟁 종결은 지역마다의 사정으로 순탄하지 않았다.

패전 당시 해외에 주둔하거나 거류하고 있던 일본 군인과 일본인의 수는 약 660만으로 알려져 있다. 이들 구(舊) 군인의 복귀와 민간인의 귀환은 일본에게 큰 문제였다. 전쟁 중에 선박 대부분을 잃은 일본이 귀환에 동원할 수 있는 선박은 30만 톤에 불과해

1946년 12월 8일 소련 관리하에 다롄에서 제1차 귀환자들을 태우고 나가사키현 사세보항(佐世保港)에 입항한 신니치마루호(辰日丸號)(마이니치신문사 제공).

서 미군에게 선박을 대여하여 간신히 궤도에 올릴 수 있었다. 그 결과 1946년까지 81퍼센트가 귀국했고 1949년에는 거의 완료되었다.

귀국자들은 얼마 되지 않은 짐을 가지고 조국 땅을 밟았지만 그들을 기다리고 있는 것은 인플레이션과 식량난이었다. 연고가 없는 사람들은 귀환자 숙소에 수용되거나 산골 개척촌으로 이주하는 등 고난의 길을 걸어야만 했다.

8월 15일 스즈키 간타로 내각은 총사퇴하고 17일 히가시쿠니노미야 나루히코(東久邇宮稔彦)를 수상으로 하는 황족 내각이 출범했다. 히가시쿠니노미야 내각은 국체호지와 국내 치안 유지를 중시해서 경찰관을 두 배로 늘려 치안유지법을 유지하면서 좌익과 재일조선인의 동태를 감시하며 정치범을 석방하려 하지 않았다. 이 때문에 패전 후에 치안유지법 위반으로 사형을 선고받거나 철학자 미키 기요시(三木淸)처럼 옥사하는 사람도 있었다. 미키의 죽음은 연합군에게 충격을 주어 뒤에서 언급하는 GHQ(General Headquarters, 연합군총사령부)가 '인권지령(人權指令)'을 발령하는 계기가 되었다.

한편 히가시쿠니노미야 수상은 기자회견과 의회에서 패전 책임에 대해 "군관민 전체가 철저하게 반성하고 참회해야 한다"고 말하며 천황을 위시한 전쟁 지도자의 책임에 대해 모호한 태도를 보이면서 '일억총참회(一億總懺悔. 전 국민의 총 참회)'[77]를 강조했다.

점령 개시

1945년 8월 15일 연합국 최고사령관(Supreme Commander of the Allied Powers, SCAP)으로 임명된 더글러스 맥아더가 가나가와현 아쓰기(厚木)비행장에 도착한 것은 8월 30일이었다. 9월 2일에는 도쿄만의 미국 전함 미주리호의 함상에서 맥아더를 비롯한 연합국가의 각 대표와 일본 대표 시게미쓰 마모루(重光葵) 외무대신,

---

77 패전 직후 히가시쿠니노미야 나루히코 내각은 식민지인을 포함한 일본제국 신민에게 패전 책임을 전가하여 전쟁에 대한 책임을 회피하려고 한 주장이다. 일본 국민 모두가 책임을 진다는 뜻은 거꾸로 말하면 구체적으로는 아무도 책임지지 않는다는 말이기도 하다.

우메즈 요시지로(梅津美治郎) 참모총장 사이에 항복 문서 조인이 이루어졌다. 9월 8일 맥아더는 도쿄로 들어와 황거(皇居)가 내려 다보이는 오호리바타(お濠端)의 다이이치생명(第一生命)빌딩에 연합국 최고사령관 총사령부(GHQ/SCAP)를 설치해서 점령 활동을 시작했다. 9~10월에 걸쳐서 43만 명의 미국 점령군이 각지에 배치되었고 그중에는 영연방군(英連邦軍)도 일부 참가했으나, 실질적으로는 미군에 의한 단독 점령이었다.

대통령의 승인을 받아 공표한 미국의 초기 대일정책은 일본이 또다시 미국의 위협이 되지 않도록 완전한 무장해제와 비군사화, 일본 국민의 기본 인권 존중과 민주주의적 대의정체(代議政體) 실현을 목표로 했다. 처음에는 이를 위해서 직접 군정을 수행할 계획이었다. 그러나 예상보다 빨랐던 일본의 항복으로 군정을 위한 준비를 충분히 할 수 없다는 점과 최소한의 병력과 자원으로 점령 목적을 달성하려는 생각에서 천황을 포함한 일본 정부 기구와 여러 기관을 이용하는 간접통치 방식으로 바꾸었다.

간접통치는 GHQ가 지령·각서·서한 등으로 명령을 내리면 일본 정부는 이를 법령화해서 실시하는 것으로서, 만일 시간적으로 법령화를 기다릴 여유가 없는 경우에는 GHQ가 직접 포츠담칙령으로 공포하였다. 히가시쿠니 수상이 일억총참회론을 강조하던 시기에 GHQ는 전범자에 대한 조사를 진행하여 9월 11일 도조 히데키 전 수상 등 39명에 대한 체포명령을 내렸다. 이후 전쟁범죄의 범위는 점차 확대되었으나 가장 큰 주목을 받은 것은 쇼와

천황의 전쟁 책임이었다. 중국·오스트레일리아·뉴질랜드·소련 등은 천황에게 전쟁 책임을 추궁해야 한다는 의견이 우세했으며, 미국에서 1945년 6월 실시된 여론조사에서는 처형이 33퍼센트, 투옥 또는 국외 추방이 20퍼센트, 법정의 판단에 맡김 17퍼센트 등 냉엄한 결과가 나왔다.

1945년 9월 27일 쇼와천황은 맥아더를 만나기 위해 미국 대사관 관저를 방문했다. 이 회견에서 천황은 전쟁 중에 행한 "결정과 행동에 대한 모든 책임을 지는 자로서 나 자신을 당신이 대표로 있는 연합국의 판단(裁決)에 맡기겠다"고 말하여 맥아더를 감동시켰다(『맥아더 회상록』, 1964). 그러나 이 회견에 대한 공식기록은 발표되지 않았으며, 맥아더의 이 말에 의문을 품는 역사연구자는 많다. 당시 통역관으로서 유일하게 그 자리에 입회한 오쿠무라 가쓰조(奧村勝藏)의 수기에는 천황이 "본인으로서는 최대한 전쟁을 피할 생각이었으나, 결국 전쟁이라는 결과를 맞게 된 점은 매우 유감스럽게 생각하는 바입니다"라고만 기록되어 있을 뿐 전쟁 책임에 대한 언급은 없다. 맥아더는 점령정책을 수행함에 있어서 천황을 이용할 필요가 있었던 것이다.

구체제의 온존을 노리는 히가시쿠니 내각에 대한 연합국 측 비판이 고조되는 속에 1945년 10월 4일 GHQ는 이른바 '인권지령'을 내렸다. 주된 내용은 첫째 천황과 정부에 관한 자유로운 토론의 보장, 둘째 치안유지법 등 탄압 법규의 폐지, 셋째 정치범의 석방, 넷째 내무성 경보국·경시청·특별고등경찰의 기능 정지와 치안 당국 책임자 파면이었다. 황족의 권위를 지키면서 전시체제로부터의 탈피와 패전 처리를 사명으로 한 히가시쿠니 내각은 GHQ의 인권지령에 대응하지 못하고 총사퇴했다. 이후 GHQ의 민주화정책은 빠르게 진행되었다.

히가시쿠니 나루히코 내각의 후계로는 전전에 영미를 상대로 협조 외교를 전개한 시데하라 기주로가 선택되어 10월 9일 시데하라 내각이 출범했다. 그로부터 이틀 후 시데하라 수상은 맥아더를 방문했다. 맥아더는 시데하라에게 헌법의 자유주의적 개정을 시사하면서 ① 부인참정권 부여, ② 노동조합 결성의 장려, ③ 교육의 자유주의화, ④ 비밀경찰제 폐지, ⑤ 경제제도의 민주화를 내용으로 하는 '5대개혁'을 지시했다.

시데하라 내각은 바로 개혁에 착수하여 10월 10일 이후 도쿠다 규이치(德田球一) 등의 공산당 간부를 비롯한 2천 400여 명의 정치범을 석방했다. 또한 치안유지법 등의 탄압입법이 폐지되고 특별고등경찰과 같은 천황제국가의 치안기구는 해체되었다.

5대개혁에 포함되는 몇 가지 과제에 대해서는 일본 정부도 이미 준비를 시작하고 있었다. 그 하나는 중의원의원선거법 개정으로, 부인참정권을 인정하고 선거권 연령을 25세에서 20세로 낮추는 것 등이 그 내용이었다. 이 개정안은 제89의회에서 가결되어 12월 17일 공포되었다. 부인참정권은 전전에 이치카와 후사에 등이 끈질기게 부선획득운동을 펼친 축적이 있었기에 일본 정부가 이를 스스로 인정하게 된 것이다.

노동조합법은 히가시쿠니 내각 때부터 이미 준비가 진행되어 시데하라 내각의 노무법제심의위원회에서 법안이 작성되었는데, 그 중심적 역할을 한 것은 노동법 학자 스에히로 이즈타로(末弘嚴太郞)와 노동운동가 마쓰오카 고마키치(松岡駒吉)와 니시오 스에히로(西尾末廣)였다. 마쓰오카 등의 우파 사회민주주의자들이 전전과 전쟁기 내내 끊임없이 노동조합입법 요구를 거듭한 데다가 GHQ의 지지를 얻은 노동조합법안이 의회에서 가결되어 12월 22일 공포되었다. 이 법률은 노동자의 단결권, 단체교섭권, 쟁의권을 보장하고 노사와 제삼자로 구성된 노동위원회 설치 등을 규정하고 있다.

시데하라 기주로 내각의 또 다른 개혁은 농지제도의 개혁이었다. 절박해진 식량 위기 속에 정부도 지주와 소작농의 관계를 개혁할 필요성을 인지하고 있었다. 마쓰무라 겐조(松村謙三) 농림상은 식량 증산과 농민의 사상 악화를 방지한다는 관점에서 농지개혁안을 입안했다. 이 안은 재촌지주(在村地主)에게 5정보(町步. 1정보는 약 1헥타르)의 토지 소유를 인정하고 그 이상의 소작지는 강제로 양도하는 것을 기본으로 하였다. 그러나 GHQ는 이 안을 철저하지 못한 개혁으로 보아 보다 철저한 농지개혁안의 제출을 명했다. 이에 의해서 뒤에서 언급할 제2차 농지개혁이 이루어진다.

개혁이 진행되는 가운데 천황 히로히토의 처우를 포함한 황실제도와 국가기구의 개혁도 문제가 되었다. 천황과 관련해서는 천황의 퇴위론과 전범 기소 등을 둘러싸고 격렬한 논쟁이 있었고,

국제 여론 또한 천황에게 전쟁 책임을 추궁해야 한다는 의견이 강했다. 1946년 정월 초하루 이른바 쇼와천황의 '인간선언'을 담은 조서가 발표되었다. 이 조서는 천황과 국민의 관계는 상호 간의 신뢰와 경애를 바탕으로 하는 것이며, 신화나 전설에 등장하는 '천황은 현세에 내려와 모습을 드러낸 현어신(現御神)이고, (그런 천황을 모시는) 일본 국민은 다른 민족보다 우월한 민족'이라는 허구적 관념 존재가 결코 아니라고 스스로의 신격성(神格性)과 일본 민족의 우월성을 부정했다. 이 조서는 GHQ와 일본 정부의 합작에 의한 것이며 군국주의와 초국가주의를 일소하려는 GHQ의 의도하에 탄생한 것이다.

그 직후인 1월 25일 맥아더는 아이젠하워(Dwight D. Eisenhower) 참모총장 앞으로 천황을 전범자로 기소하지 않겠다는 견해를 전하면서, "천황은 국민 통합의 상징이며 천황을 배제하면 일본은 와해할 것이다"라고 말했다.

같은 해 2월 천황은 전전의 대원수 군복 모습과는 달리 신사복과 중절모 차림으로 가나가와현의 가와사키, 쓰루미(鶴見), 요코하마 등을 순행했다. 이를 시작으로 전국 각지를 순행했는데 공장과 전쟁 피해지, 탄광까지 돌며 '인간 천황'을 국민 앞에 나타내면서 후에 만들어지는 '상징 천황'의 기초를 만드는 데 힘썼다.

정당의 부활과 공직 추방

전시하인 1942년 4월에 치러진 총선거에서는 사실상 정부 추천 후보자로 당선한 자 381명에 비해 정부 비추천 후보자 당선자는 85명에 지나지 않아 의회는 정부의 부속물로 전락하고 말았다. 이 총선거 이후 구 정당 세력은 익찬정치회를 결성해서 전시 체제를 지탱했으나 1945년 3월에 해산하고 대일본정치회를 결성하여 의회에서 압도적 다수를 차지했다. 그 상황에서 익찬정치회와 대일본정치회에 참가하지 않은 것이 하토야마 이치로(鳩山一郎) 등이 이끈 동교회(同交會)였다.

패전 후 발 빠르게 정당 결성에 착수한 것이 동교회였다. 동교회는 하토야마를 총재로 앉히고 43명의 의원으로 일본자유당을 결성했다. 구 민정당과 구 정우회의 일부로 구성된 대일본정치회의 의원은 11월 16일 일본진보당을 결성했다. 구 무산정당도 11월 2일 일본사회당을 결성했고 가타야마 데쓰(片山哲)가 서기장으로 선출되었다. 일본공산당은 도쿠다 규이치 등의 간부가 석방되자 바로 활동을 개시했다.

시데하라 기주로 내각은 중의원선거법을 개정하자 이듬해 1월 총선거 실시를 결정했다. 그런데 GHQ는 총선거 전에 전쟁협력자를 추방하고 새로운 의회를 만드는 것이 민주화를 위해 필요하다고 판단하여 정부의 선거일을 늦추고 공직 추방을 준비했다.

1946년 1월 4일 GHQ는 공직 추방에 관한 각서를 정부에 건넸다. 추방 해당자는 ⓐ 전쟁범죄자, ⓑ 직업 육해군 군인, ⓒ 국가주의단체 관계자, ⓓ 대정익찬회·익찬정치회·대일본정치회의 유력 분자, ⓔ 식민지 및 점령지 관련 기업 임원, ⓕ 그 외 군국주의자 및 극단적 국가주의자로 분류되었다. 공직추방령은 정부 및 정당에 커다란 충격을 가했다. 시데하라 내각에서는 각료 5명이 해당자로 추방되어 어쩔 수 없이 개각을 해야 했다. 익찬선거 추천 의원은 모두 추방 해당자였기 때문에 진보당의 경우 의원 274명 중 260명이, 자유당은 43명 중 30명이, 사회당에서는 17명 중 11명이 추방되었다.

1947년 1월 추방 범위는 지방의 공공단체와 재계, 언론계까지 확대되어 추방자는 20만 명을 넘겼다. 관료들이 추방을 면할 수 있었던 것은 GHQ가 점령통치에 관료를 이용했기 때문이며, 이 전개가 전후 정치에서 관료가 커다란 힘을 갖게 되는 원인이 되었다.

전후 제1회 총선거는 1945년 10월에 치러졌다. 입후보자 2,770명 중 여성 후보자는 79명이고 후보자의 95퍼센트가 신인이었다. 여기에서 공직 추방의 여파를 확인할 수 있었다. 투표 결과는 보수와 혁신의 비율이 7대 3으로, 보수파가 우위를 확보했다. 여성 대의원도 39명 탄생했다.

2. 민주화의 진전과 헌법 개정

식량난과 인플레이션하의 국민

패전으로 전쟁의 공포에서 해방된 일본 국민을 기다리고 있는 것은 식량난과 격심한 인플레이션이었다.

전시부터 일본 국민의 식생활은 극단적으로 억압되어 있었다. 그런데 1945년 추수는 평년의 3분의 2로 예상되어 이 상태가 계속될 경우 일본 국민 1천만 명이 아사할 것으로 예측되었다. 미국의 긴급 식량원조로 최악의 사태는 모면했지만 식량 위기는 그 후 1948년까지 계속되었다. 1946년에는 풍작임에도 불구하고 자급에 필요한 수확량을 달성하지 못해서 각지에서 배급이 늦어지거나 배급이 되지 못하는 사태가 벌어졌다. 식량 부족의 원인은 식민지였던 조선과 대만으로부터의 수입이 중단된 것과 농민들이 정부에 쌀을 공출할 의지를 잃고 암시장에 내보냈기 때문이다. 이를 해결하기 위해서 일본 정부는 공출 가격을 두 배로 인상하고 강제공출제도를 실시했다. 지역에 따라서는 미군이 지프차를 타고 공출을 독촉하는 '지프공출' 현상도 나타났다. 그런데도 식량난은 해결되지 않았고 도시민은 암시장에서 비싼 가격에 쌀을 구입하거나 근교 농촌까지 가서 직접 쌀을 구입해서 부족한 식량을 보충할 수밖에 없었다. 도시민들은 기모노와 보석류 등을 쌀과 고구마 같은 식량으로 물물교환하면서 하루하루를 연명할 수밖에 없었다.

식량난에 더해 인플레이션이 국민 생활을 덮쳤다. 패전 전년도부터 시작된 인플레이션은 패전과 함께 심해져서 1949년까지 물가는 계속 급등했다. 전전(1934~1936년 평균)과 비교하면 도매물가는 약 90배, 소매물가는 약 60배가 뛰었다. 그중에서도 의류 등 섬유제품은 370배, 식량품은 250배로 뛰어 국민 생활을 직격했다.

패전한 해인 1945년은 메이지 말년 이후의 대흉작이었다. 식량을 구하기 위해 근교의 농가 등으로 나선 사람들로 혼잡한 열차(1945. 11)(마이니치신문 사 제공).

이러한 상황 속에서 언론 · 집회 · 결사의 자유 인정, 치안경찰 해체 등이 민중운동 고양의 조건을 만들어 냈다. 망연자실한 상태에서 깨어난 노동자는 생활을 지키기 위해 노동조합을 잇달아 결성했다. 1945년 말에는 노동조합의 수가 509개, 조합원은 38만 명이 되었고, 1946년에는 492만 명이 되어 조직률이 40퍼센트를 넘었다.

전시 중에 중국의 옌안에서 반전운동을 벌이던 일본공산당의 노사카 산조(野坂參三)가 1946년 1월 귀국했다. 이를 계기로 사회당과 공산당을 축으로 민주주의 세력을 결집한 '인민전선'이 결성되어 분위기가 무르익었다.

농촌으로 식량을 구하러 가려 해도 기차삯이 없고, 배급은 열흘 이상 늦
어져 닷새 동안은 죽순이나 다시마국물로 지내야 했다(1946. 5. 23)(마이니
치신문사 제공).

농촌에서는 농지개혁을 앞두고 지주의 토지 탈취와 정부에 의
한 쌀의 강제공출에 반대하여 각지에 농민조합이 조직되었고
1946년 2월에는 일본농민조합이 결성되었다. 부인운동 또한 이
치카와 후사에와 야마타카 시게리(山高しげり) 등에 의해 1945년
11월 신일본부인동맹이 결성되었다. 또한 1946년 2월에는 전전
의 전국수평사를 잇는 부락해방전국위원회가 결성되어 활동을
개시했다.

민주화운동이 고양되는 가운데 앞에서 말했듯이 4월 10일 전
후 제1회 총선거가 실행되었다. 시데하라 내각은 여당 진보당 의
석의 급감으로 동요했지만 버텨 내기 위한 방책을 강구했다. 그

러나 자유당 · 사회당 · 협동당 · 공산당이 시데하라 내각 타도공동위원회를 결성해서 내각타도운동을 일으키자, 4월 22일 시데하라 내각은 총사퇴했다. 그후 30일 동안 정국은 혼란에 빠졌다. 각양각색의 연립 구상이 논의되었으나, 결국 어느 하나 실현되지 못했을 뿐만 아니라 후임 수상으로 추천을 받은 하토야마 자유당 총재가 공직추방령으로 총재를 사임하게 되어 요시다 시게루(吉田茂) 외무대신이 총재가 되었다. 요시다는 진보당과 제휴해서 보수연립정권을 목표로 했다. 그러나 이전부터 도쿄에서 전개된 '쌀 내놔라 운동'이 급속도로 확산되어 5월 19일 반미획득인민대회(飯米獲得人民大會. 식량메이데이)에 29만 명이 참가할 정도로 분위기가 고조되었다. 이로 인해서 요시다는 일시적으로 조각을 단념했으나 그를 구제한 것은 맥아더였다. 맥아더가 '폭민(暴民) 데모 불허'라는 성명을 발표하자 '쌀 내놔라 운동'은 진정되었다. 5월 22일 요시다 내각은 자유당과 진보당 양당의 보수연립정권으로서 GHQ의 지지를 받으며 출범했다.

신헌법 제정

1946년 6월 요시다 시게루 내각은 헌법개정안을 제90임시의회에 제출했는데, 이 개정안은 만들어지기까지 복잡한 경과가 있었다.

앞에서 말한 바와 같이 1945년 10월 시데하라 내각 성립 직후 맥아더는 시데하라 수상에게 헌법의 자유주의적 개정을 시사했다. 그런데 시데하라는 헌법 개정에 소극적이었기 때문에 맥아더는 고노에 후미마로에게 자유주의적 헌법 개정을 시사했다. 고노에는 내대신부(內大臣府) 어용괘(御用掛)로서 헌법 개정을 담당했고 자유주의적 헌법학자 사사키 소이치(佐々木惣一)와 함께 준비를 맡았다. 고노에의 움직임에 반발한 시데하라 내각은 마쓰모토 조지(松本烝治) 국무상을 위원장으로 하는 헌법문제조사위원회(마쓰모토위원회)를 설치했다. 이렇게 해서 헌법 개정 문제는 내각과 내대신부가 경합하는 모양새가 되었다.

그런데 고노에가 헌법 개정을 담당하는 것에 대해 내외에서 비판이 쏟아져 나왔다. GHQ 내부에서도 전범 용의자인 고노에에게 민주적 헌법을 만들 것을 기대할 수 없다는 의견이 있었다. GHQ가 고노에 후미마로는 헌법 개정 작업과는 무관하다는 성명을 내면서 고노에의 계획은 좌절되고 말았다. 한편 마쓰모토위원회는 천황기관설을 주장하는 학자와 관료를 모아서 메이지헌법 조항을 하나하나 심의하고, 그것을 기초로 마쓰모토 국무상이 의회에서 헌법 개정 원칙을 표명했다. 그 내용은 천황통치권의 대원칙은 불변, 의회 권한 확충, 국무대신의 국정 전반에 걸쳐 천황을 보필하는 책임과 의회에 대한 책임, 인민의 권리와 자유는 의회가 정하는 법률 외로는 제한할 수 없다는 네 항목이었다.

민간에서도 헌법 초안을 몇 개 기초하였는데 1945년 12월에 발표된 다카노 이와사부로(高野岩三郎)와 스즈키 야스조(鈴木安藏) 등 헌법연구회에서 작성한 「헌법초안요강」이 주목받았다. 이 초안은 회원들의 토의 내용에 기초해서 주로 스즈키가 작성한 것이다. 스즈키는 메이지헌법 성립사와 자유민권운동 연구자였을 때부터 자유민권기에 민간에서 만든 헌법 초안인 사의헌법(私擬憲法)과 구미 각국의 헌법을 참고로 국민주권의 원칙, 국민의 '건강하고 문화적 수준의 생활을 영위할 수 있는 권리', 완전한 남녀평등, 민족이나 인종에 따른 차별 금지 등 극히 민주적인 내용을 담은 초안을 작성했다. 이 헌법연구회의 초안은 GHQ의 높은 평가를 받아 후에 GHQ의 헌법 초안 작성에 적지 않은 영향을 끼쳤다.

한편 시데하라 내각의 마쓰모토위원회는 1946년 1월 「헌법개정요강」을 작성해서 각의에 제출했다. 이 요강은 "천황은 지존하니 침범하여서는 아니 된다"고 하며 천황의 통치권과 통수권 장악을 규정하는 등 기본적으로 메이지헌법을 계승하는 것이었다. 이 사실이 2월 1일자 『마이니치신문』에 크게 보도되었다. 사회당과 공산당 그리고 신문은 이 개정안이 너무나도 보수적인 점을 비판했다. 다음날 2월 2일 GHQ의 민정국장 휘트니(Courtney Whitney)는 개정안이 지나치게 보수적이라며, 헌법 개정에 관한 GHQ의 지침을 일본 정부에 전하도록 맥아더에게 진언했다. 2월 3일 맥아더는 GHQ에서 헌법 초안을 기초하기로 결의하고 휘트니에게 다음의 3원칙을 제시했다.

① 천황은 나라의 최상위에 있다. 그 직무와 권능은 국민 기본적 의사에 의해 행사된다.

② 방위를 위한 전쟁을 포함한 모든 전쟁의 포기와 전력의 무보유.

③봉건제도의 폐지.

맥아더가 헌법 개정을 서두른 이유는 연합국의 대일관리정책 결정 기관인 극동위원회가 발족하기 전에 '상징'으로서의 천황을 존속시키는 헌법안을 만들어 둘 필요가 있었기 때문이다. 왜냐하면 극동위원회에는 소련과 오스트레일리아와 같이 천황의 전쟁 책임을 추궁한 국가가 포함되어 있었기 때문이다.

2월 4일 휘트니 민정국장은 케이디스(Charles Louis Kades) 차장 등 25명의 국원에게 맥아더의 3원칙을 기본으로 헌법 초안을 작성하도록 명했다. 케이디스를 중심으로 한 25명은 불과 9일 만에 헌법 초안을 완성시켰다. 민정국 초안은 그 전문에서 국민주권과 항구적 평화를 주장하고, 국민주권에 근거한 상징천황제, 전쟁 포기, 광범위한 국민의 기본 인권 보장, 국권 최고기관으로서의 일원제의회, 지방자치 등을 포함하고 있다.

2월 13일 도쿄 아자부(麻布)에 있는 외무대신 관저에서 휘트니, 케이디스와 마쓰모토 국무상, 요시다 외무대신이 회견을 가졌다. 이 자리에서 휘트니는 일본 정부의 헌법 개정안을 받아들일 수 없다고 밝히면서 GHQ가 작성한 초안을 건넸다. 휘트니는 맥아더가 천황을 전범으로 취조해서 전쟁 책임을 지게 해야 한다는 다른 나라의 압력으로부터 천황을 보호하고, GHQ에 의한 점령을 앞당겨서 종결시키기 위해서라도 이 초안을 받아들여야 한다는 생각을 하고 있다는 점을 강조했다. 또한 그는 일본 정부가 이 초안을 일본 정부의 안으로 제출하고, 최고사령부가 지지하는 식으로 진행하고 싶다는 의사를 밝혔다.

일본 정부는 어쩔 수 없이 초안을 받아들였지만 여러 차례에 걸쳐 GHQ에 재고해 줄 것을 요청하고 2월 21일 시데하라 수상은 맥아더와 회담을 가졌다. 이 회담에서 맥아더는 상징천황제와 전쟁 포기는 천황제를 수호하기 위함이라 강조하며 시데하라를 설득했다. 다음날 일본 정부는 GHQ 초안을 받아들이고 이에 근거해서 헌법 개정안의 기초에 착수했다. 담당자 마쓰모토 국무상과 법제국 간부들은 국민주권을 '일본 국민의 지고한 총의' 등 모호한 표현으로 바꾸고 일원제를 이원제로 수정하는 등의 작업을 거쳐 3월 6일 이 내용으로 일본 정부의 「제국헌법초안요강」을 발표했다.

일본 국민은 2월 1일자 『마이니치신문』에 게재된 개정안과 이번 초안이 크게 다른 점에 놀라면서도 이를 환영했다. 각 신문사는 전면적으로 찬동하는 내용의 사설을 실었으며, 자유당과 진보당 양당도 1월에 발표한 헌법 개정 의견을 번복하고 이 요강에 찬성했다.

헌법 개정 초안은 1946년 6월부터 열린 제90임시의회에 제출되었다. 의회는 헌법심의에 집중했고 수정이 가해진 곳이 86군데에 이르렀다.

일본 정부안은 국민주권을 모호하게 표현하고 있었으며, 제1조는 '천황은 일본 국민의 지고한 총의에 의거하고'라고 되어 있었다. 워싱턴의 극동위원회는 「일본의 신헌법에 대한 기본 원칙」을 맥아더에게 송부했다. GHQ는 극동위원회의 기본 원칙에 입각해서 국민주권을 명기하도록 일본 정부에 요구했고, 결국 현행과 같이 천황의 "지위는 주권을 가진 일본 국민의 총의에 의한다"로 수정되었다.

제9조의 전쟁 포기에 관해 요시다 수상은 자위를 포함한 일체의 전쟁을 포기하고 전력을 보유하지 않는다는 답변으로 일관했다. 그러나 헌법개정소위원회 아시다 히토시(芦田均) 위원장에 의한 수정은 제9조 제1항 전쟁 포기의 규정 뒤에 나오는 제2항의 전력을 보유하지 않는다는 부분 모두에 '전 항의 목적을 이루기 위해'라는 내용을 삽입하는 것이었다. 후에 일본의 재군비가 문제되자 아시다는 이 제2항 모두에 삽입한 문구에 의해 자위를 위한 전쟁은 인정받게 되었다고 이 수정의 의도를 밝히고 있다. 즉 앞에 있는 제1항을 침략 전쟁 포기로 해석함으로써 제2항의 전력을 보유하지 않는다는 말은 자위를 위한 군대까지는 부정하지 않는다는 뜻으로 해석한 것이다. 그 외에 몇 가지 중요한 수정이 있었으나, 일본국헌법은 11월 3일 공포되어 이듬해 5월 3일 시행되었다. 일본국헌법은 국민주권, 평화주의, 기본적 인권의 존중이라는 3대 원칙을 축으로 하는 최고법 규범으로 탄생했다.

극동국제군사재판

1946년 5월 3일 극동국제군사재판(도쿄재판)이 열렸다. 전쟁범죄는 연합국의 합의에 의해 국제법에 규정된 전쟁 법규 혹은 관례에 위반하는 ① '통상 전쟁범죄', ② 침략 전쟁의 계획 · 준비 · 수행 등을 내용으로 하는 '평화에 대한 죄', ③ 전시하 일반 주민에 대해 비인도적인 행위를 범한 '인도에 대한 죄', 이 세 가지로 분류되었다. 이러한 죄를 범한 자로 도조 히데키 전 수상 등 28명의 A급 전범용의자가 피고로 기소되었다. 재판에서는 검찰 측이 제출한 다수의 증거 서류와 증언에 의해서 1928년 장쭤린 폭살사건과 류타오후사건, 만주사변 등 시간 축을 따라서 일본이 저지른 침략 전쟁의 과정이 차례로 밝혀졌다. 이 사건들 중 상당수는 일본 국민이 처음으로 알게 된 사실들이었다. 특히 난징대학살과 죽음의 바타안행진, 포로 학대와 처형과 같은 일본군의 만행에 일본 국민은 큰 충격을 받았다. 이 재판은 약 2년 반이라는 긴 시간에 걸쳐 진행되었는데 1948년 11월 오스트레일리아의 웹(Sir William Flood Webb) 재판장에 의해 판결이 언도되었다. 정신이상자로 판정받은 오카와 슈메이(大川周明)와 병사한 마쓰오카 요스케(松岡洋右)와 나가노 오사미(永野修身) 3명을 제외한 25명 전원이 유죄판결을 받았고, 도조 히데키 이하 6명의 군인과 문관 히로타 고키까지 총 7명이 교수형, 16명이 종신금고형, 2명이 유기징역형을 선고받았다. 12월 23일 도조를 비롯한 7명의 사형이 집행되었다. 다음날 12월 24일 GHQ는 기시 노부스케(岸信介)를 비롯한 A급 전범 19명을 석방함으로써 A급 전범재판은 종결되었다.

  이 A급 전범재판과는 별도로 포로 학대와 비전투원에 대한 잔혹 행위 등으로 기소된 B · C급 전범재판이 연합국 측 각국의 법

1946년 5월 3일 도쿄 이치가야(市ガ谷)에 있는 육군성 대강당에서 열린 극동국제군사재판(도쿄재판)의 A급 전범 피고석. 피고석 앞줄 왼쪽에서 다섯 번째가 도조 히데키 전 수상(마이니치신문사 제공)

정에서 진행되었다. 용의자로 체포된 사람은 5만 5천 명을 넘었고 그중 기소된 자는 5,700명이었다. 재판 결과 사형 984명, 무기·유기징역이 합쳐서 3,419명, 그 외는 무죄 혹은 기소취하 처분을 받았다. 이들 중에는 상관의 명령으로 어쩔 수 없이 행한 행위와 상관의 책임을 뒤집어쓰고 처형된 경우가 적지 않았고, 잘못 체포 또는 기소되거나 말이 통하지 않아 재판이 공정하게 이루어지지 않은 경우도 적지 않았다. B·C급 전범으로 처형된 사람 중에는 조선인과 대만인이 다수 포함되어 있었다. 식민지 주민으로서 지배를 당하고 일본군의 강요로 잔혹 행위를 실행했다가 처형된 이들의 비극은 오랫동안 기억되어야 할 것이다.

전후 개혁의 진전

헌법 심의와 병행해서 민주개혁이 GHQ 주도로 추진되었다. 이 개혁은 3대 개혁이라고 불리는 노동개혁, 농지개혁, 재벌 해체 만 아니라 교육개혁과 가족제도개혁 등 다방면으로 추진되었다.

노동개혁에 관해서는 시데하라 내각하에서 이미 노동조합법이 성립되어 있었으나, 1946년 9월 노동관계조정법이 성립했다. 이 법안은 미국의 제도를 이식한 것으로, 쟁의를 알선·조정·중재하는 노동위원회의 설치와 공익사업에서의 쟁의의 제한 등을 규정하고 있었다. 1947년 4월에는 노동기준법이 제정되어 1일 8시간노동과 노동조건 개선, 여성 노동자의 보호 등이 규정되었다.

농지개혁은 앞에서 말한 바와 같이 시데하라 기주로 내각에 의해 착수되었으나 그 내실은 너무나 허술한 것이었다. 그래서 GHQ는 소작농민이 노예 상태에서 해방되어 노동의 성과를 누릴 수 있는 개혁을 요구했다. 그 결과 1946년 10월 제2차 농지개혁이 실현되었다. 그 내용은 재촌지주의 보유지를 1정보(약 1헥타르. 홋카이도에서는 4정보)로 한정하고 자작지와 소유 소작지의 합계 한도를 3정보로 정하는 것이었다. 이에 의해서 전체 소작지의 80퍼센트가 해방되었고, 지주가 소작인에게 토지를 대여해서 경작시킨 후 수확한 농작물을 소작료로 징수하는 기생지주제도가 해소되어 농민의 근로 의욕이 자극받아 농업생산성이 급속도로 향상하였다.

재벌 해체는 1945년 11월 GHQ가 미쓰이, 미쓰비시, 스미토모,

야스다 4대 재벌에 대한 해체 지령을 내리면서 시작되었다. 이 재벌들은 재벌 가족이 출자한 지주회사인 본사를 정점으로 자회사와 손자회사에 출자하는 피라미드 형태로 많은 대기업을 지배해왔다. 미국은 재벌을 해체하고 재벌에 집중된 부를 분배하여 자유경쟁을 실현시키려고 했다. 또한 1946년 8월 지주회사정리위원회를 발족시켜서 4대 재벌을 포함한 83개사의 지주회사를 해산시키거나 주식을 처분하게 했다. 미국의 정책은 재벌 해체에서 대기업해체로 확대되어 1947년 4월에는 독점금지법을 공포하고, 12월에는 과도경제력집중배제법을 공포했다.

학교교육개혁과 '이에'제도 폐지

미국은 일본의 정신을 군국주의적인 정신의 형성에 기여한 교육의 역할에 주목하고, 전쟁 중일 때부터 개혁 방침을 검토했다. GHQ는 1945년 10월 이후 군국주의적인 교직원을 추방하고 국가신도(國家神道)의 금지, 수신과 일본사 그리고 지리 교육의 정지 명령을 잇달아 내리고 교육개혁의 전제 조건을 조성했다. 1946년 3월에는 미국의 교육사절단이 일본을 방문했고, 이에 협력하기 위해 도쿄대학 총장 난바라 시게루(南原繁)를 위원장으로 하는 일본교육위원회를 조직했다. 미국의 교육사절단은 일본 측 위원회의 협력을 얻어 단기간에 보고서를 작성해서 맥아더에게 제출하였다. 이 보고서는 개인의 능력과 적성에 따른 민주주의 교육 이념을 강조하고 교육 내용에 문부성이 개입하지 못하도록 배제하여, 부·현과 시·정·촌에서 공선(公選)에 의한 교육위원회의 설치, 교육의 기회 균등을 위한 단선형(單線型) 교육제도와 의무교육의 연장을 권고하였다. 이 권고에 기초해서 1947년 3월 신헌법이 추구하는 정신에 걸맞은 교육기본법과 학교교육법이 공포되고, 6·3·3·4제와 남녀공학이라는 새로운 학제가 발족하였다.

근대일본의 가족제도는 강력한 호주권(戶主權), 남편에 대한 아내의 종속, 부모에 대한 자녀의 종속, 가독상속(家督相續) 등 가부장적인 '이에(家)'제도[78]로서 천황제사회의 근간을 이루고 있었다. 그러나 자본주의경제의 발전과 더불어 이에제도는 명분과 실태 사이에 괴리가 생기기 시작했다. 앞에서 언급한 헌법연구회와 사회당·공산당 양당의 헌법 초안은 이에제도의 폐지를 내걸었고, GHQ 초안 또한 남녀평등 원리에 반하는 법률의 폐지를 요구하고 있었다. 의회의 헌법 심의와 사법법제심의회에서의 민법 개정에서도 보수파는 이에제도의 존속을 강하게 주장했으나, 결국 이에제도는 법률상 폐지되었고 근대적인 가족제도가 탄생했다.

일본국헌법 제정을 중심으로 하는 많은 개혁은 전전의 천황제를 근본적으로 변혁하여 상징천황제로 바꾸었다. 이러한 개혁은 점령군에 의한 '위로부터의' 개혁이라는 성격이 강했으나, 일본

---

78 1898년 제정된 민법에 규정된 가족제도. 호주에게 통솔 권한을 부여했으며, 에도시대에 발달한 무사계급의 가부장적 가족제도를 기반으로 하고 있다. 1947년 여성참정권의 시행과 일본국헌법 제정에 맞추어 민법이 크게 개정되었는데, 이때 이에제도는 폐지되었다.

사회 내부에 이러한 개혁을 요구하는 열기가 충만하기 시작하여 대다수의 일본 국민도 일련의 개혁을 지지했다.

3. 강화조약 체결의 길

사회당정권의 탄생

신헌법 공포에 의거해서 1947년 4월 지방선거와 중의원 및 참의원 선거가 실시되었다. 선거 결과 사회당은 중의원 143, 참의원 47의 의석을 차지하여 양원 모두 제1당이 되었으나 과반수는 확보하지 못했다. 그래서 민주당, 국민협동당과 연립해서 사회당위원장 가타야마 데쓰를 수상으로 하는 일본 최초의 사회당정권이 탄생했다.

가타야마 내각의 과제는 경제 위기 돌파와 신헌법체제의 정비였다. 가타야마 내각은 인플레이션 극복과 생산 부흥을 위해서 물가수준을 전전(1934~1936년 평균)의 60~65배로 고정시키고 근로자의 임금은 전전의 27~28배로 하는 '신물가체계'를 결정했으나, 이는 근로민중에게 내핍의 생활을 강요하는 것이었다. 또한 석탄과 철광 생산에 중점적으로 자금을 투입하고 일본 산업의 기간부터 확대하는 '경사(傾斜) 생산 방식'을 택했다.

또한 노동자의 지위가 향상되고 노동운동이 활발해짐에 따라 노동행정을 총괄하는 노동성이 신설되었다. 노동성에는 부인소

년국(婦人少年局)이 설치되어 초대 국장에 사회주의자이며 여성 해방운동의 지도자 야마카와 기쿠에이(山川菊榮)가 취임해서 신선한 인상을 주었다. 한편 가타야마 내각은 국민 지배의 중심이었던 내무성을 해체해서 지방자치위원회, 공안청, 건설원으로 분할하고 경찰의 지방분권화도 시행했다. 또한 1947년 10월 국가공무원법에 따라 전전의 '천황을 위한 관리'는 '국민을 위한 공무원'으로 전환했다.

이외에 신헌법 시행에 따라 '황실의 번병(藩屏)' 역할을 해온 화족제도를 폐지하고 지치부노미야(秩父宮), 다카마쓰노미야(高松宮), 미카사노미야(三笠宮) 세 미야케(宮家)[79] 외의 황족은 모두 황적에서 이탈시켰다. 그 결과 전전에 천황제를 지켜 온 특권신분은 부정되었다. 또한 천황제 이데올로기의 지주였던 교육칙어는 1948년 6월 중의원과 참의원의 결의에 의해 폐지되었다.

냉전의 격화와 대일정책의 전환

1947년 3월 미국 트루먼 대통령은 그리스와 터키를 전체주의 세력(소련)으로부터 지키겠다는 명분으로 이 지역에 대한 원조의 뜻을 표명했다. 3개월 후에 미국 정부는 유럽에 대한 대규모 경제원조계획을 발표하고 1948년부터 3년간 총 120억 달러를 서유럽 제국에 제공했다. 한편 이 마셜플랜에 반발한 소련은 동유럽을

---

79 황족 중에서 미야(宮)라는 호를 사용하는 일가를 말한다.

포위하는 독자적인 세력권을 구축하였는데, 이에 의해서 미국과 소련 두 나라를 중심으로 하는 동서의 냉전 구도가 확립되고 말았다.

한편 아시아의 정세도 급변했다. 일본이 항복한 후에 한반도는 북위 38도선을 경계로 미소 양군에 의해 분할·점령되었다. 조선인의 통일정부 수립을 위한 노력에도 불구하고 1948년 8월에는 대한민국(한국)이, 9월에는 조선민주주의인민공화국(북한)이 성립되어 분단국가로서의 삼엄한 긴장 관계가 형성되었다. 중국에서는 일본이 항복한 직후부터 국민정부와 중국공산당 사이에서 분쟁이 일어났으나 1946년 1월 정전협정이 성립되었다. 그러나 4월에는 동북 지구에서, 7월에는 화중(華中) 지방에서 민족정부군이 중공을 공격하여 내전이 전면화되었다. 내전 발발 후 1년 남짓은 미국의 지원을 받은 국민정부군이 우세했으나 점차 공산당군이 만회하여 1948년 12월에는 베이징이 인민해방군에 함락되어 미국은 군사고문단을 철수시켰다. 그리고 1949년 10월 1일 마오쩌둥(毛澤東)을 주석으로 하는 중화인민공화국이 성립하여 국민정부는 대만으로 밀려났다. 미국의 극동정책은 국민정부를 반소련 진영의 중심으로 두는 것이었으나, 국민정부의 패배로 인해 미국은 대일정책을 포함한 극동정책을 재검토해야 했다.

1947년 3월 맥아더는 조기에 일본과 강화를 할 것을 제창했고, 미국 국무성 극동국은 강화 후의 일본을 국제적 감시하에 두는 '징벌적' 강화안을 검토하고 있었다. 그런데 이 강화안은 냉전대립에 대응하기 위한 것이 아니었다. 그러나 이 시기 이미 미국 정부 내에서 대일정책을 전환하려는 움직임이 나타나고 있었다. 1947년 5월 애치슨(Dean Acheson) 국무차관은 독일과 일본을 서유럽과 아시아의 '2대 공장'으로 재건해서 두 지역의 경제부흥에 활용하자는 연설을 했다. 같은 해 8월이 지나 봉쇄정책을 입안한 조지 케넌(George Kennan)을 실장으로 하는 국무성 정책기획실은 대일정책을 재검토하기 시작했다. 이러한 와중에 1948년 1월 케네스 로열(Kenneth Royall) 육군장관은 일본을 동아시아에서 전체주의의 방파제로 삼기 위해 점령정책을 재검토해서 경제부흥을 중요시해야 한다고 연설했다.

1948년 5월 미국 정부 정책기획실이 입안한 「대일본 미국정책에 관한 권고」가 제출되었고, 10월에 국가안전보장회의 보고로 채택되어 트루먼 대통령의 승인을 받았다. 20개 항목으로 구성된 이 권고는 강화에 대해서는 조기에 징벌적 강화를 해서는 안 된다고 주장하고 있다. 안전 보장에 대해서는 강화 전의 주일 미군의 축소, 강화 후 오키나와의 장기 보유와 기지의 확충, 요코스카(橫須賀)기지의 보유, 경찰력 강화를 담고 있다. 점령과 관리에 대해서는 행정 책임을 일본 정부로 이양하고 최고사령관의 기능을 축소하고 일본 정부에 새로운 개혁을 강제하지 않는다고 서술하고 있다. 그리고 대일정책의 주요 목표를 경제부흥에 두고 미국에 의한 장기 경제원조와 일본의 수출 회복을 추진하면서 인플레이션을 억제하고 균형예산(balanced budget)의 달성 등을 지적하고 있다.

맥아더는 새로운 대일정책에 강하게 저항했으나 대통령이 승인한 결정에 반발하지 못하고 경제부흥정책으로 이행하게 되었다.

'역코스'의 시작

미국의 대일정책 전환과 궤를 같이해서 1948년 10월에 제2차 요시다 시게루 내각이 성립되었다. 소수 여당인 요시다 내각은 같은 해 12월 중의원을 해산하고 이듬해 1월 총선거에서 압승을 거두어 단독으로 과반수를 차지하자 제3차 요시다 내각을 성립시켰다. 보수안정정권인 제3차 요시다 내각은 미국의 대일정책 전환의 받침대가 되어 이후에 '역코스'라 불리는 정책을 추진한다.

맥아더는 미국 정부가 지령한 '경제안정 9원칙'을 요시다 내각에 지시했다. 이 지령은 종합예산의 균형, 징세의 강화, 중요 산업에 한정하는 융자, 임금의 안정, 가격통제 강화, 외환 관리 강화, 수출 진흥, 공업제품 증산, 식량 공출 향상이라는 9개 항목으로 되어 있었다. 이 9개 항목을 실행함으로써 단일환율 설정을 위한 조건을 확보하려는 것이었다. 9원칙은 철저한 디플레이션정책의 실행을 요구하고 있었다. 이 9원칙 실행을 위해 미국 정부는 GHQ 재정고문으로 디트로이트은행장 조지프 도지(Joseph Dodge)를 파견했다.

'도지라인'이라 불리는 디플레이션정책으로 소비자물가가 하락하는 등의 효과가 나타났으나, 반면에 기계·기구와 석탄 등의 산업에 정면으로 타격을 주어 중소기업의 도산이 잇달았다. 이는 임금 억제, 행정정리와 합리화에 의한 대량 해고로 이어졌다.

대량의 인원정리에 대한 노동자의 저항을 예상한 요시다 시게루 내각은 포츠담정령(政令)[80]에 의해 1949년 단체 등 규정령(團體 等規正令)을 공포하고 정치단체 신고제를 의무화해서 공산주의운동의 단속을 꾀하였다. 또한 도쿄도 외에 20개 현·19개 시에서 공안조례를 제정하고, 데모와 집회의 사전신고제를 통해 대중행동의 억제를 도모했다.

1949년 5월 국회에서 성립한 행정기관직원정원법은 각 성(省)·청(廳)과 국철, 공단 직원 등 약 28만 명과 지방자치체 직원 약 13만 명에 대해 인원정리를 시행한다는 것이었다. 그중에서도 국철에 대해서는 약 12만 명을 예정하고 7월 4일 제1차 인원정리 대상자 3만 700명을 발표했다. 이틀 후 국철 총재 시모야마 사다노리(下山定則)가 열차에 치여 죽은 채 발견되었다〔시모야마사건(下山事件)〕. 12일 국철은 제2차 인원정리 대상자 약 6만 3천 명을 발표하고 그 사흘 후에 도쿄 주오선(中央線)의 미타카(三鷹)역에서 무인전차가 폭주해서 6명이 사망하는 미타카사건이 발생했다. 8월 17일에는 도호쿠본선 마쓰카와(松川)역 근처에서 열차가 전복하여 승무원 3명이 사망하는 마쓰카와사건이 발생했다. 그다음 날 마스다 가

---

80 포츠담긴급칙령에 의해 내려진 명령 중 정령. GHQ 최고수령관의 요구를 실행하기 위해 공포된다. 참고로 메이지헌법하에는 칙령, 각령, 성령이 있었고 현행 헌법하에는 정령, 부령, 성령이 있다.

네시치(增田甲子七) 관방대신이 '집단조직에 의한 계획적 방해 행위로 추정'이라는 이례적인 발표로 많은 공산당원이 체포되었다.

시모야마·미타카·마쓰카와로 이어진 괴이한 이 세 사건은 진상이 밝혀지지 않은 채 미타카사건으로 1명이 사형선고를 받았으나, 마쓰카와사건에서는 긴 재판투쟁 끝에 전원 무죄 판결이 났다. 이 사건들은 결과적으로 대량해고를 용이하게 만들었고 관공청과 민간 노동조합의 반대투쟁은 잇달아 패배하고 말았다.

레드퍼지(red purge),[81] 즉 공산주의자 숙청이 바로 이 뒤를 이었다. 1950년 5월 3일에 있었던 헌법기념일 연설에서 맥아더는 일본공산당을 '국제적 침략의 앞잡이'라고 비난하며 불법화할 뜻을 시사했다. 6월 6일 맥아더는 요시다 수상에게 일본공산당 중앙위원 24명에 대한 공직 추방을 지시했고 다음날 7일에는 기관지『아카하타(赤旗)』의 편집자 17명에 대한 추방을 지시했다. 공산당 탄압으로 시작된 레드퍼지는 일반 보도기관으로도 확대되어 아사히신문사와 그 외 신문사 및 통신사와 NHK 직원 336명이 갑자기 해고되었다. 이후에도 레드퍼지는 계속되어 민간기업 직원 1만 1천 명과 1,200명에 가까운 공무원이 해고되었다.

레드퍼지와는 대조적으로 1950년 10월 요시다 내각은 제1회 추방해제를 했는데 그 수는 1만 90명에 다다랐다. 레드퍼지와 추

---

81 일본공산당 및 그 동조자들을 공무원 및 민간기업에서 퇴출시키기 위해
    맥아더 사령관이 내린 명령. '빨갱이 퇴출'이라고도 불렀다.

방해제는 전형적인 역코스를 보여 주는 것이었다.

한국전쟁과 재군비 개시

1950년 6월 25일 한국전쟁이 발발했다. 1948년 분단국가가 된 후 한반도에서는 한국과 북한의 긴장 관계가 지속되었다. 전쟁은 북한의 공격으로 시작되었고 28일에는 서울이 함락했다. 6월 27일에 열린 국제연합 안전보장이사회는 소련이 결석한 상태에서 북한을 침략자로 인정하고 7월 7일 동 이사회에서 유엔군을 창설하고 맥아더 총사령관 임명을 결정했다. 전쟁은 일진일퇴를 반복했으나 10월 하순에 중국의 인민의용군이 참전하자 주일 미군 병력 모두가 한반도에 투입되었다.

한국전쟁이 일본에 끼친 영향은 컸다. 전쟁 발발 2주 후인 7월 8일 맥아더는 7만 5천 명의 국가경찰예비대를 창설하고 해상보안청 정원을 8천 명으로 증원하도록 명했다. 원래 맥아더는 일본의 재군비에 반대했으나 소련의 원자폭탄 보유(1949. 9), 중화인민공화국의 성립(1949. 10) 등으로 동요하여 경찰군(警察軍)의 창설을 인정하는 태도로 바뀌었다. 1950년 연두사에서는 "헌법 제9조는 자위권을 부정하는 것이 아니다"라고 분명히 말했다. 그리고 1950년 8월 경찰예비대령(警察豫備隊令)에 의거하여 국내 치안 유지를 임무로 하는 경찰예비대가 탄생했는데, 이것은 일본 재군비의 출발점이 되었다.

도지라인에 의한 디플레이션으로 침체된 일본 경제는 한국전쟁으로 인한 특수로 되살아났다. 전쟁 특수는 미군이 직접 일본에서 사들인 물자와 서비스인데, 물자의 주된 품목은 무명·자동차부품·트럭·석탄·마대(麻袋) 등이었다. 이 물자들은 모두 달러로 결제되었기 때문에 달러 부족 문제를 안고 있던 일본 경제에 단비와 같은 은혜가 되었다. 1951년 일본 경제는 거의 전전 수준으로 회복되었다.

샌프란시스코평화조약 체결

1949년 9월 대일 강화 문제가 미국 정부 내에서 다시 부상했다. 미국 국무성은 소련 및 중국에 대항할 동아시아의 거점으로서 일본을 육성하겠다는 의도에서 강화 촉진이라는 입장을 취했다. 한편 미국 국방성은 주일 미군 기지를 장기간에 걸쳐 보유하려는 입장에서 이에 반대했다. 이러한 상황에서 맥아더는 강화 촉진에 찬성했다. 1950년 4월에 트루먼 대통령은 존 덜레스(John Dulles)를 국무성 고문으로 임명해서 국무성, 국방성, GHQ 삼자의 조정 역할을 수행하면서 대일 강화 문제를 담당하도록 했다. 덜레스는 6월에 대일강화조약 각서를 작성했는데 거기에는 일본을 친미·반공국가로 육성하는 것을 장기 목표로, 간접 침략에 대비하는 '강력한 경찰군'의 창설 그리고 강화조약과는 별개로 안전보장협정 체결 등의 내용이 포함되어 있었다. 이처럼 기본 방침을 담은 각서를 작성한 다음 덜레스는 직접 일본을 방문해서 같은 시기에 일본을 방문한 미국 국방장관과 함께 맥아더와 회담을 가졌다.

이 회담에서 맥아더는 지금까지의 입장과는 달리 강화 후에도 오키나와를 포함한 주일 미군 기지를 존속시킬 뜻을 밝혔고, 이에 삼자는 서로 다가서며 합의에 접근했다. 한국전쟁 때문에 강화 후 미군이 일본에 주둔해야 할 필요성이 한층 커진 것이다. 미국 국무성의 생각이 국방성의 주장에 접근한 결과, 강화조약과 주일 미군 기지의 지속적인 사용을 인정하는 안전보장조약의 동시 발효를 주장하게 되었다.

이에 대해서 일본 측은 1950년 4월 이케다 하야토(池田勇人) 재무대신을 단장으로 하는 경제사절단이 미국에 갔을 때, 도지와 회담을 갖고 요시다 시게루 수상의 생각이라면서 조기 강화를 희망하고 강화 후에도 미군 기지를 계속 제공할 것을 제안했다.

이때부터 일본에서는 '전면강화'와 '일면강화'를 둘러싸고 여론이 양분되었다. 1949년 12월 사회당 중앙집행위원회는 전면강화 · 중립 견지 · 군사기지 반대라는 3원칙을 결정했는데, 1951년 1월에 열린 당대회에서는 이 3원칙에 재군비 반대를 더해서 평화 4원칙을 결의했다. 한편 1950년 7월에 결성된 일본노동조합총평의회(총평)[82]는 한국전쟁에 참전한 미국을 지지했으나, 1951년 3월

82 1950년 7월에 결성된 일본에서 가장 큰 규모의 전국적 노동조합의 중앙 조직으로, GHQ에 의한 육성과 원조를 받으며 반공산주의 색채를 강하게 띤 조직이었다. 당시 노동운동의 중심이 되어 활동하였으나, 1951년 6월 '노동법규개악반대투쟁위원회'를 설치해서 의회에서 심의 중이던 1952년 에는 총파업을 네 차례 강행했다. 그러나 1952년 7월 제3회 총회에서 우파인 '국제자유노련일괄가맹안(國際自由勞聯一括加盟案)'이 부결되고 좌

에 열린 대회에서는 사회당과 같은 평화4원칙을 채택하고 입장을 크게 바꾸었다. 전면강화를 요구하는 운동은 지식인, 학생, 주부, 종교단체로 확대되었다. 전면강화운동은 그후 평화운동의 시발점이 되었다.

강화회의는 1951년 9월 4~8일까지 미국 서해안의 대도시 샌프란시스코의 오페라하우스에서 열렸다. 이때 일본은 초당파의 전권단을 구성하지 못해서 회의에는 요시다 수상 외에 국민민주당의 도마베치 기조(苫米地義三) 등 6명의 전권단이 참석했다. 이 회의 초청장은 총 55개국에 보냈으나 미군이 일본에 계속 주둔하는 문제와 전후 배상 문제에 불만을 품은 인도와 미얀마 그리고 유고슬라비아는 참가를 거부했다. 일본군이 벌인 침략 전쟁의 주된 전쟁터가 된 중국과 오랜 세월 동안 일본의 식민지로 고통 받은 남북한은 초청받지 못했다. 9월 8일 조약 조인식에는 소련, 폴란드, 체코슬로바키아 삼국은 결석하여 조인하지 않았다.

강화조약이 조인된 8일 저녁 장소를 바꾸어서 미일안전보장조약(안보조약) 조인이 이루어졌다.

강화조약은 소련과 중국 간의 국교회복 문제, 아시아 각국에 대한 배상, 북방영토권 등의 미해결 문제 그리고 오키나와·아마미·오가사와라제도를 신탁통치제도라는 명목 아래 미국이 계속

파 사회당을 지지하는 노선을 분명히 하면서 그후 내부 분열과 재편이 되풀이되어 힘이 약화되었다.

해서 지배하는 문제 등 많은 문제를 남긴 조약이었다. 한편 안보조약은 일본이 일방적으로 기지를 제공할 의무를 지는 편무적인 조약이었다. 또한 안보조약 전문에서 일본은 직간접의 침략에 대비해서 방위력을 증가시켜 가는 의무를 갖게 되었다. 안보조약이 발효된 시점에 일본 내 미군 기지는 약 3천 곳으로 13억 5천만 제곱미터라는 광대한 면적을 차지하고 있었다. 안보조약에 의해 일본은 동서냉전 구조 속에 확실하게 편입되고 만 것이다.

강화조약과 안보조약은 10월 임시국회 자리에서 비준을 위한 심의가 이루어졌다. 사회당은 강화조약은 찬성, 안보조약은 반대인 우파와 두 조약 모두 반대하는 좌파로 나뉘어 대립하여 결국 좌우 두 개의 사회당으로 분열하고 말았다. 자유당과 국민민주당에 의한 찬성 다수로 1951년 11월 18일 두 조약에 대한 비준이 승인되었다.

1952년 4월 28일 샌프란시스코강화조약이 발효하여 일본 국민은 6년 8개월에 걸친 외국 군대에 의한 점령으로부터 해방되었고, 일본은 국가로서 다시금 독립을 하였다. 그러나 그 독립은 오키나와와 아마미 등을 미국 점령하에 방치하고, 안보조약에 의해서 일본 방방곡곡에 미군 기지가 존재하는 일본이 국가로서의 주권을 제약받는 매우 씁쓸한 독립이었다.

에필로그

세계전쟁과 혁명의 시대

20세기에서 새로운 21세기로 나아가려는 지금, '20세기란 어떤 시대였는가'라는 물음 앞에 우리는 서 있습니다. 우리는 각자의 관점에서 20세기를 특징지으려 하고 있습니다.

19세기 산업혁명을 거쳐 20세기의 과학기술 발전이 우리의 생활을 풍요롭게 했다는 관점에서 20세기를 '과학기술의 시대'라고 부르는 사람도 있습니다. 미국의 대량생산, 대량소비 그리고 대중문화야말로 금세기의 특징이라는 입장에서 '미국의 세기'라고 주장하는 사람도 있습니다. 모두 나름대로 근거 있는 의견이라고 생각합니다.

그러나 필자는 20세기를 '세계전쟁의 시대' 혹은 전쟁에 수반되어 일어난 혁명까지 포함해서 '세계전쟁과 혁명의 시대'로 파악하는 입장에 가장 크게 공명합니다.

1914년에 발발한 제1차 세계대전은 19세기의 서구문명을 뿌리부터 뒤흔들어 놓았습니다. 그로부터 약 20년 후에 일어난 제2차 세계대전은 보다 대규모의 전쟁으로 발전했습니다. 그 과정에서 러시아혁명과 중국혁명이 일어났고 주변 지역에서도 혁명이 일어나서 자본주의사회와는 이질적인 사회주의사회를 구축하려는 장대한 실험이 이루어졌으며, 금세기가 끝나기 전에 그 실험이 실패였다는 사실이 명확해졌습니다.

20세기의 전쟁은 제1·2차 세계대전만이 아닙니다. 그후에 일어난 한국전쟁과 베트남전쟁, 또는 걸프전쟁을 통해서 알 수 있듯이 국지전 형태를 띠면서도 세계의 많은 국가가 참전해서 국제관계에 큰 영향을 끼치고 있습니다. 현재 진행되고 있는 지역분쟁도 마찬가지입니다.

20세기의 전쟁은 그 이전에 일어난 전쟁과 비교하면 몇 가지 특징이 있습니다. 그 모든 것을 하나하나 들 수 없습니다만, 그중 하나는 전쟁 희생자의 수가 그전의 전쟁과는 비교가 안 될 정도로 많다는 점입니다. 게다가 무장한 전투원뿐만 아니라 일반 시민에서도 많은 희생자가 발생하고 있습니다. 규모의 크고 작고에 관계없이 전쟁이 일어날 때마다 전투원과 비전투원의 사망자 비율은 후자가 더 커지고 있습니다. 여기에 토지와 집을 잃은 난민까지 더하면 그 수는 정확한 수치를 댈 수 없을 정도입니다.

전쟁기술 발전—이것이야말로 20세기 과학기술의 정수를 모은 결과입니다—으로 한순간에 많은 사람을 살육할 수 있게 되었습니다. 히로시마와 나가사키에 투하된 원자폭탄이 이를 증명하고 있습니다. 무기의 발전으로 살해당하는 사람들이 어떤 고통과 고뇌 속에서 죽어 가는지를 직접 보지 않고 원격조정으로 사람을 죽일 수 있게 되었습니다. 사회가 복잡해지고 기술이 발전하는 지금 우리는 전쟁과는 전혀 무관한 장소에 살고 있는 것처럼 보이지만, 우리도 모르는 사이에 살육을 돕거나 동참하는 일마저 일어날 수 있는 것입니다.

이 책에서 필자는 일본이 일으킨 전쟁에 대해 상당한 지면을 할애해서 그 원인을 찾고자 노력했습니다. 일본이 일으킨 전쟁 또한 위에서 언급한 특징을 모두 가지고 있습니다. 생각해 보면 러일전쟁은 20세기에 일어난 최초의 대규모 전쟁이며, 제1차 세계대전 이후에 일어난 전쟁들이 보이는 특징이 나타나고 있습니다. 그리고 무엇보다도 20세기에 들어선 후 일본만큼 장기간에 걸쳐서 침략 전쟁을 지속해 온 나라는 없습니다.

과거에 눈감는 자는 결국 현재에도 눈멀게 된다

여기까지 써내려 오니 지금으로부터 20여 년 전인 1981년 2월에 일본을 방문한 로마교황 요한 바오로 2세가 히로시마에서 평화를 호소한 말씀이 기억납니다.

요한 바오로 2세는 서두에서 "전쟁은 사람이 저지른 소행입니다. 전쟁은 사람의 생명을 빼앗습니다. 전쟁은 죽음 자체입니다"라고 말씀했습니다. 그렇기 때문에 또한 "전쟁은 불가피한 것도 필연적인 것도 아닙니다"라고 지적하시고 장문의 호소문 4개 단락 앞머리에서 "과거를 되돌아 보는 것은 장래를 책임지는 일입니다"라며 생명의 존엄성, 평화의 소중함을 호소하셨습니다. 이 후렴은 필자의 마음속 깊은 곳에 새겨졌습니다.

그로부터 4년 후인 1985년 5월 당시 서독 대통령 바이츠제커 (Richard Von Weizsäcker)는 패전 40주년을 맞아 독일이 범한 죄를 반성하면서 "과거에 눈감는 자는 결국 현재에도 눈이 멀게 됩니다. 비인간적인 행위를 마음에 새기려고 하지 않는 자는 또다시 그런 위험에 빠지기 쉽습니다"라고 말했습니다. 이 유명한 말은 지금까지도 많이 인용되고 있습니다.

그러나 안타깝게도 일본에서 정권을 담당하는 정치가들로부터는 과거에 저지른 침략 전쟁에 대한 진지한 반성과 사죄의 말은 거의 듣지 못하고 있습니다. 그뿐 아니라 과거의 전쟁을 정당화하고 미화까지 하고 있습니다. 이야말로 '과거에 눈감는 자'입니다.

일본이 항복하고 50년 이상이 지난 지금 아시아 각지에서 일본군이 남긴 온갖 상처가 치유되지 않은 채 많은 사람에게 고통을 안기고 있습니다. 종군위안부 문제, 군인·군속으로 전쟁에 징집된 조선과 대만의 사람들에 관한 문제, 강제연행되어 일본 내지나 사할린으로 보내져 중노동에 동원된 사람들의 문제, 또는 노무자로 동원된 사역을 당한 사람들의 문제…. 이들은 일본이 일으킨 전쟁으로 운명이 바뀌고 수많은 고통을 견디면서 전후를 살아야만 했습니다. 본인뿐만 아니라 그 가족도 함께 고통 받아 왔습니다.

패전으로 귀환하던 중 중국 동북부에 어쩔 수 없이 유기된 중국 잔류 일본인 고아 문제도 아직 완전히 해결되지 않고 있습니다. 일본군이 중국전선에서 불법으로 사용해 온 독가스 폭탄과 화학제 잔여물이 대량으로 방치되어 현지 주민에게 피해를 주고 있는 것도 문제가 되고 있습니다. 이런 문제는 일본 정부가 책임을 지고 처리하도록 약속은 되어 있으나 현실은 그 실행이 매우 어렵다고 합니다.

이러한 많은 문제가 전후 보상을 청구하는 재판이나 다른 형태의 해결을 요구하며 제기되고 있습니다. 이러한 문제에 대해서 일본 정부가 어떠한 태도를 보여야 하는가 하는 문제뿐 아니라 우리 일본인이 어떻게 이 문제들에 마주해야 하는가에 대한 물음 앞에 우리는 서 있다고 생각합니다.

우리는 이 문제들에 눈감지 말고 직시해서 해결의 길을 찾는 노력을 통해서 진정한 사람으로서의 자긍심과 자신감을 가질 수 있다고 저는 믿습니다.

이 책이 이를 위해서 조금이라도 도움이 되기를 진심으로 바라고 있습니다.

옮긴이의 글1

『대일본제국의 시대』는 한림일본학총서 100권째가 되는 책이며 동시에 이 시리즈를 20년 만에 마감하고 완결하는 책이기도 하다.

1995년 『日本文化의 숨은 形』을 시작으로 세상에 모습을 드러낸 한림일본학총서는 제대로 된 일본학 관련 도서가 없었던 당시 국내 일본학계에 양서를 제공함으로써, 한국 일본학의 기초를 다지고 튼실하게 하는 데 상당한 역할을 했다고 자부한다. 일개 연구소가 평균 1년에 4.8권씩 21년 동안 총서 간행을 이어 갔다는 것 자체가 놀라운 일이며, 행운이었다고 생각한다.

이러한 한림일본학총서이기에 어떤 책으로 100권째를 채울 것인가를 놓고 꽤 오랫동안 고민을 했다. 고민의 내용은 두 가지였다. 하나는 2008~2017년까지 9년에 걸쳐서 본 연구소가 수행하는 '제국일본의 문화권력 : 학지(學知)와 문화매체'에 관련되는 내용의 책이었으면 하고, 두 번째는 본교 일본학과 학부생으로 구성된 연구소 연구보조원이 직접 번역에 참여한다는 것이었다. 주변에서는 학부생과 함께 작업을 하느니 혼자 작업하는 것이 훨씬 편하고 효율적이라는 이유로 학생과 함께 번역을 한다는 것을 만류하였고, 실제로 경험을 해보니 그 말이 맞았다. 그러나 1 더하기 1이 반드시 2가 되지 않듯이 연구보조원과 함께 작업한 시간을 후회하지 않으며, 오히려 만족하며 그들이 자랑스럽기까지 하다. 교수와 학생, 소장과 연구보조원이 함께 노력해서 제대로 된 역서를 세상에 내놓을 수 있다는 것을 보여 주었기 때문이다. 바로 이러한 조그마한 작업과 실적이 하나하나 쌓였을 때, 이 나라 일본학의 미래를 젊은 세대에게 물려주고 또한 기댈 수 있기 때문이다. 이것이 교수와 학생이 모인 대학이라는 곳에서 해야 할 일이기 때문이다. 『대일본제국의 시대』, 그래서 누구보다도 학생들이 주된 독자이기를 바란다.

한림대학교 일본학연구소

제3대 소장 서정완

옮긴이의 글2

한 국가의 사회구조나 체제의 흐름은 역사를 형성함과 동시에 개인의 삶을 좌지우지하기도 합니다. 나라의 구조와 역사를 아는 것은 국가뿐만 아니라 개개인을 올바로 이해하는 데 매우 중요합니다. 아울러 역사적 지식은 사회현상에 대한 인식의 깊이를 결정하기도 합니다. 이 책의 저자 유미 마사오미(由井正臣)는 일본인으로서 건드리기 어렵다고 여겨지는 '대일본제국' 시절 일본의 역사를 역사학자의 시각으로 담담하게 풀어 나갑니다. 고대부터 현대까지 긴 역사에 걸쳐 일본과 밀접한 관련이 있는 우리에게 꼭 한 번 읽어 볼만한 책입니다.

보통 한국 사람은 일본을 떠올릴 때 (특히 역사적인 부분에 있어서) 감정적인 반응을 보이는 데 익숙합니다. 이는 일본이라는 국가에 대한 막연한 불신과 적대감이 일본을 깊이 있게 분석하고 이해할 수 있는 능력을 대체하고 있다는 말이기도 합니다. 한일 관계의 쟁점이 되는 많은 현안이 해결되지 않은 채로 남아 있으며, 이는 감정적으로 대응해 빠르게 해결될 수 있는 문제가 아닙니다.

단순한 감정적 대응은 문제 해결을 지연시키는 소모전에 불과합니다. 따라서 일본의 역사를 아는 것은 보다 미래지향적이고 생산적인 방향으로 성숙한 한일 관계를 형성하는 데 많은 도움이 될 것입니다. 이 책이 일본학을 공부하고 있는 많은 학생이 일본을 바라보는 데 새로운 시각을 형성할 수 있도록 도움이 되었으면 하는 바입니다.

번역을 하는 과정에서 많은 난관에 봉착했습니다. 학부생에 불과한 저희의 부끄러울 정도의 지식 부족으로 인해 오역도 많았고 엉뚱한 내용이 쓰이기도 했습니다. 너무 몰라서 힘들었고 그래서 포기하고 싶을 때도 있었지만, 그럴 때마다 저희를 바로잡아 주신 서정완 교수님과 심재현 선생님께 진심으로 고마운 마음을 전하고 싶습니다. 책을 번역하면서 가장 크게 배운 것은 일본어 문법이나 역사적인 지식보다도 포기하지 않는 자세인 것 같습니다. 번역에는 참여하지 않았지만 연구보조원으로서 같이 일했던 학생들, 항상 저희를 챙겨 주셨던 연구소 직원들에게도 감사를 드립니다.

일본학연구소 연구보조원

김성희(6기), 문희수(6기), 이기은(7기), 이시현(9기)

참고문헌

1. 통사

江口圭一, 1989, 『大系 日本の歷史 14 : 二つの大戰』, 小學館.

江口圭一, 1991, 『十五年戰爭小史 新版』, 靑木書店.

宮地正人, 1987, 『日本通史 Ⅲ : 國際政治下の近代日本』, 山川出版社.

藤原彰, 1989, 『大系日本の歷史 15 : 世界の中の日本』, 小學館.

鹿野政直, 1976, 『日本の歷史 27 : 大正デモクラシー』, 小學館.

木坂純一郎, 1982, 『日本の歷史 7 : 太平洋戰爭』, 小學館.

森武磨, 1993, 『日本の歷史 20 : アジア·太平洋戰爭』, 集英社.

松尾尊允, 1993, 『日本の歷史 21 : 國際國家への出發』, 集英社.

神田文人, 1983, 『日本の歷史 8 : 占領と民主主義』, 小學館.

岩波ブックレット, 1989, 『シリーズ昭和史』 全15冊, 岩波書店.

歷史學硏究會 編, 1990, 『日本同時代史 1·2』, 靑木書店.

宇野俊一, 1976, 『日本の歷史 26 : 日淸·日露』, 小學館.

正村公宏, 1985, 『戰後史 上』, 筑摩書房.

朝尾直弘外 編, 1994~1995, 『岩波講座日本通史 17~19 : 近代 2~4』, 岩波書店.

坂野潤治, 1989, 『大系日本の歷史 13 : 近代日本の出發』, 小學館.

2. 특정 주제에 관한 것

家永三郎, 1986, 『太平洋戰爭 第二版』, 岩波書店.

吉見義明, 1995, 『從軍慰安婦』, 岩波新書.

吉田裕, 1992, 『昭和天皇の終戰史』, 岩波新書.

東京裁判ハンドブック編集委員會 編, 1989, 『東京裁判ハンドブック』, 靑木書店.

藤原彰, 1982,『太平洋戰爭史論』, 靑木書店.

藤原彰, 1987,『日本軍事史 上・下』, 日本評論社.

笠原十九司, 1997,『南京事件』, 岩波新書.

粟屋憲太郞, 1989,『東京裁判論』, 大月書店.

松尾尊允, 1974,『大正デモクラシー』, 岩波書店.

竹前榮治, 1983,『GHQ』, 岩波新書.

中村政則, 1989,『象徵天皇制への道』, 岩波新書.

荒井信一, 1985,『原爆投下への道』, 東京大學出版會.

3. 이 책에 많이 다루지 못한 분야

鹿野政直, 1999,『近代日本思想案內』, 岩波文庫.

鹿野政直・堀場淸子, 1985,『祖母・母・娘の時代』, 岩波ジュニア新書.

4. 서양의 저작

Christopher G. Thorne, 1985, *The Issue of War: States, Societies, and the Far Eastern Conflict of 1941-1945*, Oxford University Press〔市川洋一 譯, 1989,『太平洋戰爭とは何だったのか』, 草思社〕.

Eric John Ernest Hobsbawm, 1994, *Age of Extremes: the Short Twentieth Century, 1914-1991*, Michael Joseph〔河合秀和 譯, 1996,『20世紀の歷史—極端な時代 上・下』, 三省社〕.

John W. Dower, 1986, *War without Mercy: Race and Power in the Pacific War*, Faber and Faber〔猿谷要監修・齊藤元 譯, 1987,『人種偏見—太平洋戰爭に見る日米摩擦の底流』, TBSブリタニカ〕.

연표

연대	천황	월	사건
1890년	메이지 23	7월	제1회 총선거
		10월	교육칙어 발포
		11월	제1회 제국의회 열림
1891년	메이지 24	5월	제1차 마쓰가타 내각 성립, 오쓰사건
1892년	메이지 25	2월	제2회 총선거, 선거대간섭
		7월	마쓰가타 내각 총사퇴
		8월	제2차 이토(원훈) 내각 성립
1894년	메이지 27	2월	조선에서 동학당 봉기
		6월	조선 파병 결정
		7월	영 · 일통상항해조약 체결
		8월	청일전쟁 시작
1895년	메이지 28	4월	시모노세키조약 체결, 독 · 러 · 프 삼국간섭
		10월	을미사변
1897년	메이지 30	7월	노동조합기성회 결성, 금본위제도 실시, 이해에 무명실 무역은 수출 초과
1898년	메이지 31	6월	자유당 · 진보당이 합동해서 헌정당 결성, 제1차 오쿠마 내각 성립(와이한 내각)
		8월	문부대신 오자키 유키오의 공화당연설사건 발생
		11월	제2차 야마가타 내각 성립
1899년	메이지 32	3월	문관임용령 개정(의화단운동)
		4월	요코야마 겐노스케 『일본의 하층민사회(日本の下層社會)』 출판
		10월	보통선거기성동맹회 발족
1900년	메이지 33	3월	치안경찰법 공포
		6월	의화단 진압을 위한 파병 결정
		9월	입헌정우회 결성(총재 이토 히로부미)
		2월	애국부인회 창립, 야하타제철소 조업 개시

1901년	메이지 34	5월	사회민주당 결성(2일 후 금지)
		6월	제1차 가쓰라 내각 성립
		12월	다나카 쇼조, 천황에게 아시오광독사건 직소
1902년	메이지 35	1월	영일동맹협약 체결
1903년	메이지 36	6월	도미즈 히론도를 포함한 학자 7명이 대러강경론 주장
		11월	고토쿠 슈스이 등이 헤이민샤를 결성하고 『헤이민신문』 창간
1904년	메이지 37	2월	러시아에 선전포고(러일전쟁), 한일의정서 체결
		4월	담배전매법 공포
		7월	가쓰라 · 태프트밀약 체결
		8월	제1차 한일협약 체결
1905년	메이지 38	1월	뤼순 함락
		3월	펑톈회전
		5월	동해해전(일본해해전)
		8월	제2회 영일동맹협약 체결
		9월	러 · 일강화조약 체결, 히비야에서 강화를 반대하는 국민대회(히비야방화사건)
		11월	제2차 한일협약(을사조약) 체결
1906년	메이지 39	1월	제1차 사이온지 내각 성립
		2월	일본사회당 결성
		3월	철도국유법 공포
		11월	남만주철도 설립
1907년	메이지 40	7월	제3차 한일협약 체결, 한국에서 의병운동 확대
1908년	메이지 41	7월	제2차 가쓰라 내각 성립
		10월	보신조서 발포
1909년	메이지 42	10월	이토 히로부미 사망
1910년	메이지 43	4월	『시라카바(白樺)』 창간
		5월	대역사건의 검거 시작
		8월	한국합병

		1월	대역사건 판결로 고토쿠 슈스이 등 사형
1911년	메이지 44	2월	남북조정윤 문제, 미·일신조약 체결(관세자 주권 확립)
		3월	공장법 공포
		9월	『세이토(靑鞜)』창간
		10월	신해혁명 발생(중국)
1912년	다이쇼 1	3월	미노베 다쓰키치 『헌법강화』 출판
		7월	메이지천황 사망, 요시히토(嘉仁) 친왕 천조, 다이쇼로 원호 개정
		8월	애우회 창립
		12월	2개 사단 증설 문제로 제2차 사이온지 내각 총사퇴, 헌정옹호운동, 제3차 가쓰라 내각 성립
1913년	다이쇼 2	2월	제1차 야마모토 내각 성립
		8월	문관임용령 개정
1914년	다이쇼 3	1월	지멘스사건
		3월	제1차 야마모토 내각 총사퇴
		4월	제2차 오쿠마 내각 성립
		7월	제1차 세계대전 발발
		8월	독일에 선전포고
		11월	칭다오 점령
1915년	다이쇼 4	1월	대중국 21개 조 요구 제출, 대전경기 시작
1916년	다이쇼 5	1월	요시노 사쿠조 「헌정의 본의를 설명하고 그 유종의 미를 거두는 길을 논하다(憲政の本義を說いて其有終の美を濟すの途を論ず)」 발표, 『부인공론』 창간
		9월	공장법 시행
		10월	데라우치 내각 성립
1917년	다이쇼 6	1월	니시하라 차관 시작
		6월	임시외교조사위원회 설치
		9월	임시교육회의 설치

		11월	러시아 10월혁명
1918년	다이쇼 7	7~9월	쌀 소동
		8월	시베리아 출병 선언
		9월	하라 다카시 내각 성립
		11월	제1차 세계대전 종전
1919년	다이쇼 8	1~6월	파리강화회의
		3월	3·1운동
		4월	『개조(改造)』 창간, 대한민국 임시정부 수립
		5월	5·4운동(중국)
		6월	베르사유강화조약 조인
1920년	다이쇼 9	1월	국제연맹 발족
		2월	도쿄에서 보선을 요구하는 시위행진
		3월	신부인협회 결성
		5월	일본 최초의 메이데이
1921년	다이쇼 10	7월	고베의 가와사키·미쓰비시조선소 대쟁의, 중국 공산당 창립
		10월	일본노동총동맹 성립
		11월	하라 다카시 암살
1922년	다이쇼 11	2월	워싱턴회의에서 군축조약, 9개국조약 등 조인
		3월	전국수평사 창립
		4월	일본농민조합 창립
		7월	일본공산당 창립
		10월	일본군 시베리아 출병
1923년	다이쇼 12	9월	관동대지진, 조선인과 사회주의자 살해사건 발생, 제2차 야마모토 내각 성립
1924년	다이쇼 13	1월	기요우라 내각 성립, 제2차 호헌운동 시작
		6월	제1차 가토(호헌삼파) 내각 성립
		12월	부인참정권획득기성동맹회 결성
1925년	다이쇼 14	3월	라디오 방송 개시, 치안유지법·보통선거법 성립
		5월	4개 사단 폐지(우가키군축)

			5 · 30사건(중국)
1926년	쇼와 1	1월	제1차 와카쓰키 내각 성립
		3월	노동농민당 결성
		6월	6 · 10만세운동(조선)
		7월	장제스, 북벌 개시
		12월	다이쇼천황 사망, 섭정 히로히토 친왕 계승, '쇼와'로 개원
1927년	쇼와 2	2월	신간회 조직(조선)
		3월	금융공황 시작
		4월	다나카 기이치 내각 성립, 모라토리엄 실시
		5월	제1차 산둥 출병
		6월	입헌민정당 결성
		6~7월	동방회의
		7월	이와나미문고 창간
1928년	쇼와 3	2월	최초의 보통선거
		3월	3 · 15사건
		4월	제2차 산둥 출병
		5월	지난(濟南)사건
		6월	장쭤린 폭살사건, 치안유지법 개정(최고사형)
1929년	쇼와 4	7월	하마구치 내각 성립
		10월	세계공황 시작
		11월	광주학생항일운동 시작(조선)
1930년	쇼와 5	1월	금 해금 실시
		4월	런던해군군축조약 조인, 쇼와공황
1931년	쇼와 6	3월	3월사건
		6월	나카무라대위사건
		7월	만보산사건(중국)
		9월	만철선 폭파의 류타오후사건, 만주사변으로 발전, 불황 심화되고 도호쿠 지방 대흉작
1932년	쇼와 7	1월	제1차 상하이사변

1932년	쇼와 7	3월	만주국 건국 선언, 국방부인회 발족
		5월	5·15사건 발생, 이누카이 수상 사살당함
1933년	쇼와 8	3월	일본, 국제연맹 탈퇴 선언
		4월	교토제국대학 다키카와사건 발생
		5월	탕구정전협정 조인
1935년	쇼와 10	2월	미노베 다쓰키치의 천황기관설 사건 발생
		6월	우메즈(梅津)·하응흠(何應欽)협정 성립, 도이하라(土肥原)·진덕순(秦德純)협정 성립
		8월	정부, 제1차 국체명징성명으로 천황기관설 부정
1936년	쇼와 11	2월	2·26사건
		8월	5상회의, '국책의기준' 결정
		11월	일·독방공협정
		12월	시안사건
1937년	쇼와 12	7월	중일전쟁 시작
		8월	제2차 상하이사변, 국민정신총동원운동 시작
		12월	일본군 난징 점령, 난징대학살건 발생
1938년	쇼와 13	1월	정부, 국민정부를 상대하지 않겠다는 내용의 성명
		4월	국가총동원법 공포
		11월	정부, 동아신질서 성명
1939년	쇼와 14	5월	노몬한사건
		7월	국민징용령 공포, 미 정부가 미·일통상항해조약 폐기 선언
		8월	독소불가침조약 조인
		9월	제2차 세계대전 시작
1940년	쇼와 15	6월	고노에 후미마로 신체제운동 성명
		7~8월	전정당 해산
		7월	제2차 고노에 내각 성립, 기본국책요강 각의 결정, 세계 정세의 추이에 따라 대본영정부연락회의가 시국처리요강 결정
		9월	일본군 북부 인도차이나 진주, 일·독·이 삼국

			동맹 체결
			대한민국임시정부, 광복군 창설
		10월	대정익찬회 발족
1941년	쇼와 16	4월	생활필수물자통제령 공포, 소 · 일중립조약 조인, 미 · 일교섭 개시
		6월	독소전쟁 개시
		7월	어전회의에서 정세 추이에 따른 제국국책요강 결정, 관동군특종연습으로 70만 병력 동원, 일본군 남부 프랑스령 인도차이나 진주
		8월	미 정부, 대일 석유 수출 전면 금지
			루스벨트와 처칠 「대서양헌장」 발표
		9월	어전회의, 제국국책수행요령 결정
		10월	고노에 내각 총사퇴, 도조 내각 성립
		11월	미 국무장관 「헐 노트」 제시
		12월	일본군 말레이반도 상륙 · 진주만 공습(아시아 · 태평양전쟁 시작)
1942년	쇼와 17	2월	싱가포르 점령
		6월	미드웨이해전
		8월	미군 과달카날섬 상륙
1943년	쇼와 18	2월	일본군 과달카날섬 철수
		9월	어전회의, 절대국방권 설정 결정
		11월	대동아회의 개최, 카이로회담 개최
1944년	쇼와 19	4월	조선에 징병령 시행
		6월	미군 사이판섬 상륙
		7월	도조 내각 총사퇴, 고이소 내각 성립
		10월	미군 필리핀 레이테섬 상륙, 가미카제특공대 출격
1945년	쇼와 20	2월	고노에 후미마로 패전 불가피를 상주
			미 · 영 · 소 수뇌 얄타회담
		3월	도쿄 대공습
		4월	미군 오키나와 본섬에 상륙, 고이소 내각 총사퇴,

			스즈키 간타로 내각 성립
1945년	쇼와 20	5월	독일 무조건항복
		7월	미·영·소 수뇌 포츠담회의, 트루먼 대통령이 포츠담선언 발표
		8월	히로시마 원자폭탄 투하, 소련은 대일 선전포고, 나가사키 원폭투하, 어전회의에서 포츠담선언 수락 결정, 천황종전조서 방송(옥음방송) 8·15광복
		9월	미주리호 함상에서 항복문서 조인, 천황이 맥아더를 방문
		10월	히가시쿠니 내각 총사퇴, 시데하라 내각 성립, 맥아더 5대개혁을 지령
		12월	중의원선거법 개정, 부인참정권·노동조합법 공포 모스크바삼상회의 개최
1946년	쇼와 21	1월	천황 신격 부정 조서(인간선언), GHQ가 공직 추방 지령
		2월	GHQ, 헌법개정 초안을 정부에 수교
		3월	제1차 미소공동위원회 개최
		4월	신선거법에 의한 총선거 시행, 여성의원 탄생, 시데하라 내각 총사퇴
		5월	전후 제1회 노동절, 극동국제군사재판 시작
		10월	제2차 농지개혁
		11월	일본국헌법 공포
1947년	쇼와 22	1월	GHQ, 2·1총파업 중지 명령
		4월	6·3제에 의한 교육 개시
		5월	일본국헌법 시행, 제2차 미소공동위원회개최
1948년	쇼와 23	4월	남북협상
		5월	5·10 총선거
		8월	대한민국 정부 수립
		9월	조선민주주의인민공화국 수립

		11월	도쿄재판 판결
		12월	도조 히데키 외 7인 교수형 집행, GHQ 경제안 정9원칙 발표
1949년	쇼와 24	3월	GHQ, 경제고문 조지프 도지 균형예산 편성을 지시(도지라인)
		4월	단체 등 규정령 공포
		7월	시모야마사건, 미타카사건 발생
		8월	마쓰카와사건 발생, 샤우프 세제 권고 발표
		10월	중화인민공화국 성립
1950년	쇼와 25	1월	애치슨선언
		6월	한국전쟁 발생
		7월	맥아더가 경찰예비대 창설을 지시, 일본노동조합총평의회 결성, 레드퍼지 시작, 특수경기 발생
		9월	맥아더, 인천상륙작전 개시
1951년	쇼와 26	1월	1·4후퇴
		7월	휴전회담 시작
		9월	샌프란시스코강화회의 개최, 대일평화조약 조인, 미일안전보장조약 조인
		12월	대한민국, 자유당 창당
1952년	쇼와 27	2월	미·일행정협정 조인
		4월	대일평화조약, 미일안전보장조약 발효
		7월	대한민국, 발췌 개헌

찾아보기

지은이

유이 마사오미(由井正臣, 1933~2008)
일본의 역사학자로 일본근대사 전공. 와세다대학 문학부 사학과를 졸
업했고 고마자와대학 조교수, 와세다대학 문학부 교수 등을 역임했다.
근대일본 군부의 성립과 다나카 쇼조(田中正造)에 대한 연구로 알려져
있다. 저서로는『圖說 昭和の歷史8 戰爭と國民』,『田中正造』(岩波新書),
『軍隊·兵士』,『軍部と民衆統合 日淸戰爭から滿洲事變期まで』,『岩波日
本近代思想大系 官僚制·警察』등이 있다.

옮긴이

서정완
한림대학교 일본학과 교수
일본학연구소 소장
실적 :『제국일본의 문화권력2 : 정책·사상·대중문화』(편저, 도서출판
　　　소화, 2014)
　　　『제국일본의 문화권력』(편저, 도서출판 소화, 2011)
　　　『가무음악략사(歌舞音樂略史)』(역서, 소명출판, 2011)
　　　『能舞台から見た植民地の能謠─帝國日本の文化裝置として』(『비
　　　교일본학』, 한양대학교 일본학국제비교연구소, 2015)
　　　「帝國日本の文化權力 : 1910年代京城の能と謠」(『일본연구』, 중앙
　　　대학교 일본연구소, 2014)
　　　「總力戰體制下における藝能統制 : 能樂における技藝者證とその意
　　　味を中心に」(『외국학연구』, 중앙대학교 외국학연구소, 2013)
　　　「植民地朝鮮における能─京釜鐵道開通式における「國家藝能」
　　　能」(『アジア遊學』, 勉誠出版, 2010)

김성희

한림대학교 일본학과 11학번

일본학연구소 연구보조원 6기(2011년 6월~2016년 2월)

실적 : 『아사히신문외지판(남선판) 기사명 색인 제2권 1938. 1~1939. 12』
(한국학술정보, 2012)

『아사히신문외지판(남선판) 기사명 색인 제3권 1940. 1~1941. 12』
(한국학술정보, 2013)

『아사히신문외지판(남선판) 기사명 색인 제4권 1942. 1~1943. 12』
(한국학술정보, 2014)

『아사히신문외지판(남선판) 기사명 색인 제5권 1944. 1~1945. 3』
(한국학술정보, 2015)

문희수

한림대학교 일본학과 11학번

일본학연구소 연구보조원 6기(2011년 6월~2014년 12월)

실적 : 『아사히신문외지판(남선판) 기사명 색인 제2권 1938. 1~1939. 12』
(한국학술정보, 2012)

『아사히신문외지판(남선판) 기사명 색인 제3권 1940. 1~1941. 12』
(한국학술정보, 2013)

『아사히신문외지판(남선판) 기사명 색인 제4권 1942. 1~1943. 12』
(한국학술정보, 2014)

『아사히신문외지판(남선판) 기사명 색인 제5권 1944. 1~1945. 3』
(한국학술정보, 2015)

이기은

한림대학교 일본학과 10학번

일본학연구소 연구보조원 7기(2012년 4월~2014년 8월)

실적 : 『아사히신문외지판(남선판) 기사명 색인 제3권 1940. 1～1941. 12』
(한국학술정보, 2013)
『아사히신문외지판(남선판) 기사명 색인 제4권 1942. 1～1943. 12』
(한국학술정보, 2014)
『아사히신문외지판(남선판) 기사명 색인 제5권 1944. 1～1945. 3』
(한국학술정보, 2015)

이시현
한림대학교 일본학과 11학번
일본학연구소 연구보조원 9기(2013년 4월～2014년 12월)
실적 : 『아사히신문외지판(남선판) 기사명 색인 제5권 1944. 1～1945. 3』
(한국학술정보, 2015)

한림신서 일본학총서 발간에 즈음하여

1995년은 제2차 세계대전이 끝나고 우리나라가 일본 식민지에서 해방된 지 50년이 되는 해이며, 한·일간에 국교정상화가 이루어진 지 30년을 헤아리는 해이다. 한·일 양국은 이러한 역사를 되돌아보면서 앞으로 크게 변화될 세계사 속에서 동북아시아의 평화와 번영을 추구해야 하리라고 생각한다.

한림대학교 일본학연구소는 이러한 역사의 앞날을 전망하면서 1994년 3월에 출범하였다. 무엇보다도 일본을 바르게 알고 한국과 일본을 비교하면서 학문적·문화적 교류를 모색할 생각이다.

본 연구소는 일본학에 관한 자료를 수집하고 제반 과제를 한·일간에 공동으로 조사·연구하며 그 결과가 실제로 한·일 관계 발전에 이바지할 수 있도록 노력하고자 한다. 그러한 사업의 일환으로 여기에 일본에 관한 기본적인 도서를 엄선하여 번역 출판하기로 했다. 아직 우리나라에는 일본에 관한 양서가 충분히 소개되지 못했다고 느껴지기 때문이다.

본 연구소는 조사와 연구, 기타 사업이 한국 전체를 위해야 한다고 생각하며 한·일 양국만이 아니라 다른 여러 나라의 연구자나 연구 기관과 유대를 가지고 세계적인 시야에서 일을 추진해 나갈 것이다. 그러므로 누구나 열린 마음으로 본 연구소가 뜻하는 일에 참여해 주기를 바란다.

한림신서 일본학총서가 우리 문화에 기여하고 21세기를 향한 동북아시아의 상호 이해를 더하며 평화와 번영을 증진시키는 데 보탬이 되기를 바란다. 많은 분의 성원을 기대해 마지않는다.

1995년 5월
한림대학교 일본학연구소

한림신서 일본학총서 100
대일본제국의 시대

초판 1쇄 발행   2016년 4월 6일

지 은 이   유이 마사오미
옮 긴 이   서정완 · 김성희 · 문희수 · 이기은 · 이시현

펴 낸 이   한림대학교 일본학연구소
펴 낸 곳   도서출판 소화
등   록   제13-412호
주   소   서울시 영등포구 버드나루로 69
전   화   02-2677-5890
팩   스   02-2636-6393
홈페이지   www.sowha.com

ISBN 978-89-8410-482-2   94080
ISBN 978-89-8410-105-0   (세트)

잘못된 책은 언제나 바꾸어 드립니다.

값 8,000원

✽ 이 도서는 한림대학교 일본학연구소발전기금으로 간행됨.